OÖNachrichten EDITION BY TRAUNER

Sabine Neuweg / Alois Peham

Auf Wandertour mit Bahn und Bus

40 Öffi-Wanderungen quer durch Oberösterreich

Köglstr. 14, A-4020 Linz
1. Auflage 2024
Lektorat: Dr.in Regina Jaschke, TRAUNER Verlag
Layout: Kiska GmbH, Anif/Salzburg
Gestaltung: Sabrina Hauzinger, TRAUNER Verlag
Gesamtherstellung:
Gutenberg-Werbering Gesellschaft m.b.H.,
Anastasius-Grün-Straße 6, A-4020 Linz

PRINTED IN AUSTRIA

ISBN 978-3-99151-303-2
www.trauner.at

Vorwort

Bergtouren und Wanderungen sind beliebt wie nie zuvor. Sie sind nicht nur ein Ausbrechen aus Alltag, Berufsstress und dem Hamsterrad des Konsums, sondern auch ein sportliches Naturerlebnis. Leider steht dabei die Anreise mit dem Auto noch immer hoch im Kurs, wie viele volle Parkplätze bei Touren zeigen.

Entspannt mit Bahn und Bus zur Wanderung können sich viele noch nicht vorstellen. Mit dem Auto ist man schneller, ist eines der Argumente. Das stimmt nicht immer, aber geht es wirklich um jede Minute, vor allem in der Freizeit? Oder doch um Entspannung, Naturerleben und gemeinsame Unternehmungen mit Freunden und Familie? Und: Der persönliche Beitrag zum Klimaschutz gibt zusätzlich ein gutes Gefühl, denn mittlerweile hat die Klimaveränderung an Tempo zugenommen und wird immer sicht- und spürbarer. Verhaltensänderungen sind notwendig und alternativlos geworden. Eine davon betrifft unsere Freizeitaktivitäten.

Schon in unserem letzten Wanderbuch „Wandern rund um Linz" stellten wir Wanderungen in und um die Landeshauptstadt vor, die alle öffentlich zu erreichen sind. Auch in diesem Buch kommt man mit Bahn und Bus bequem zu allen 40 Touren in ganz Oberösterreich – von gemütlichen Wanderungen im Hausruck- und Innviertel zu ausgedehnten Touren im Mühlviertel und versteckten Zielen im Ennstal bis zu fordernden Bergtouren im Salzkammergut. Auch die eine oder andere Wanderung im Umkreis unserer Städte ist dabei.

Wir sind mit unveränderter Begeisterung immer wieder unterwegs, um Neues zu entdecken. Alle zwei Wochen am Samstag findet man im Reiseteil der OÖNachrichten unsere Tourenberichte (nachzulesen auch im Internet unter www.nachrichten.at/tourentipps).

Unser Dank gilt den unermüdlichen Wanderfreundinnen und Wanderfreunden, die uns immer wieder begleiten und unsere Touren zu einem geselligen Kompletterlebnis machen. Dabei dürfen auch Tipps für Einkehrstationen am Weg oder am Ende der Tour nicht fehlen.

Wir freuen uns, wenn die Entdeckungsfreude und die Neugierde auf neue Wege und Ziele mit uns geteilt werden, und wünschen viele erlebnisreiche Wanderungen mit genussvollen Momenten und netten Begegnungen! Und nicht vergessen: Der wahre Genuss beginnt schon bei der Anreise mit Bahn und Bus.

Linz, im April 2024 — Sabine Neuweg und Alois Peham

Wegweiser

Die in diesem Buch enthaltenen 40 Touren haben wir in drei Kategorien eingeteilt. Damit ist es auf einen Blick möglich, Anforderungen und Schwierigkeiten einer Wanderung oder Bergtour einzuschätzen. Zusätzlich sollte man aber Wetter und Jahreszeit berücksichtigen, denn ein harmloser Wanderweg kann im Frühjahr oder Spätherbst bei Eis und Schnee zu einer gefährlichen Rutschbahn werden. Bei Nebel ist die Orientierung auch auf markierten Wegen oft eine Herausforderung.

Leichte, markierte und beschilderte Wanderwege ohne Schwierigkeiten, bei normalen Verhältnissen auch mit Kindern zu begehen

Mittelschwere, oft längere Touren, einzelne Wegabschnitte auch in steilerem Gelände, kurze gesicherte Wegpassagen möglich, etwas Bergerfahrung von Vorteil

Schwierigere, konditionell herausfordernde Touren in alpinem Gelände, oft auch mit steilen, gesicherten Wegabschnitten, Trittsicherheit und Schwindelfreiheit sowie Orientierungssinn notwendig

Ausrüstung

- Wanderkarte und eventuell GPS-Gerät zur Orientierung bei der Tour
- Schuhe mit guten Profilsohlen
- Regen- und Sonnenschutz
- Funktionsbekleidung in mehreren Schichten
- Haube und Handschuhe
- Gefüllte Trinkflasche und Proviant
- Stöcke (sind bergab eine gute Entlastung für die Knie)
- Mobiltelefon, ev. Powerbank bei längeren Touren
- Notfallapotheke
- Biwaksack (bei Bergtouren)
- Taschen- oder Stirnlampe mit Ersatzbatterien
- Hüttenschlafsack bei Hüttenübernachtungen

Notrufnummer: 140

Für alle in diesem Buch beschriebenen Touren stehen GPS-Tracks zum Download bereit unter: www.trauner.at/WandernBahnBusGPS

Bildnachweis

Umschlagfotos: Liubomir Paut – Shutterstock.com (oben), Stefan Meusburger (unten)
Übersichtskarte Umschlaginnenseite: istockphoto.com
Alle Fotos: Alois Peham
Bild auf Seite 8 (oben): stock.adobe.com
Alle Karten (gemäß Open Government Data Österreich Lizenz CC-BY 4.0): Datenquelle basemap.at

basemap.AT

Öffentliche Anreise zum Ausgangspunkt

Alle im Buch beschriebenen Wanderungen und Bergtouren sind mit den regelmäßig verkehrenden öffentlichen Verkehrsmitteln zu erreichen. Man ist bequem, umweltbewusst und schnell am Beginn der Tour und genießt zufrieden die Rückfahrt. Dadurch werden auch Touren mit unterschiedlichen Ausgangs- und Endpunkten möglich. Zur Wahl stehen die Busse des OÖ Verkehrsverbundes sowie die Züge auf den oberösterreichischen Bahnstrecken. Bei jeder Tourinfo findet man zur Tourenplanung unter „Ausgangspunkt" die detaillierte Bezeichnung der jeweiligen Haltestelle.

Sehr schnell zur **aktuellen Fahrplanauskunft** und/oder zum einfachen **Fahrkartenkauf** kommt man im Internet,
z. B. mit ooevv.at, fahrplan.oebb.at, westbahn.at
oder mit den mobilen Apps
z. B. ÖBB Scotty, ÖBB Tickets, OÖVV-App, VorAnachB.

Ideal für Vielreisende ist das **KlimaTicket.** Bei dieser Jahresnetzkarte kann man alle öffentlichen Verkehrsmittel unbeschränkt nutzen. Diese gibt es sowohl für einzelne Bundesländer als auch österreichweit (klimaticket.at). Es gibt auch preisgünstige **Kombitickets** wie das Einfach-Raus-Ticket der ÖBB für bis zu 5 Personen und das Freizeit-Ticket des Verkehrsverbundes OÖ für 2 Erwachsene und bis zu 4 Kinder.

Fazit: Entspannte An- und Rückreise, Tourenmöglichkeiten mit unterschiedlichen Ausgangs- und Endpunkten und ein wichtiger persönlicher Beitrag zum Klimaschutz – das sind die zusätzlichen positiven Effekte einer entspannten Wandertour.

Inhaltsverzeichnis

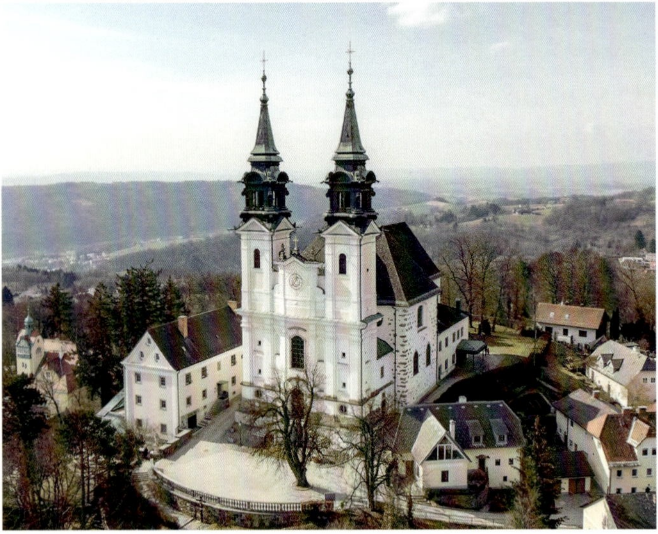

LINZ/HAUPTPLATZ – PÖSTLINGBERG

1

Am Stadtwanderweg auf den Pöstlingberg

Neun Stadtwanderwege laden ein, die Region in und um die Landeshauptstadt zu entdecken. Grandiose Ausblicke sind bei der Wanderung hinauf zum Wahrzeichen der Stadt inkludiert.

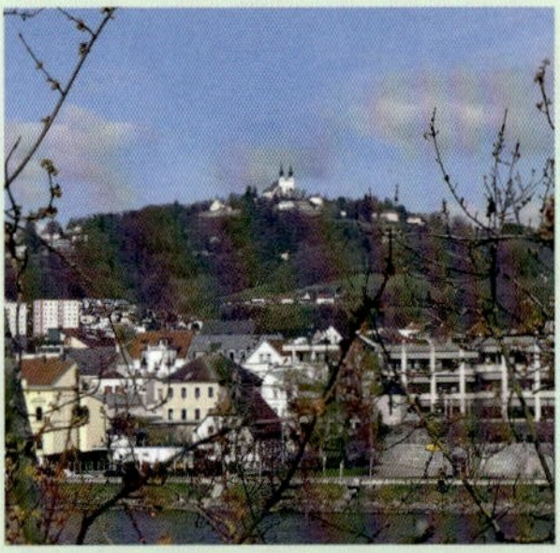

„Nur wo du zu Fuß warst, bist du auch wirklich gewesen", mit diesem Zitat von Johann Wolfgang von Goethe wird die Website der Stadtwanderwege des Linz-Tourismus eingeleitet. Na dann, auf geht´s zu neuen Entdeckungen unter diesem Motto! Diesmal ist es der Pöstlingberg, das bekannte Wahrzeichen von Linz.

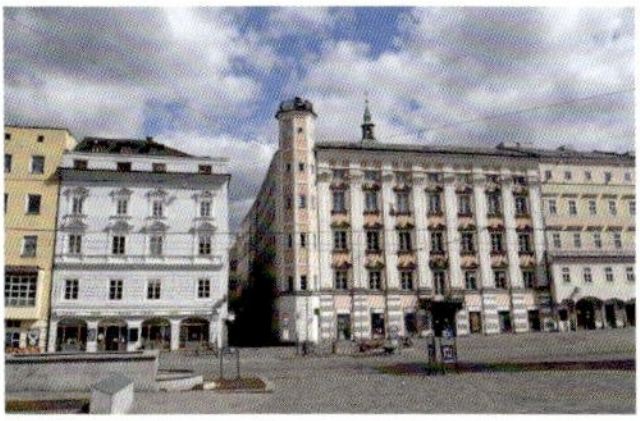

Wir starten am Hauptplatz, einem der schönsten Saalplätze Mitteleuropas. Nahe der Dreifaltigkeitssäule beginnt diese Wanderung und man überquert die Nibelungenbrücke auf der donauaufwärts liegenden Seite zum Neuen Rathaus. Von dort führen Stiegen hinab zur Donau. Über die Obere Donaustraße, die Talgasse und die Berggasse erreicht man bei der Hagenstraße die unübersehbare Anton Bruckner Privatuniversität und biegt dort in den Schablederweg ein.

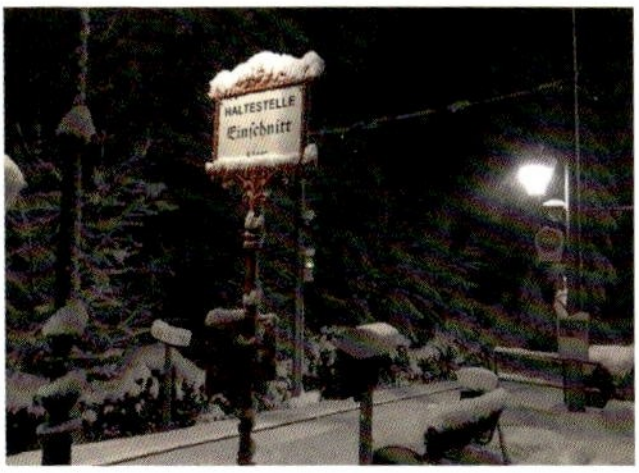

Vorbei an Wohnsiedlungen, Wiesen und alten Villen steigt man entlang der Gleise der Bergbahn hinauf und erreicht so den Festungsring der ehemaligen Maximilianischen Turmlinie von 1830. Teile dieser Befestigungsanlage sind die Endstation der Bergbahn, die Aussichtsplattform, das Musikheim, das Eingangstor und die Grottenbahn. Seit 100 Jahren gibt es diese Bahn, die Groß und Klein auf der Fahrt mit dem Drachen Lenzibald durch die beleuchtete Grotte in die Welt der Märchen und Sagen entführt und bei der Nachbildung des Linzer Hauptplatzes um 1900 endet.

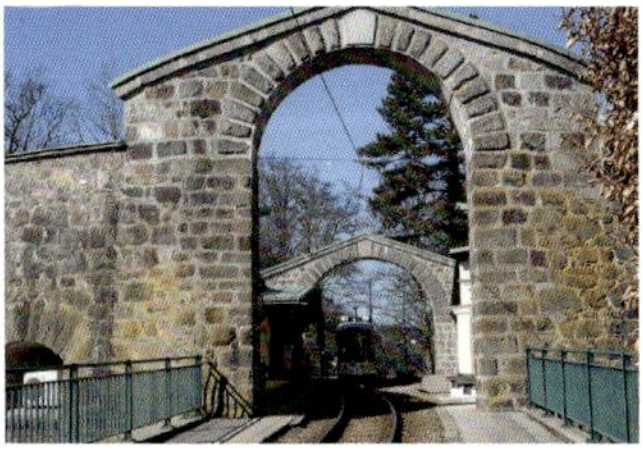

Schön ist ein Rundgang auf den Mauern des einstigen Verteidigungsringes, der beim Eingang zur Grottenbahn beginnt. Nach einem Besuch der Wallfahrtskirche sollte man sich den Blick von der Aussichtsterrasse nicht entgehen lassen. Auch ein Besuch der Fotogalerie und des darüber liegenden Cafés sind weitere gute Optionen. Dann folgt man dem Urfahraner Kreuzweg abwärts. Dieser beginnt unterhalb der Aussichtsterrasse bei den Schienen der Bergbahn. Entlang der Mairwiese mit im oberen Teil steileren Passagen wandert man auf dem großteils asphaltierten Kreuzweg hinab bis zum Collegium Petrinum. Kurz vor dem langgestreckten Schulgebäude führt ein Wiesenweg nach rechts hinab zur Aubergstraße und geht man diese entlang, erreicht man wieder das Zentrum von Urfahr und die Nibelungenbrücke.

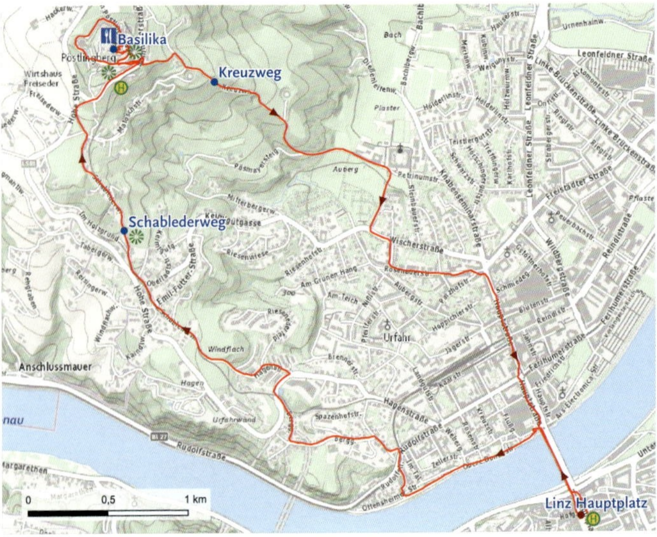

Gehzeit: 2,5–3 Stunden
Distanz: 9 km
Höhendifferenz: 300; Linz Hauptplatz (265 m) – Pöstlingberg (539 m) – Petrinum (295 m)
Internet: linztourismus.at, grottenbahn.at

Gut zu wissen ...

Ausgangspunkt

Bei der Hst. Hauptplatz der Straßenbahnlinien 1 bis 4 beginnt diese Wanderung. Hier startet auch die Pöstlingbergbahn, die seit 1898 auf einer der steilsten Adhäsionsbahnstrecken Europas zum beliebten Linzer Wahrzeichen hinauffährt (services.linzag.at).

Charakteristik

Schöne, abwechslungsreiche Wanderung auf meist asphaltierten Wegen vom Stadtteil Urfahr hinauf zu einem der eindrucksvollsten Ausblicke über die Stadt und zur Donau; durchgehend mit den Tafeln Stadtwanderweg 2 beschildert und kinderwagentauglich.

Einkehr

Oben angekommen lädt der **Kirchenwirt** zur Einkehr (kirchenwirt-linz.at), ebenso die **Café Konditorei Jindrak** mit Terrasse (jindrak.at/poestlingberg). Mit einem schattigen Gastgarten kann das **Pöstlingbergschlössl**, das im gepflegten Ambiente mit hervorragender Küche punktet, aufwarten (poestlingberg.at).

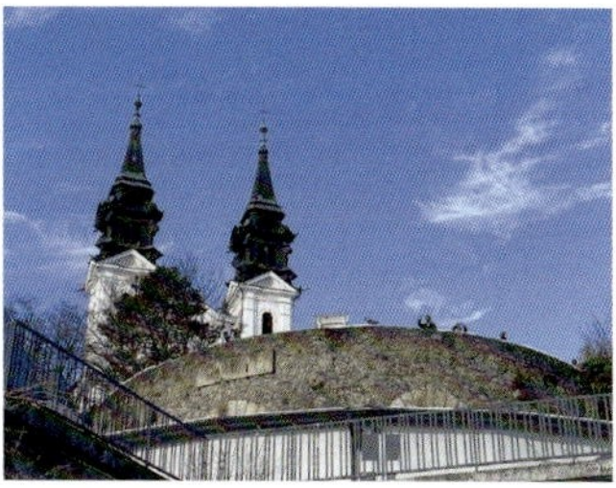

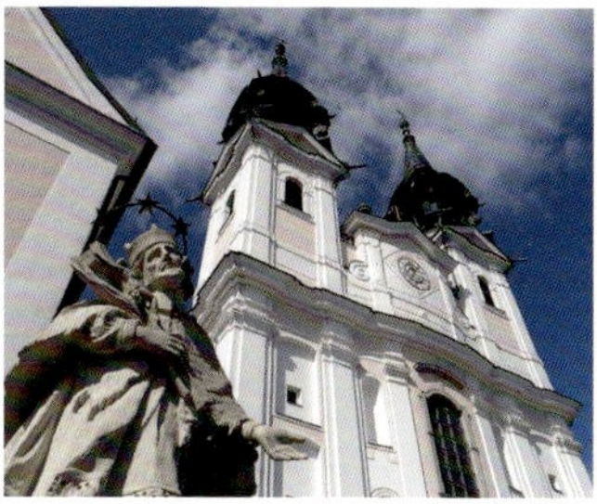

Wallfahrtsbasilika Pöstlingberg

Im Jahr 1716 brachte Franz Anton Obermayr, ein Bruder aus dem Kapuzinerkloster, das Gnadenbild der Schmerzensmutter Maria auf einem Wetterkreuz am Pöstlingberg an. Bald wurde es zur Pilgerstätte, eine Holzkapelle wurde errichtet und 1742 folgte der Bau der Kirche, die 1774 endgültig fertiggestellt wurde. Zwei Brände zerstörten 1919 und 1963 den Dachstuhl. Die Doppelturmfassade dominiert die Ansicht der Wallfahrtskirche.

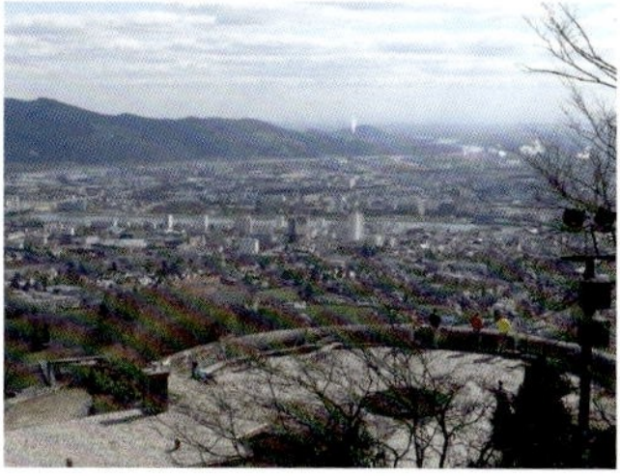

Die Linzer Stadtwanderwege

In Pink erstrahlen die Tafeln der neun Stadtwanderwege in und um Linz. Die Wege führen auf den Freinberg, den Pöstlingberg, den Bachlberg, zum Pleschingersee, in den Wasserwald, von Ebelsberg zum Weikerlsee, nach St. Magdalena, über den Pfenningberg nach Steyregg und zu den Türmen des Linzer Turmringes (linz.at/tourismus/stadtwanderwege.asp).

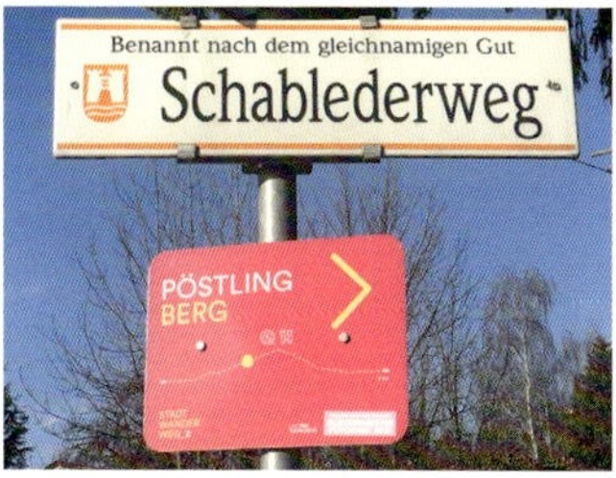

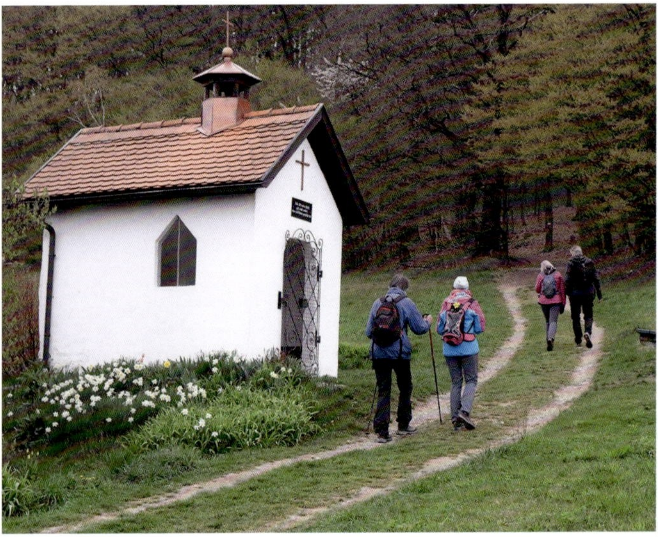

LINZ/GRÜNDBERG – KEGLERGUPF

2

Zwischen Höllmühl- und Haselbach

Rund um Linz gibt es auf abwechslungsreichen Wegen viel Natur und auch Neues zu entdecken. Die versteckte Waldkuppe vom Keglergupf/Pipieterkogel mit seinen 564 Metern ist die höchste Erhebung im Linzer Stadtgebiet.

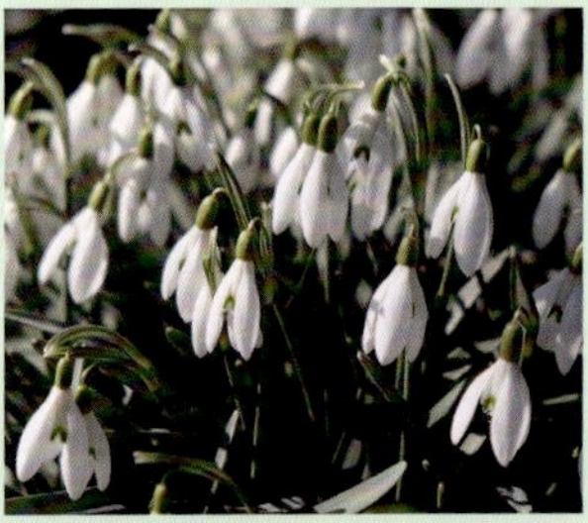

Obwohl wir die meisten Wanderwege im Umkreis der Stadt gut kennen, gibt es doch hin und wieder auch interessante Neuentdeckungen. Der Weg über den bewaldeten Kamm, der hoch über dem Haselgraben in Richtung Gründberg hinabzieht, blieb uns bisher verborgen. Wir haben die Wanderung zum Keglergupf zu einer kurzweiligen Runde verbunden. Sein zweiter Name Pipieterkogel ist wohl eine fantasievolle Eigenkreation, die schon in einige Karten Eintrag gefunden hat.

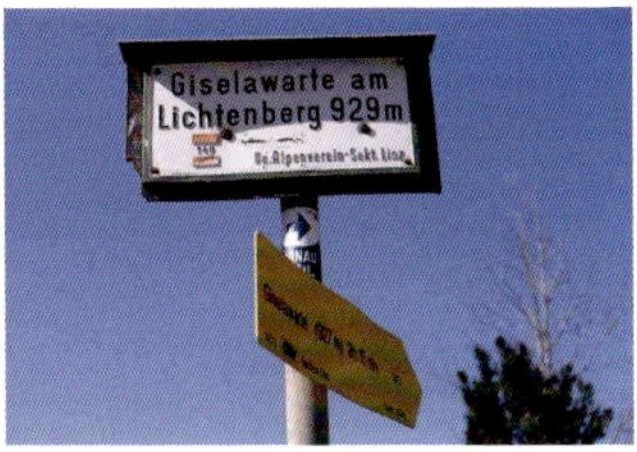

Die Wanderung beginnt in Urfahr bei der Hst. Gründberg und man folgt zunächst dem markierten Weg Nr. 140 in Richtung Giselawarte. Zuerst durch Siedlungsgebiet entlang der Gründbergstraße biegt man der Beschilderung folgend bald nach rechts in den aufwärts führenden Weg ein. Man passiert eine Kapelle und an Gärten entlang erreicht man die asphaltierte Höllmühlstraße, die weiter oben zu einem Forstweg wird. Schön sind erste Ausblicke zum Pöstlingberg und hinauf zum Lichtenberg mit dem Sendemast. Hoch über dem Höllmühlbach geht es weiter und über einen Waldsteig erreicht man bei einem Bauernhaus die Asbergringstraße. Hier verlässt man den Weg Nr. 140, der am Panoramastüberl vorbei weiter bis auf die Gis führt. Wir folgen der Straße nach rechts in eine Senke hinab. Ein kurzer Anstieg, dann biegt man in einer Linkskurve nach rechts in einen Wirtschaftsweg ab. Ab hier folgt man dem Höhenrücken auf einem breiten Weg, der zunächst über Wiesen, bald aber durch einen lichten Wald abwärts führt. Bei einer Forststraßenkreuzung geht man geradeaus weiter und erreicht über den breiten Rücken hinauf den Keglergupf/Pipieterkogel. Ein Holzkreuz mit Schild und improvisierte Sitzbänke auf Ästen laden zu einer Rast ein.

Weiter geht es durch Laubwald in eine Senke und kurz hinauf zu einem Steinkreis, der die Fantasie anregt. Ist es ein Kraftplatz? Ein mystischer Ort? Oder gibt es eine ganz banale Erklärung? Das bleibt unserer Fantasie überlassen. Der gut angelegte Weg führt im fast ebenen Gelände weiter, bis es endgültig abwärts geht. Steil ist dieser Abschnitt und es sollte trocken sein, um nicht auszurutschen. Zusätzlich können Stöcke die Knie entlasten.

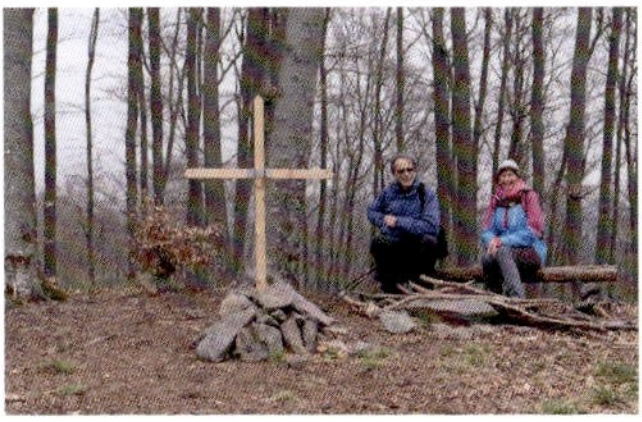

Der Weg mündet bei einer Bank mit einem Gedenkkreuz in einen Wiesenweg ein und bald darauf hat man den asphaltierten Klausenweg erreicht. Wir folgen diesem nach rechts leicht ansteigend bis zu einer Kreuzung. Wer den Gründberghügel noch mitnimmt, wird mit weiten Ausblicken über die ▶

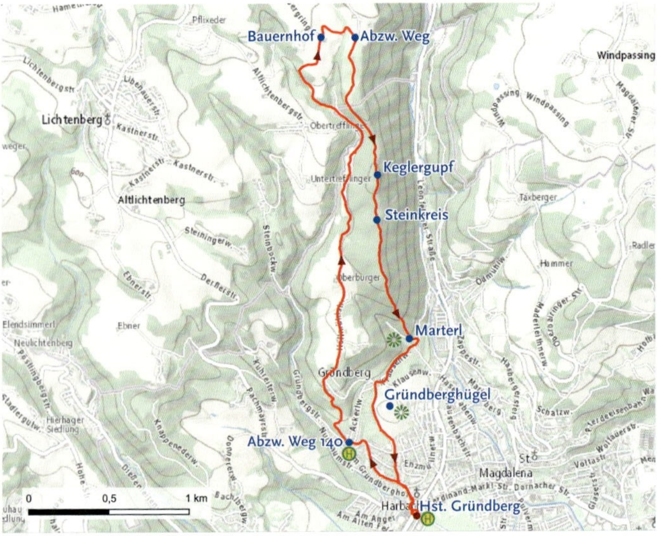

Gehzeit: 3 Stunden
Distanz: 9,8 km
Höhenmeter: 450; Gründberg (260 m) – Abzweigung 140er (600 m) – Keglergupf/Pipieterkogel (564 m) – Gründberghügel (374 m)

Gut zu wissen ...

Ausgangspunkt

Die Hst. Gründberg ist mit den Straßenbahnlinien 1 und 2 vom Linzer Zentrum und vom Hauptbahnhof aus zu erreichen (www.services.linzag.at).

Charakteristik

Abwechslungsreiche Wanderung auf Waldwegen. Kürzere Passagen auch auf Asphalt. Im ersten Abschnitt folgt man dem markierten Weg Nr. 140. Der weitere Weg ist nicht markiert, er folgt immer dem Waldrücken. Etwas steiler ist der Abstieg hinab zum Klausenweg, hier sind Stöcke empfehlenswert.

▶ Stadt und zum Pfenningberg belohnt. Kurz vor der Kreuzung mit der Einmündung in die Höllmühlstraße folgt man dem Klausenweg nach links abwärts und zweigt bald nach rechts zum letzten Anstieg ab. Zurück vom Gründberghügel biegt man nach links in die Höllmühlstraße ein. Oberhalb der idyllisch gelegenen Schrebergartenanlage Erdsegen geht es die Straße entlang. Der Blick schweift zum Pöstlingberg und weiter hinab über die Stadt. Kurz darauf zweigt die Höllmühlstraße nach links in einen Hohlweg ab. Über diesen erreicht man etwas steiler abwärts wandernd wieder die Gründbergstraße und bald darauf den Ausgangspunkt.

„Keglergupf" oder „Pipieterkogel?"
Dazu ein Bewohner von Gründberg: „Ich bin hier aufgewachsen, wohne noch immer hier und kenne daher auch den Berg und seine Umgebung sehr gut. Was mir rätselhaft ist: Was hat es mit der Bezeichnung Pipieterkogel auf sich? Der höchste Punkt des Gründbergs hat doch von alters her den traditionellen Namen Keglergupf, angeblich benannt nach dem Kogler- oder Keglergut, dem Gebäude an der Bad-Leonfeldner-Straße am Beginn des Klausenweges. Warum braucht es einen Fantasienamen, wenn es doch für diesen Berggipfel einen offiziellen Namen gibt? Es konnten hier eine sehr frühe Besiedelung in der Jungsteinzeit sowie eine bedeutende Höhensiedlung zur Keltenzeit nachgewiesen werden."

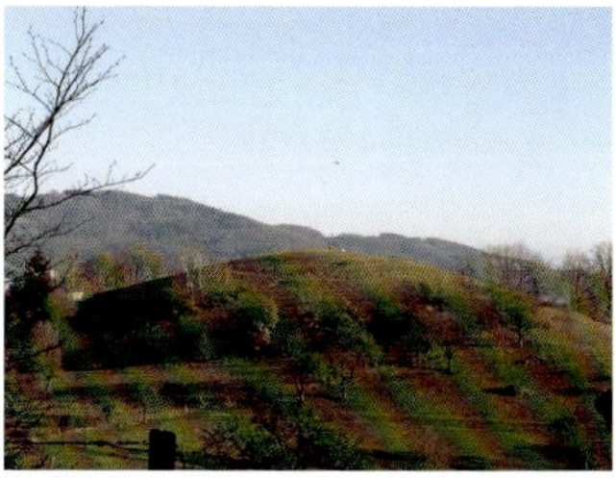

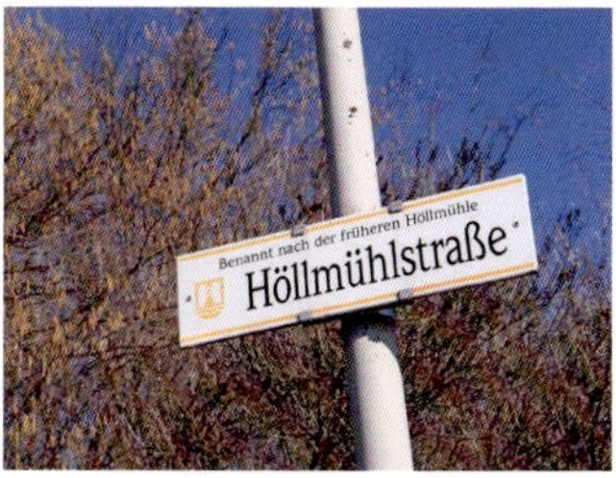

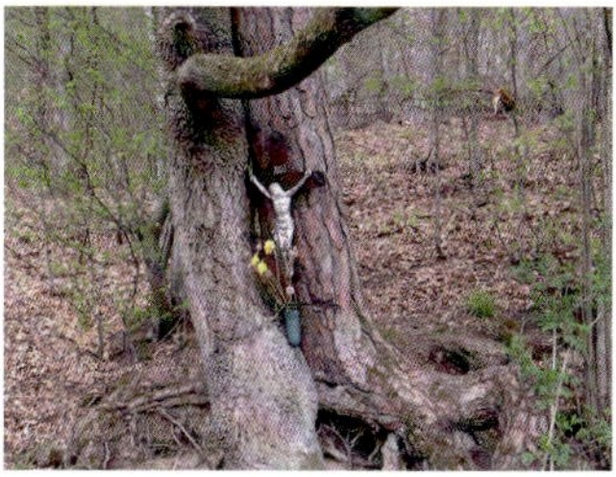

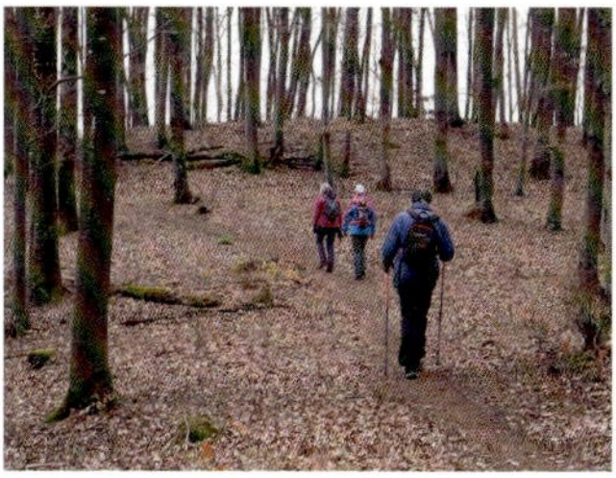

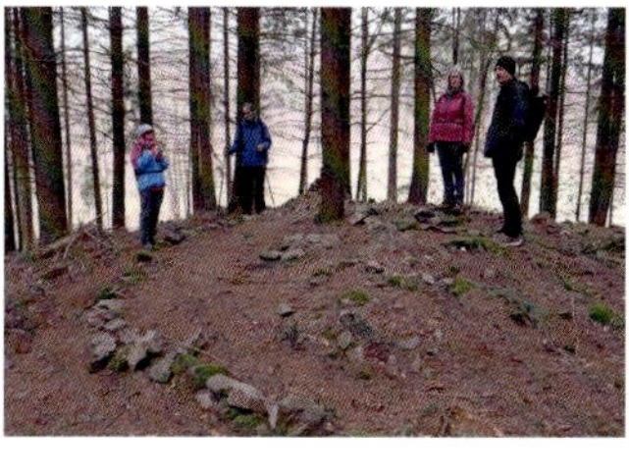

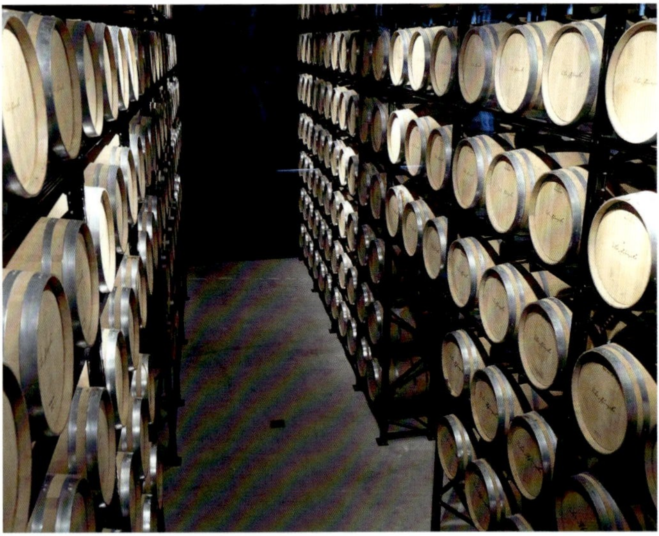

GALLNEUKIRCHEN – ALBERNDORF

3

Auf Whiskytour nach Alberndorf

In der hügeligen Landschaft des Mühlviertels wird eine Spirituose erzeugt, die man hier eher nicht erwarten würde. Und doch passt Whisky genauso gut ins Mühlviertel wie in die schottischen Highlands. Peter Affenzeller hat das bewiesen.

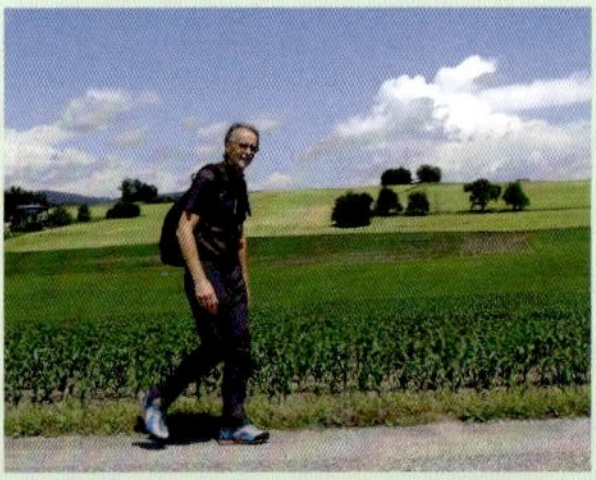

Man muss nicht nach Schottland reisen, um guten Whisky zu bekommen. Peter Affenzeller ist inzwischen weit über die Landesgrenzen hinaus für hochwertige Whiskys und Spirituosen bekannt. Was liegt daher näher, als den als Whiskytour ausgeschilderten Weg A15 zu seiner Destillerie zu wählen.

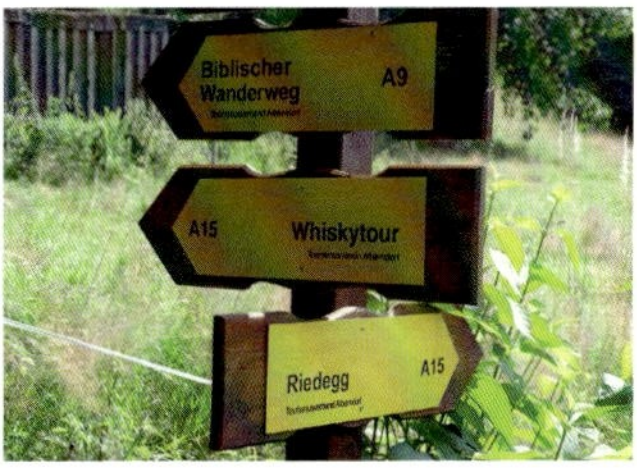

Wir starten die Wanderung in Gallneukirchen am Marktplatz. Man folgt der Hauptstraße oder der Schulstraße bis zur Kreuzung nach Alberndorf und biegt dort in den Waldweg ein. Riedegg steht auf den Schildern und durch Wiesen und Wald kommt man hinauf zur einstigen Richtstätte. Bald darauf erblickt man über den Feldern auch schon das Schloss Riedegg.

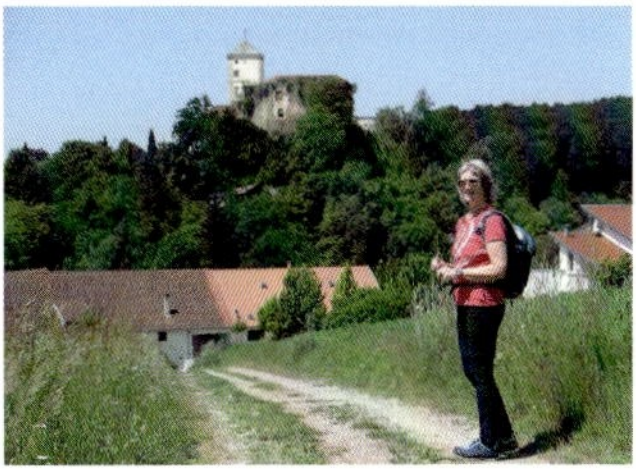

Der kurze Abstecher dorthin lohnt sich auf jeden Fall, vor allem der schöne Innenhof hat seinen Reiz. Aus der bereits 1150 erwähnten Burg Riedegg wurde im 17. Jahrhundert das gleichnamige Schloss. Es beherbergt auch ein Afrikamuseum. Beim Parkplatz unter dem Schloss beginnt dann die Route der Whiskytour. Auf dieser kommt man bald zurück zur Abzweigung und erreicht auf schönen Wegen, vorbei an einer Kapelle, Grasbach. Hier wendet man sich nach links und über einen längeren Asphaltabschnitt erreicht man Rinzendorf. Hier biegt man nach rechts ab und überquert die Straße nach Alberndorf, dann geht es hinab zum Kreuzweg Heinberg. Die originellen Stationen sind in eine Steinmauer integriert. An dieser entlang wandert man in die Ortschaft Heinberg hinauf. Ab hier folgt die Route dem Biblischen Wanderweg, der uns, begleitet von Bibelsprüchen, hinabführt in die Waldsenke des Bürstenbaches. Bei einem Jugendcamp mit Tipi-Zelten geht es nach rechts. Idyllisch schlängelt sich der Weg einige Meter über dem Bach bis zu einer Kehre der Straße hinauf. Von dort ist es nicht mehr weit bis zur Whiskywelt und auf Asphalt ist bald das Zwischenziel dieser Wanderung erreicht.

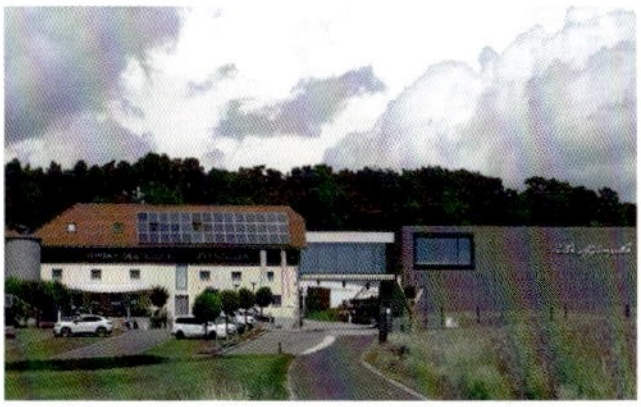

Bei einer Führung durch die Welt des Whiskys erfährt man einiges über die Herstellung und die Geschichte der Destillerie. Klares Quellwasser und hochwertiges Getreide sind die Grundprodukte zur Herstellung des „Fine Austrian Whisky", wie Peter Affenzeller ihn nennt. ▶

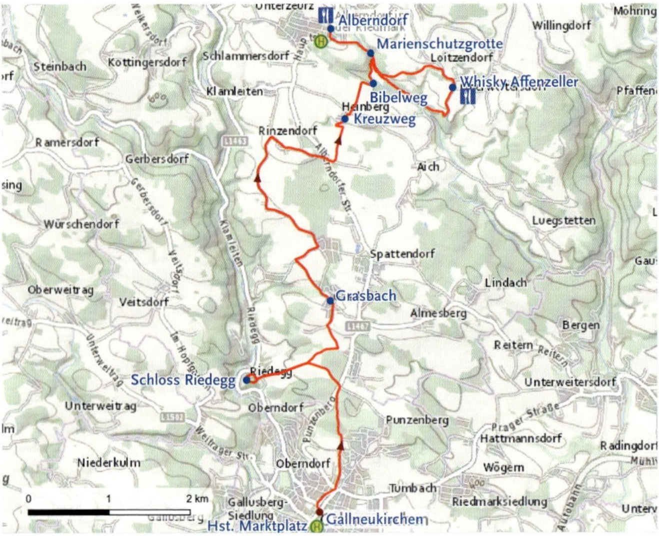

Gehzeit:	4 Stunden
Distanz:	15 km
Höhenmeter:	500; Gallneukirchen (333 m) – Riedegg (406 m) – Grasbach (468 m) – Heinberg (500 m) – Whiskydestillerie Affenzeller (520 m) – Alberndorf (570 m)
Internet:	peter-affenzeller.at

Gut zu wissen ...

Ausgangspunkt
Mit regelmäßig verkehrenden Bussen erreicht man die Hst. Gallneukirchen/Marktplatz. Von der Hst. Alberndorf/Ortsmitte geht es wieder zurück.

Charakteristik
Kurzweilige Wanderung auf durchgehend gekennzeichneten Wegen. Von Gallneukirchen aus folgt man den Schildern nach Riedegg, ab Riedegg den Markierungen Whiskytour A15. Einige Abschnitte auf asphaltierten Nebenstraßen. Ab der Destillerie weisen Schilder den Weg nach Alberndorf.

▶ Eine Verkostung und eine Stärkung in der Café Lounge, am schönsten auf der Terrasse mit Fernblick, beenden den Besuch. Durch Oberweitersdorf wandert man weiter und biegt bald der Beschilderung folgend nach links ab und am Camp vorbei mündet der Weg wieder in den Kreuzweg ein. Vorbei an der Marienschutzgrotte führt dieser hinauf zur Busstation in der Ortsmitte von Alberndorf.

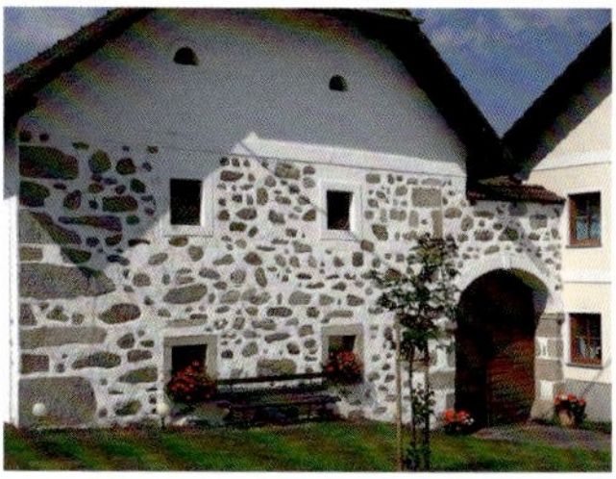

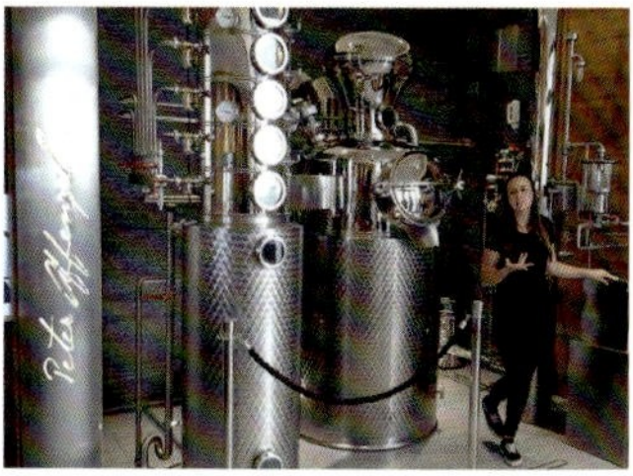

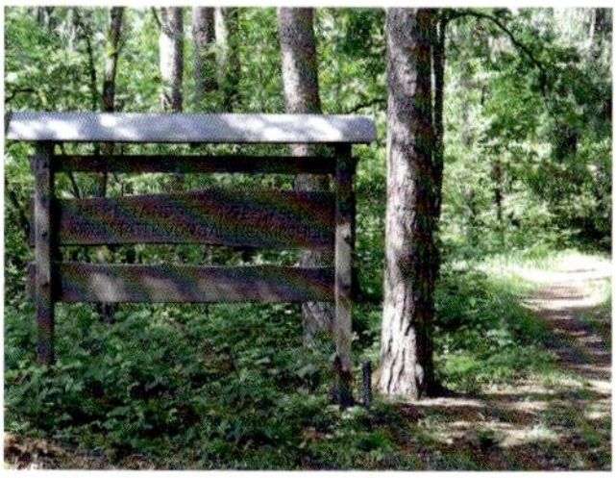

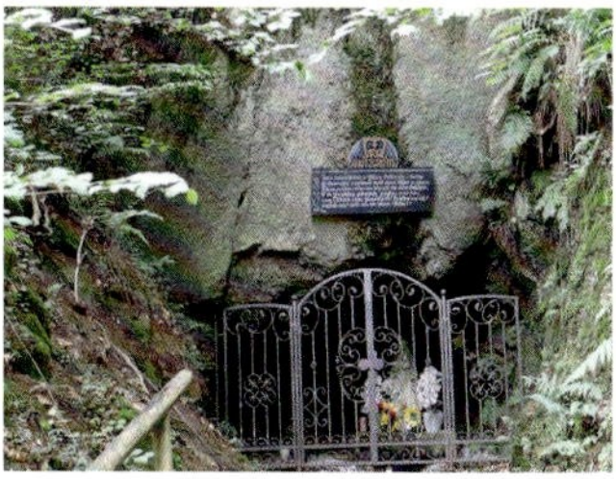

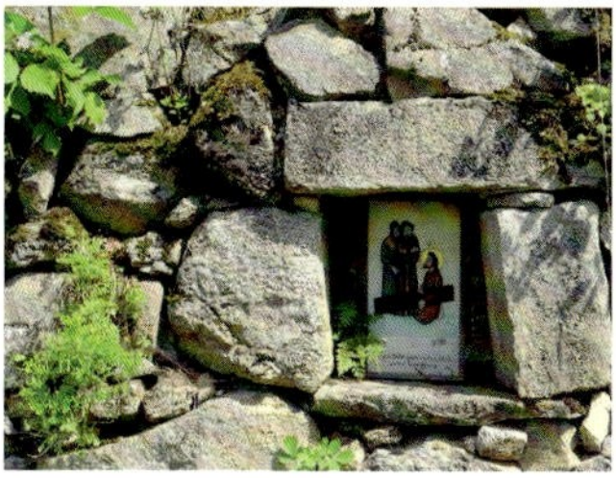

Einkehr

Neben dem **Café Lounge** beim Affenzeller gibt es in Alberndorf am Ende der Wanderung den Gasthof **Glockerwirt** mit ganztägig warmer Küche (gasthaus-glockerwirt.at).

Whiskydestillerie Peter Affenzeller

In der Einfachheit und Stille findet der Mensch die Leidenschaft. Und die war wohl notwendig, um den Traum umzusetzen. Bereits mit 18 Jahren begann Peter Affenzeller mit dem Getreide seiner Eltern zu experimentieren. Einige Jahre später erhielt er erste Auszeichnungen, 2013 machte er sich selbstständig. Im Laufe der Jahre ist eine kleine Erlebniswelt mit Café und Shop entstanden. Mehrere Sorten Whisky, Gin und auch der RuMonkey (sein Rum aus karibischem Zuckerrohr mit originellem Namen) werden hier erzeugt. Nach einer Führung sitzt man auf der Terrasse und blickt weit über das Land.

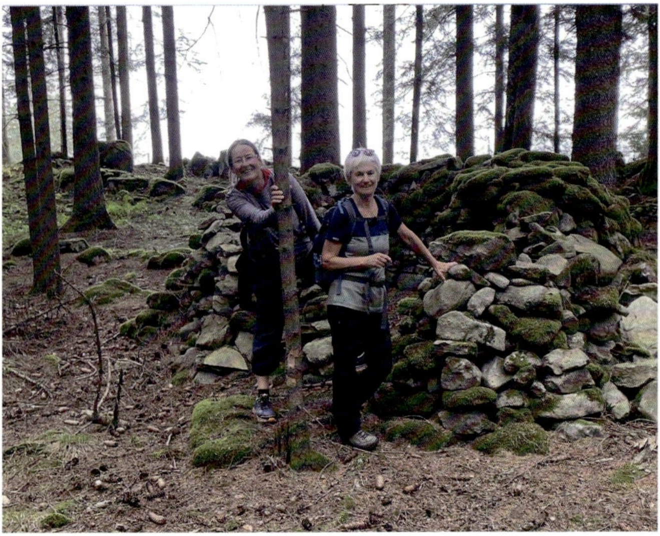

LASBERG – MARTERLWEG BIS FREISTADT

4

Am Marterlweg nach Freistadt

Die „sprechenden“ Marterl von Lasberg haben uns in die Region südlich von Freistadt geführt. Von Kindern gesprochene Audiotexte geben einen Einblick in die Geschichte der steinernen Zeitzeugen.

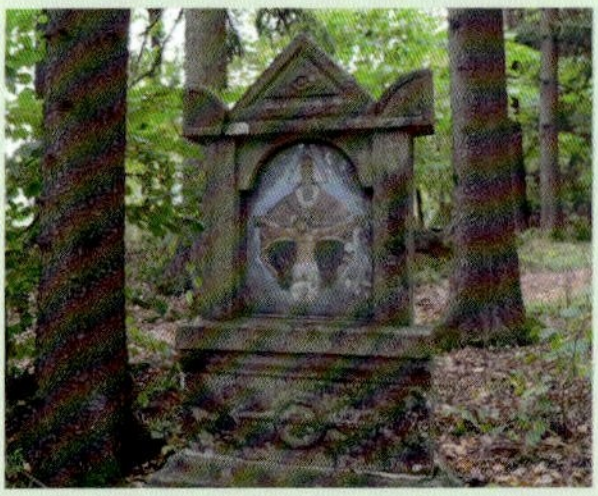

Sie erinnern an traurige Ereignisse wie den Tod von Kindern, Mord und Unglück, sind aber oft auch ein Zeichen von Dankbarkeit für überstandene Krankheiten, Gefahren, die abgewendet wurden oder ein Ausdruck von Religiosität und Volksfrömmigkeit: Marterl, die überall im Land zu finden sind. In Lasberg haben Wilhelm Puchner und Hermann Sandner zehn Jahre lang die wechselvolle Geschichte der über 200 Marterl, Bildstöcke, Kreuze und Kapellen erhoben. Als fast logische Folge wurde daraus der Marterlweg kreiert und beschildert.

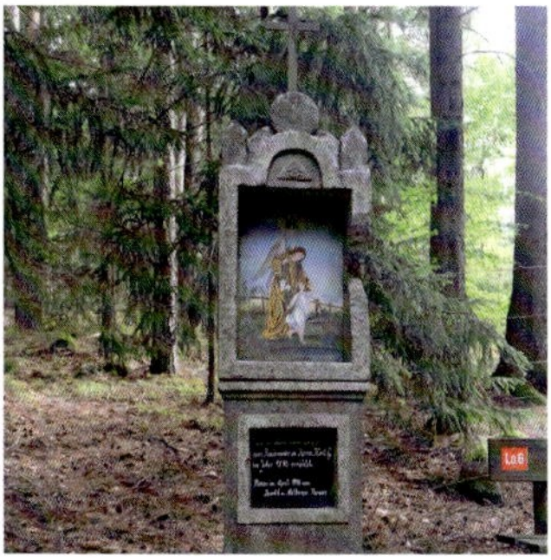

Entlang des Weges findet man zehn sprechende Marterl. Auf Knopfdruck erzählen diese Zeitzeugen ihre Geschichte mit den Stimmen von Schülerinnen aus dem Ort.

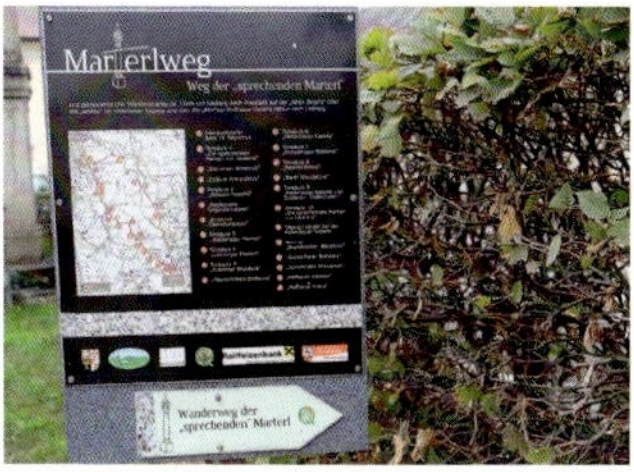

Nahe der Kirche in Lasberg findet man eine Überblickstafel und ab hier folgt man den Wegweisern für den Wanderweg der „sprechenden" Marterl. Es ist der alte Verbindungsweg nach Freistadt, der über die Edlau und Walchshof führt. Von der Tonsäule 1 geht es hinauf zur Edlauer Kapelle und bald darauf erreicht man das Rießeneder und das Lasberger Marterl sowie die Krammer Bildsäule. Es folgen die Mitterbauer Kapelle, der Schedlmayr Bildstock und das Reaner Kreuz. Nach der Jannitz-Siedlung kurz vor Freistadt bei der Kellerbauer Kapelle wendet sich der Weg. Er führt nun nach Nordwesten hinauf zum Brandstätter Bildstock. Wir haben die Runde zunächst mit einem kleinen Schwenk nach Freistadt verlängert und sind nach einem Rundgang und einer Einkehr vom Linzertor ausgehend den Schildern Richtung Lasberg gefolgt. Nach Manzenreith gelangt man wieder auf den Marterlweg.

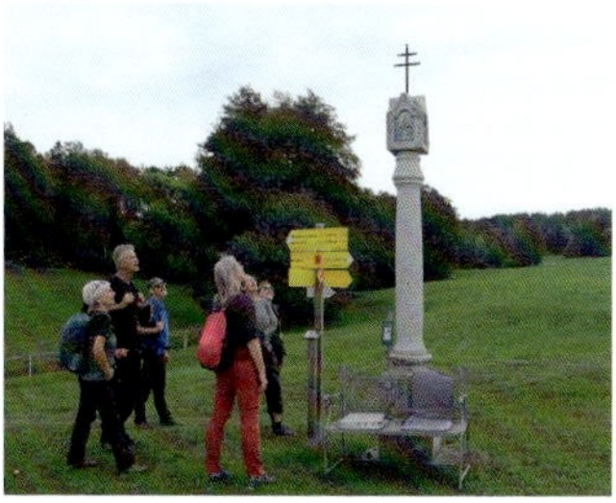

Ein schöner Rastplatz bei der Hofbauer Kapelle verleitet zu einer Pause. Dann geht es über Wiesen zum bewaldeten Haugenödtberg. Ein Abstecher führt hinauf zum höchsten Punkt, der mit einem Steinwall überrascht. Am Kinderkreuzweg geht es dann durch Wald wieder hinab nach Lasberg zum Ausgangspunkt.

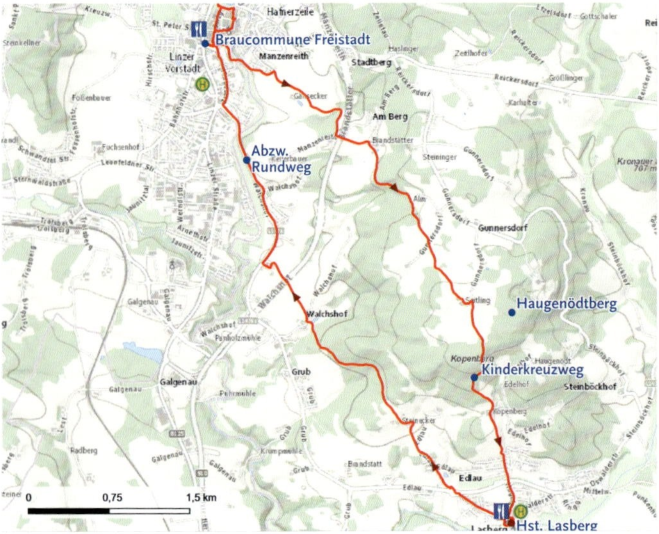

Gehzeit:	4 Stunden
Distanz:	14 km
Höhenmeter:	350; Lasberg (574 m) – Freistadt (560 m) – Hofbauer Kapelle (760 m) – Haugenödtberg (799 m)
Internet:	lasberg.at, muehlviertel.at

Gut zu wissen ...

Ausgangspunkt

Die An- und Rückreise nach Lasberg erfolgt mit den Bussen des Verkehrsverbundes bis zur Hst. Lasberg/Schulen. (Leider geht es fast nicht ohne Umstieg.) Alternativ kann man auch mit der Bahn zur Hst. Lasberg fahren, die etwa 3 Kilometer außerhalb des Ortes liegt.

Charakteristik

Kurzweilige Wanderung auf dem bestens beschilderten Themenweg. Es ist eine gute Alternative, den Marterlweg bis Freistadt zu verlängern und mit einem Besuch der Altstadt zu verbinden. Am Rückweg kann noch ein Abstecher hinauf zum einsamen Haugenödtberg gemacht werden.

Einkehr

Für eine Einkehr bieten sich in Freistadt einige Gastronomiebetriebe an. Die Konditorei **Lubinger** am Stadtplatz (lubinger.at) und das **Brauhaus** der Braucommune Freistadt (freistaedter-bier.at) können wir empfehlen. In Lasberg laden am Marktplatz das Bäckerei-Café **Lindner** (bäckerei-kiesenhofer.at/lindner) sowie das Gasthaus **Hofer** und der **Marktwirt** zur Einkehr.

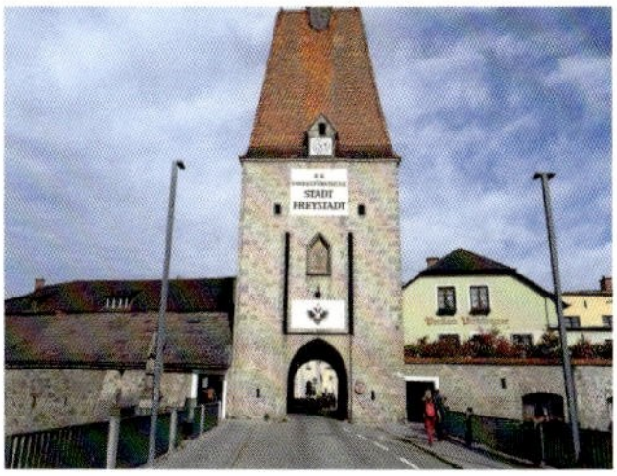

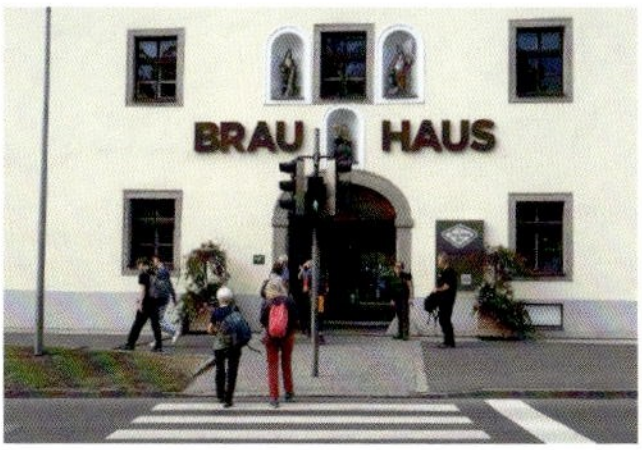

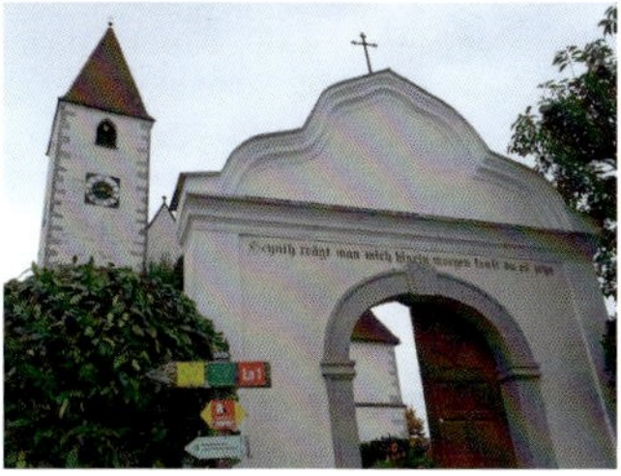

Wandergemeinde Lasberg

Es gibt zahlreiche Wanderwege rund um den beschaulichen Ort. Eine Wanderkarte mit Beschreibung der Wege gibt es auf der Website der Gemeinde und in Papierform auch im Gemeindeamt. Die Pfarrkirche besteht schon seit 1125, war ursprünglich aus Holz und wurde dann durch den heutigen romanischen Bau ersetzt. Ein Blickfang am Ortsausgang ist auch die Alte Marktschmiede aus 1526. Sie gibt einen guten Einblick in die einstige Welt der Huf- und Waffenschmiede.

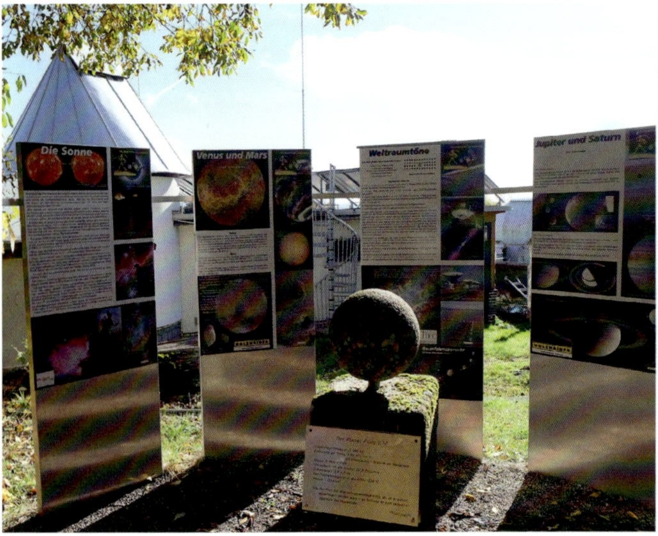

SANDL – PLANETENWEG BIS FREISTADT 5

Den Planeten auf der Spur

Der Planetenweg durch unser Sonnensystem bietet eine „erdverbundene Wanderung“ durch das Weltall. Dabei erfährt man viel Interessantes über die Planeten rund um unsere Sonne.

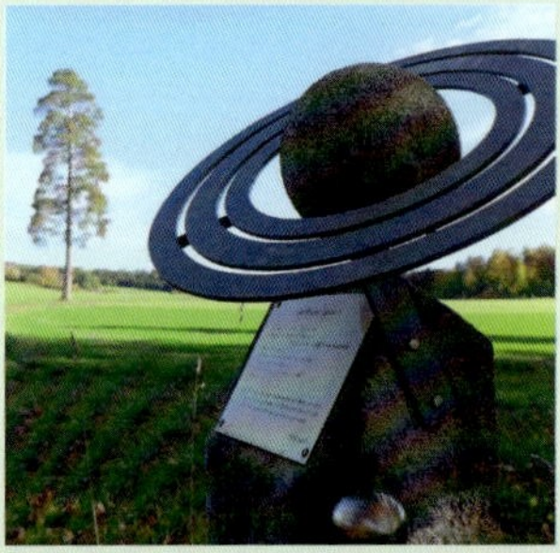

Auf Initiative von Prof. Wolfgang Wöss aus Sandl entstand dieser Planetenweg durch unser Sonnensystem, der ganz erdverbunden von Freistadt bis zu der von ihm errichteten privaten Sternwarte in Sandl führt. Entlang des Weges sind die Sonne und die sie umgebenden Planeten maßstabgetreu in Form von Kugeln aus Granit dargestellt. Bei den einzelnen Stationen erhält man detaillierte Infos zu den jeweiligen Planeten. Bei der Sonne auf der Promenade in Freistadt beginnt oder endet der Weg, je nachdem, wo man startet. Wir haben den Weg in Sandl begonnen. Das hat zwei Vorteile: Vom Endpunkt in Freistadt gibt es häufigere Busverbindungen in den Zentralraum. Zusätzlich hat man weniger Höhenmeter bergauf zu bewältigen, da man über weite Strecken bergab wandert.

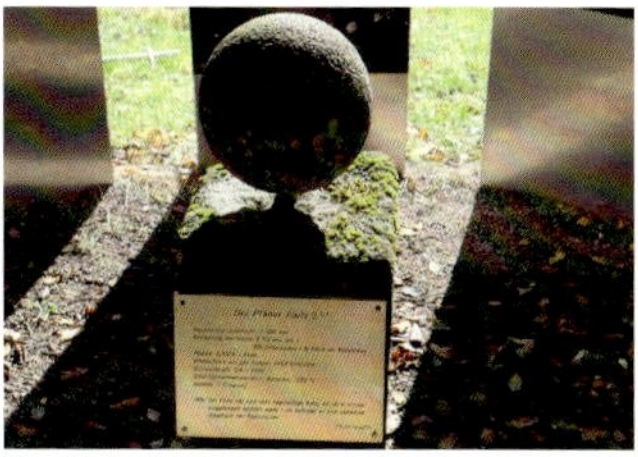

Von der Hst. Pendlerparkplatz in Sandl geht es zuerst die Liftstraße entlang aufwärts und vorbei an den Viehbergliften erreicht man die Abzweigung zur Sternwarte. Dort wird der Pluto, der am weitesten entfernte Planet unseres Sonnensystems, vorgestellt und man erfährt auf Infotafeln einiges über die Sonne, die Planeten und über Weltraumtöne. Von dort wandert man zurück zu den Liften und folgt nach einem letzten Blick über Sandl weiter den Planetenwegweisern. Waldwege wechseln sich auf den nächsten Kilometern mit kürzeren Straßenstücken ab.

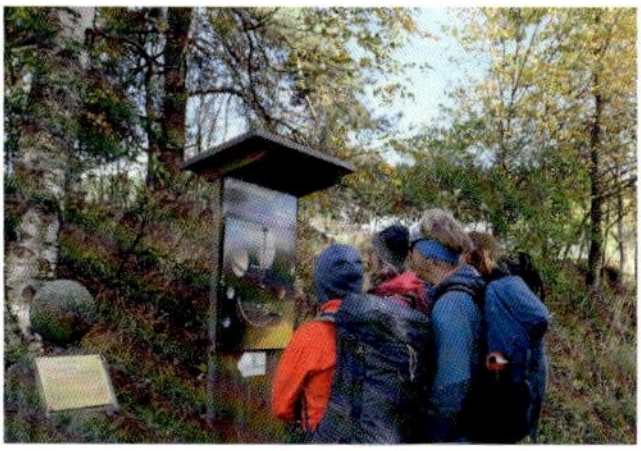

Nach einem leichten Anstieg unter dem Viehberg vorbei passiert man den Neptun und erreicht nach etwa 7 Kilometern Mitterbach mit dem Forellenwirt (am Wochenende eine gute Gelegenheit für eine Stärkung). Die Bergkirche St. Michael ob Rauchenödt ist die nächste markante Station mit dem Planeten Uranus. Beim Panoramablick weit übers Land hat man etwa die Hälfte des Weges absolviert. Weiter geht es hinab nach Oberrauchenödt und auf Wiesenwegen und kurzen Straßenabschnitten vorbei am Saturn kommt man schließlich nach dem Jupiter ins idyllische Feldaisttal und nähert sich so Freistadt. Bald sind die ersten Häuser erreicht und beim Stadtpark hat man, zurück aus den Weiten des Alls, wieder den Planeten Erde erreicht. Es ist die vorletzte Station vor der mit einem Meter Durchmesser größten Abbildung, der Sonne. ▶

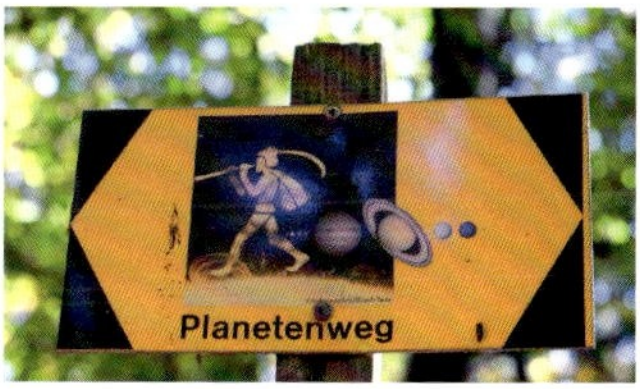

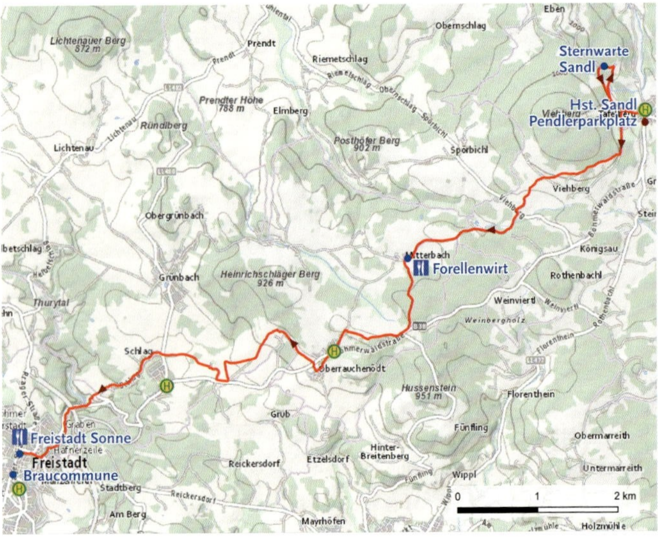

Gehzeit:	4–5 Stunden
Distanz:	18 km
Höhenmeter:	250 auf, 550 ab; Sandl (915 m) – Sternwarte (955 m) – Viehberghang (1017 m) – Mitterbach (887 m) – St. Michael (918 m) – Freistadt (560 m)
Internet:	freistadt.at, muehlviertel.at

Gut zu wissen ...

Ausgangspunkt

Hst. Pendlerparkplatz in Sandl, An- und Rückreise mit den regelmäßigen Bussen des Verkehrsverbundes. Wegen der häufigeren Verbindungen empfehlen wir, in Sandl zu starten und den Weg nach Freistadt zu gehen.

Charakteristik

Interessante, abwechslungsreiche Wanderung auf dem mit „Planetenweg“ bestens beschilderten Themenweg. Immer wieder begeistert auch der Blick über die hier noch wenig zersiedelte Hügellandschaft des Mühlviertels.

▶ Hier endet nach einer halben Umrundung der Altstadt der Planetenweg. Den abschließenden Rundgang durch die Gassen der mittelalterlichen Brauerlebnisstadt sollte man sich keinesfalls entgehen lassen. Freistadt besitzt über 150 denkmalgeschützte Gebäude und ist von einer Stadtmauer mit noch sechs erhaltenen Wehrtürmen umgeben. Das Linzertor im Süden und das Böhmertor im Norden sind die ältesten der Türme. Dazwischen liegt die Altstadt mit verwinkelten Gassen und dem Hauptplatz. Die Braukommune Freistadt wurde bereits 1777 gegründet und ist eines der ältesten Unternehmen der Stadt – ein guter Grund, die Wanderung hier zu beenden.

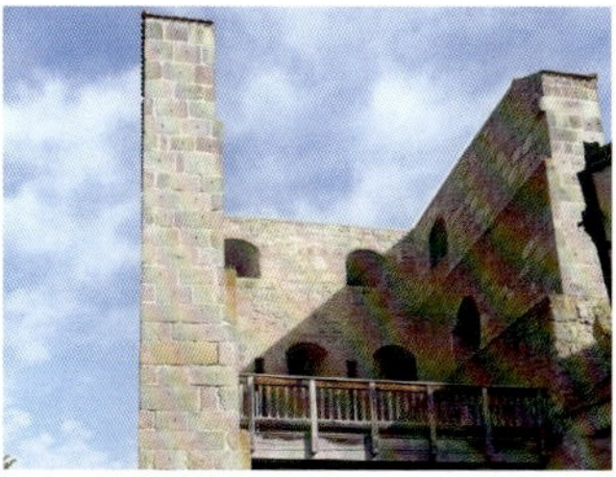

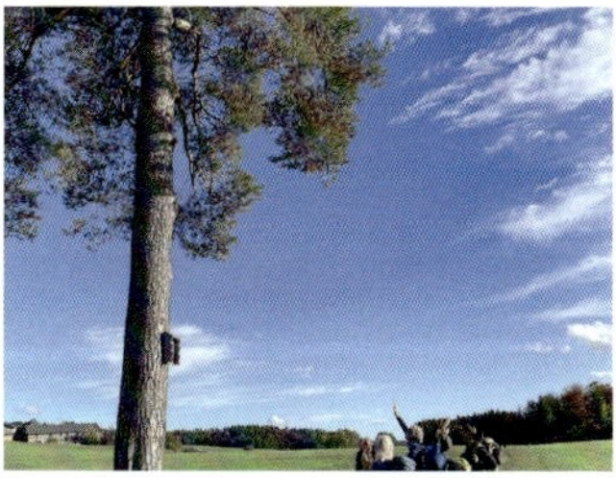

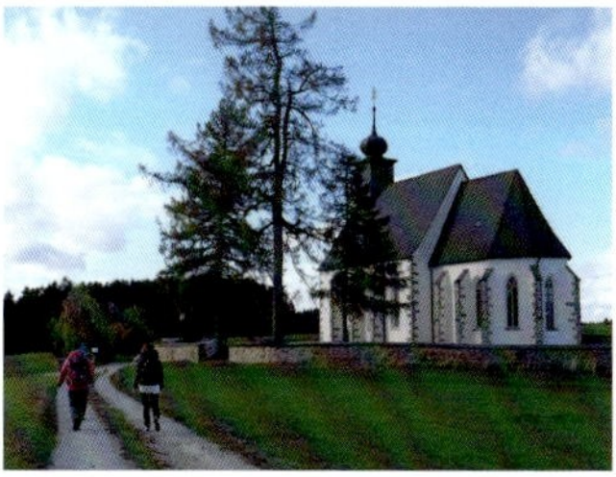

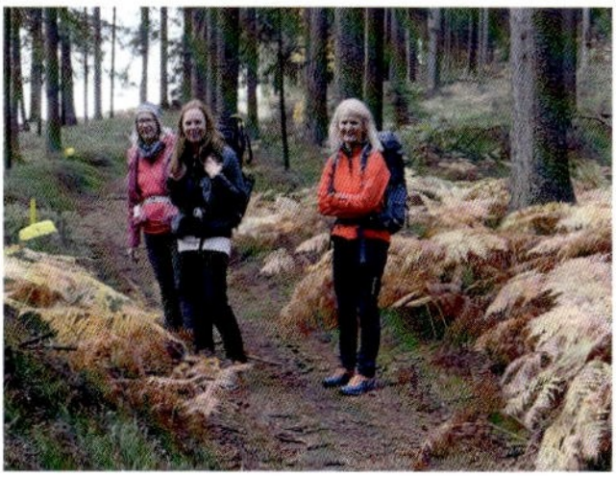

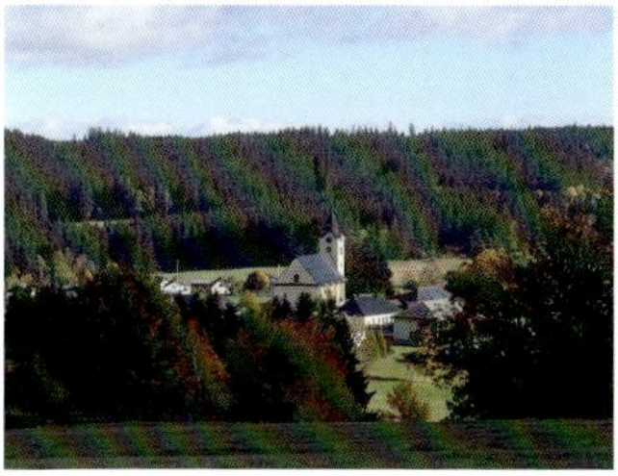

Einkehr

Der **Forellenwirt** in Mitterbach liegt direkt an der Strecke, hat aber nur am Wochenende geöffnet (forellenwirt.com). Für eine Einkehr in Freistadt gibt es zahlreiche Gastronomiebetriebe, die Konditorei **Lubinger** am Stadtplatz (lubinger.at) und das **Brauhaus** der Braucommune Freistadt (freistaedter-bier.at) können wir jedenfalls empfehlen.

Führung Privatsternwarte Sandl

Rechtzeitig angemeldet (über die Gemeinde Sandl) kann man auch eine Führung durch die Privatsternwarte von Prof. Wöss machen. Er hat die wissenschaftliche Betreuung dieses Wanderweges übernommen. Prof. Wöss ist auf dem Gebiet der Astronomie ein Fachmann und durch seine Mitarbeit bei der NASA weltweit bekannt.

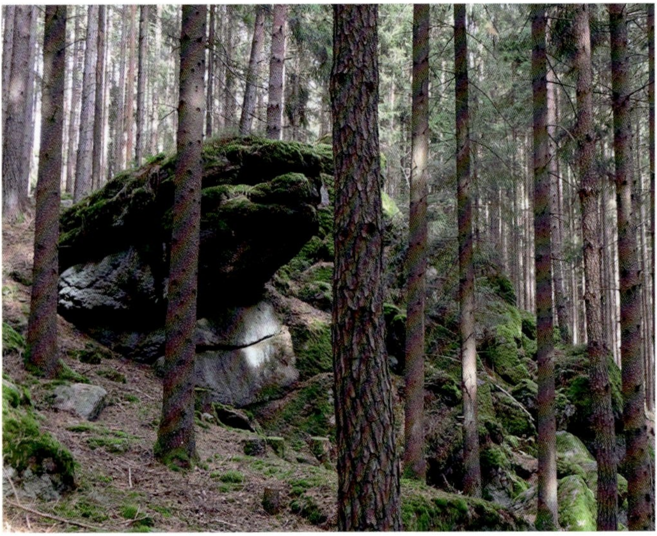

FREISTADT – LEONFELDEN – HASLACH 6

Am Nordwaldkammweg nach Haslach

Er ist in den letzten Jahren etwas in Vergessenheit geraten – zu Unrecht wie wir finden. Denn der Nordwaldkammweg begeistert mit interessanten Plätzen und einsamen Landschaften entlang der Grenze.

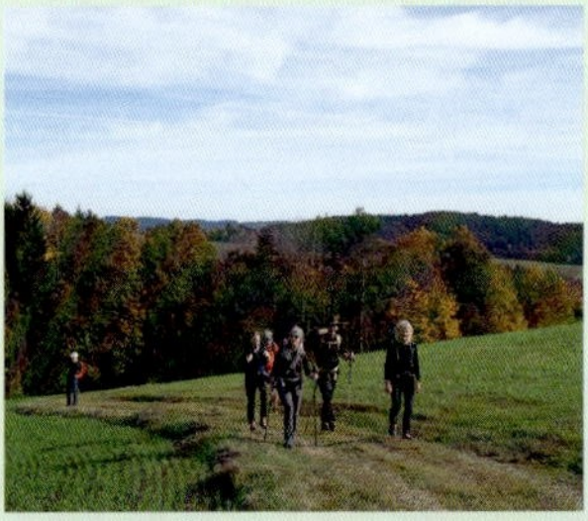

Lange war die Grenze zu Tschechien eine nicht zugängliche Zone und irrtümliche Grenzübertritte konnten zu großen Schwierigkeiten führen. Das ist Gott sei Dank längst vorbei und das Grüne Band, wie der Grenzstreifen auch heißt, begeistert mit Natur pur. Wir sind auf zwei Etappen dem Nordwaldkammweg gefolgt, allerdings in umgekehrter Richtung mit Start in Freistadt. Von der Busstation folgt man zunächst der Promenade und biegt nach der Braucommune in die St.-Peter-Straße ein.

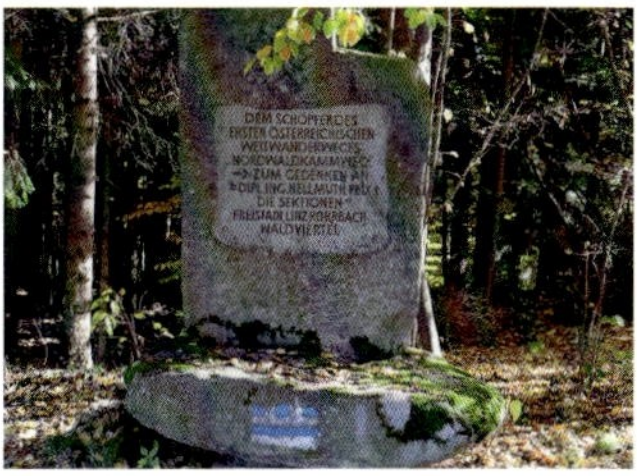

Ab hier folgt man der markanten blau-weißen Markierung des Weges. Am Stadtrand erreicht man den Skilifthang und am Kreuzweg geht es hinauf nach St. Peter (mit der Kalvarienbergkapelle und der Filialkirche). Noch vor Waldburg passiert man ein Viadukt der ehemaligen Pferdeeisenbahn. Als erste Einkehrstation erreicht man das Wirtshaus Pammer in Guttenbrunn bei Hirschbach. Dann wandert man auf schönen Wiesenwegen dem ersten Gipfel entgegen. Es ist der im Wald oberhalb von Schenkenfelden versteckte Hirtstein mit der Einsiedlerhöhle. Nach Schenkenfelden folgt eine etwas eintönige Passage entlang der Straße, die von einem schönen Waldweg abgelöst wird. Eine knappe Stunde liegt in Bad Leonfelden noch vor uns, bis zum Tagesziel, der Waldschenke am Sternstein. Da kommt uns eine Pause bei der Café-Konditorei Kastner gerade recht. Leichten Schrittes steigt man dann dem Berggasthof, der auf halbem Weg zum Sternstein liegt, entgegen. Nach der doch etwas längeren Wanderung kann man den Abend umso mehr genießen. Am nächsten Tag wandert man dann hinauf zum höchsten Punkt dieser zweitägigen Nordwaldkammtour.

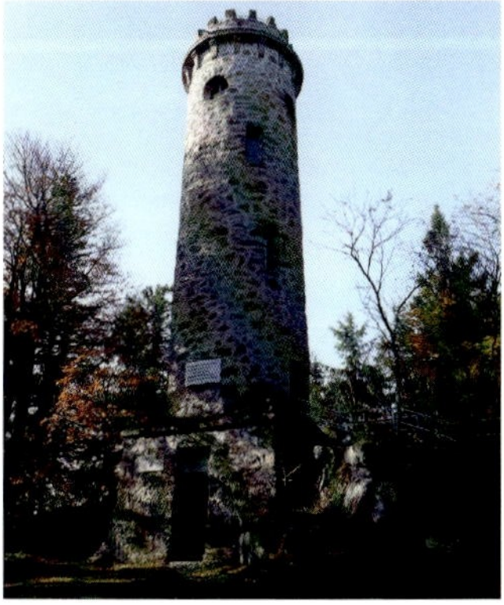

Der 1122 Meter hoch gelegene Sternstein wird nur noch von der aus Stein gemauerten Aussichtswarte überragt. Von oben ist der Blick in alle Richtungen frei – großartig! Durch einsame Wälder geht es weiter. Vorbei an Windkrafträdern, dem Steinernen Marterl und dem Denkmal zum Ende des Kalten Krieges erreicht man Guglwald mit der ehemaligen Grenzstation und dem Wellnesshotel. Vorbei am alten Grenzstein erreicht man durch Wald oberhalb von Afiesl die Helfenberger Hütte, einen schönen Rastplatz direkt an der Grenze. Es geht bergab und bald tun sich erste Blicke auf Haslach mit dem Tal der Großen Mühl auf. ▶

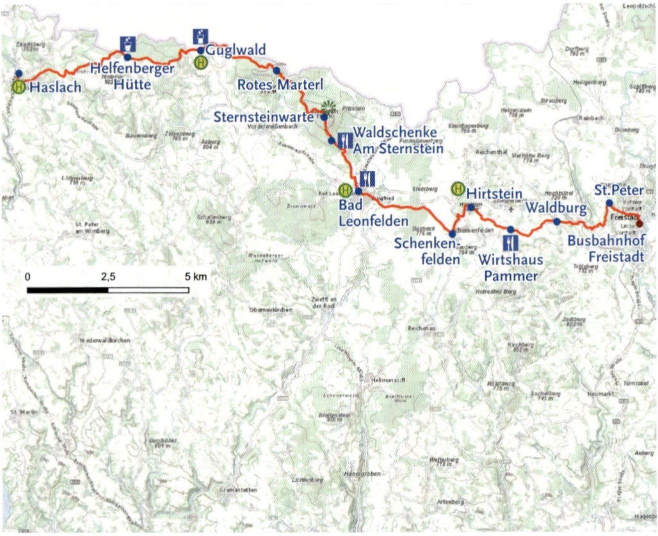

FREISTADT – BAD LEONFELDEN/WALDSCHENKE

Gehzeit:	6–7 Stunden reine Gehzeit
Distanz:	26,3 km
Höhenmeter:	950 auf, 570 ab; Freistadt (560 m) – St. Peter (698 m) – Waldburg (680 m) – Hirtstein (830 m) – Schenkenfelden (734 m) – Bad Leonfelden (750 m) – Waldschenke (950 m)

WALDSCHENKE/STERNSTEIN – HASLACH

Gehzeit:	6–7 Stunden reine Gehzeit
Distanz:	25,3 km
Höhenmeter:	570 auf, 1000 ab; Waldschenke (950 m) – Sternstein (1122 m) – Guglwald (750 m) – Helfenberger Hütte (840 m) – Haslach (530
Internet:	muehlviertel.at, alpenverein-freistadt.at

Gut zu wissen ...

Ausgangspunkt

Ideal ist die Anreise nach Freistadt mit regelmäßig verkehrenden Bussen zum Busbahnhof. Zurück geht es von den Busstationen in Bad Leonfelden oder Haslach. Achtung: Die Bahnhaltestellen der Mühlkreisbahn in Haslach sowie der Summerauerbahn in Freistadt liegen außerhalb der Orte und man braucht zusätzlich einen Bus.

Charakteristik

Herrlich abwechslungsreiche, tagesfüllende Wanderung mit einigen Höhenmetern, die etwas Kondition voraussetzt. Gute Orientierung durch die blau-weißen Markierungen des Nordwaldkammweges.

▶ Hier endet unsere Tour durch den Nordwald und nach einer Einkehr in einem der Lokale am Marktplatz geht es mit dem Bus zurück.

Einkehr und Übernachtung

Es gibt entlang der Strecke einige Möglichkeiten für eine Einkehr: in Guttenbrunn das Wirtshaus **Pammer** (kulturwirtshaus.at), in Bad Leonfelden gibt es mehrere Gastronomiebetriebe. Der Berggasthof **Waldschenke** bietet neben sehr guter Küche auch Zimmer zur Übernachtung an (waldschenke.at). Das Hotel **Guglwald** ist für Tagesgäste nicht offen, im Garten gibt es bei einem Rastplatz Getränke und Kaffee aus Automaten. Bei der **Helfenberger Hütte** stehen Getränke zur Selbstbedienung bereit.

Der Nordwaldkammweg

Der mystische Nordwaldkammweg ist einer der Weitwanderwegklassiker und führt vom Dreisesselberg die mitteleuropäischen Wasserscheide entlang bis zum Nebelstein im Waldviertel und weiter bis Pyhrabruck bei Gmünd. Er ist der älteste Weitwanderweg Österreichs. Inzwischen gibt es auch Varianten jenseits der Grenze in Tschechien, die man zu interessanten Rundtouren verbinden kann. Wer die Beschaulichkeit einsamer Wege sucht, ist hier richtig. Detaillierte Beschreibungen der Etappen und Varianten findet man im Führer „Nordwaldkammweg – Weitwandern im Grenzland“ des Alpenvereins Freistadt (alpenverein-freistadt.at/nordwaldkammweg.htm).

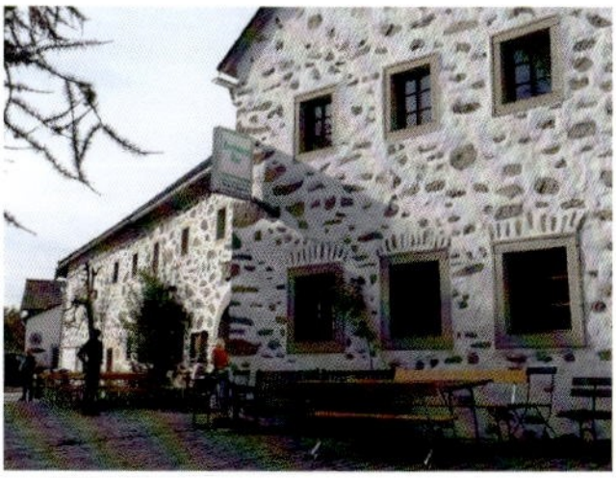

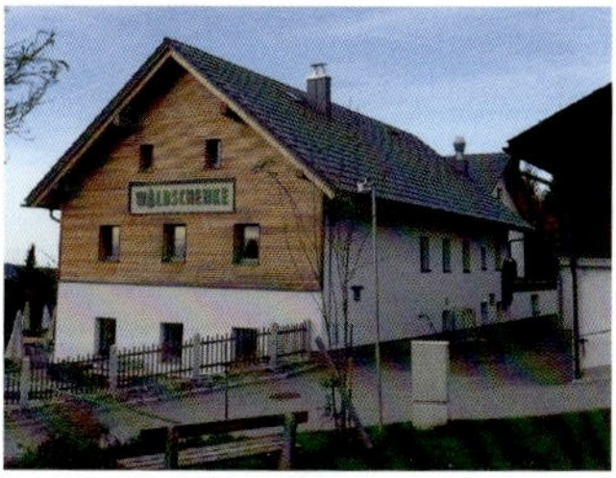

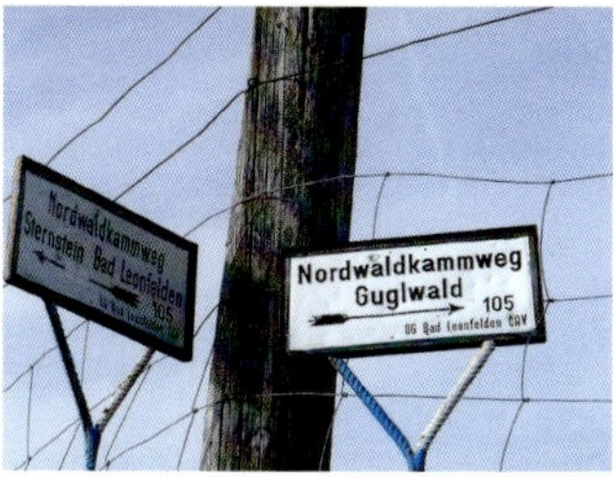

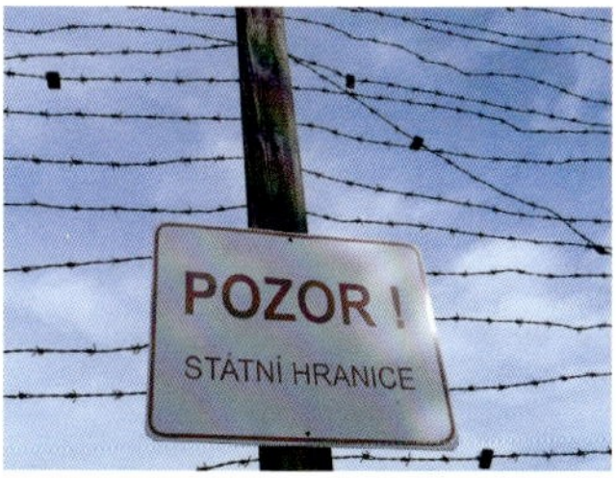

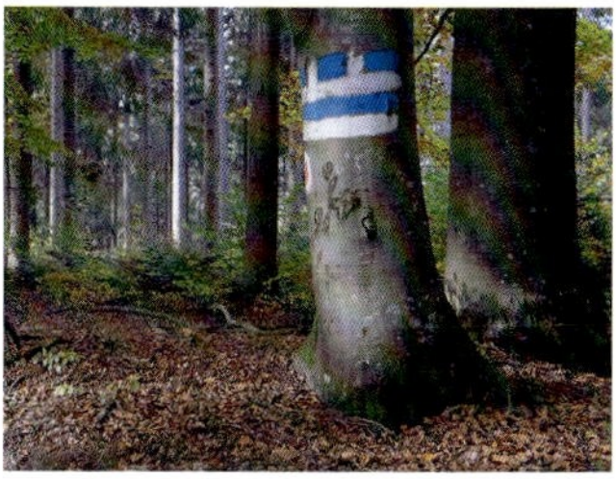

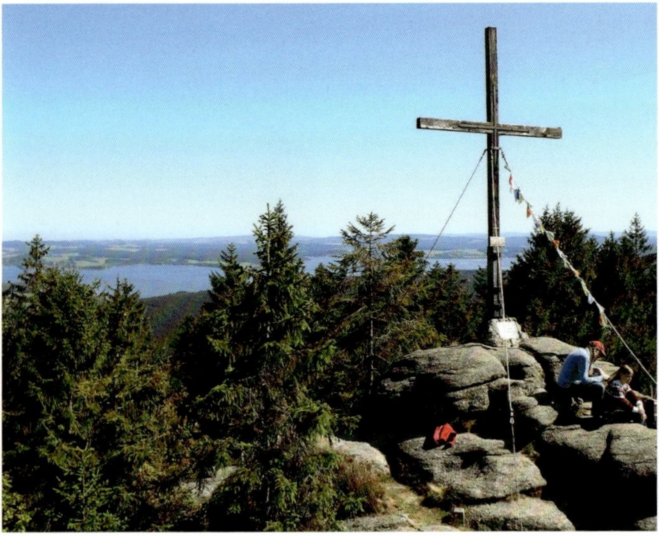

AIGEN – WALDSTEIG BÄRENSTEIN 7

Am Waldsteig auf den Bärenstein

Eine große Portion erfrischender Böhmerwaldluft ist bei der langen Runde über den Waldsteig inkludiert. Dazu gibt es den weiten Blick vom Bärenstein zum Moldaustausee und in die Berge des Salzkammergutes.

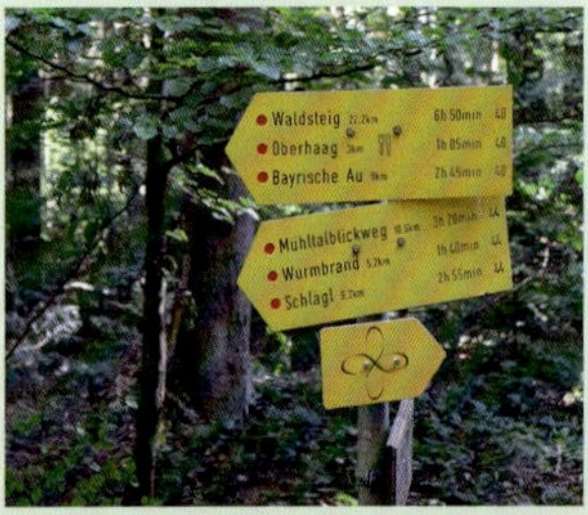

Es ist immer wieder ein besonderes Erlebnis, in schier endlosen Waldgebieten unterwegs zu sein. Hier in den südlichen Ausläufern des Böhmerwaldes sind die Bäume im Gegensatz zum Gebiet um den Plöckenstein zumindest optisch in gutem Zustand. Am Bahnhof in Aigen beginnt die Beschilderung des Waldsteiges, dem man zunächst bis zur Michaelsquelle folgt. Am Weg Nr. 40 geht es hinauf zum Haagerhof.

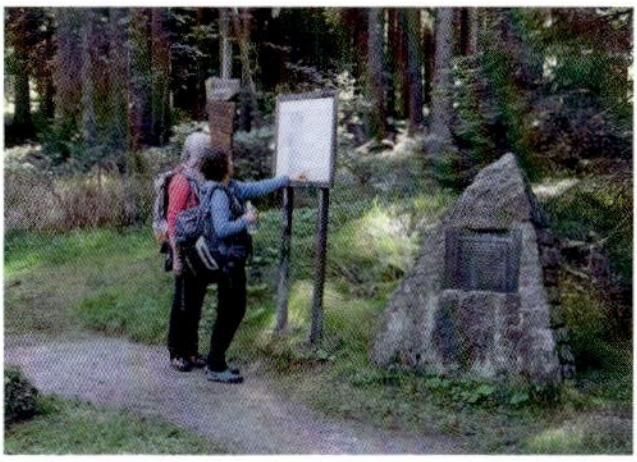

Dort taucht man in die endlosen Wälder ein und folgt weiter dem Waldsteig, bis man am Igelbach direkt an der Grenze den Schwarzenbergischen Schwemmkanal erreicht. Der in den Jahren 1789–1824 errichtete 52 Kilometer lange Kanal diente vor allem zur Brennholzversorgung der Stadt Wien und überwindet die Wasserscheide zwischen Moldau und Donau. Der Bau war eine technische Meisterleitung. Heute kann man den Kanal und seine Schleusen sowohl zu Fuß als auch mit dem Fahrrad erkunden. Kurz danach verlässt man den breiten Weg am Kanal wieder und taucht in die Hochmoorlandschaft der Bayrischen Au (der Name erinnert an die einstige Zugehörigkeit zu Bayern), die bis an die Ausläufer des Moldaustausees reicht, ein. Das alte Zollhaus ist die nächste geschichtsträchtige Station am Weg, ehe man bei der Schrollenbachschleuse noch einmal den Schwemmkanal erreicht. Weiter führt die Route nach Grünwald und allmählich ansteigend hinauf auf den Bärenstein. Dieser Gipfel überragt die Wälder im Grenzbereich zu Tschechien und über den Wipfeln kann man den Blick vom Moldaustausee bis zum Dachstein im Süden schweifen lassen. Ein Kreuz ziert die massiven nach Verwitterung entstandenen Felsburgen inmitten des 300 Millionen Jahre alten böhmischen Massivs. Zurück vom Gipfel steht die Einkehr im Gasthaus Panyhaus ganz oben auf der Liste ausdauernder Wanderer.

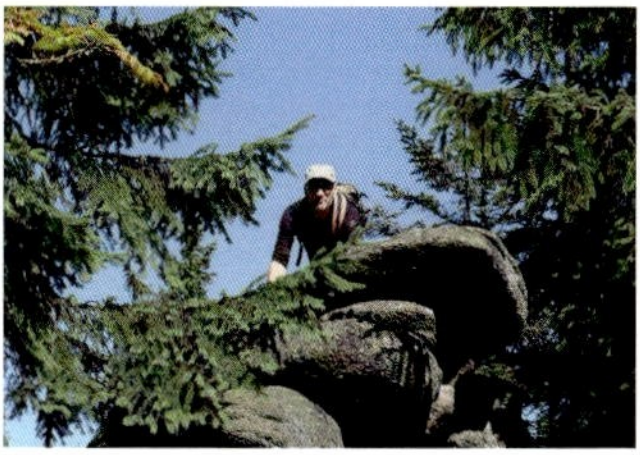

Gestärkt und hoch motiviert geht es weiter, zunächst über Hochbuchet hinab zum Liebesfelsen mit schönen Ausblicken über die Landschaft. Vorbei an der Bitterkapelle und an den Felstürmen der versteckten Räuberhöhle folgt man der Beschilderung am schon bekannten Weg bergab zurück nach Aigen.

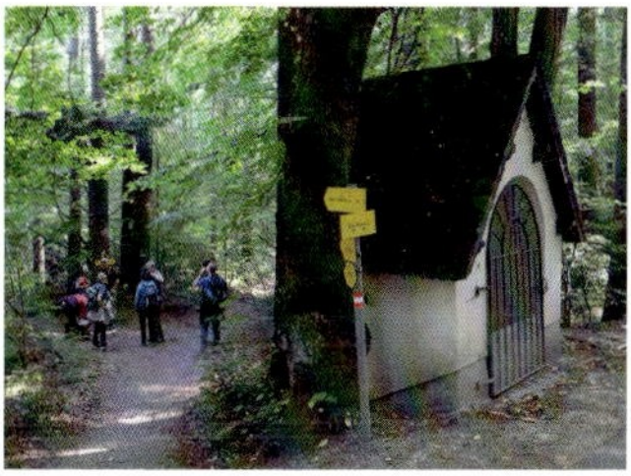

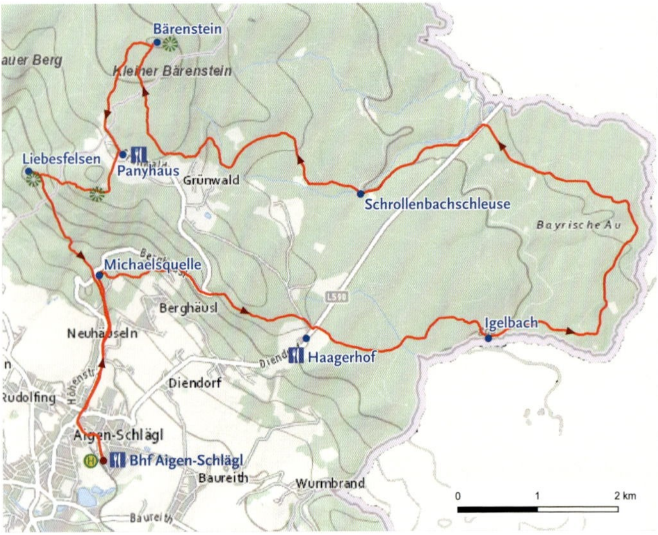

Gehzeit:	6–7 Stunden
Distanz:	26 km
Höhenmeter:	750; Bahnhof Aigen/Schlägl (570 m) – Oberhaag (836 m) – Bayrische Au (740 m) – Bärenstein (1077 m) – Grünwald/Panyhaus (940 m) – Liebesfelsen (810 m) – Michaelsquelle (690 m)
Internet:	boehmerwald.at

Gut zu wissen ...

Ausgangspunkt
Abwechslungsreich führt die Strecke der Mühlkreisbahn durch die Mühlviertler Hügellandschaft von Linz zum Bahnhof Aigen-Schlägl. Der Wanderweg Waldsteig ist vom Ortszentrum aus beschildert.

Charakteristik
Lange Wanderung für ausdauernde Wandersleute. Zum großen Teil ist man auf Waldwegen unterwegs, aber auch auf Forststraßen. Durchgehend beschildert und mit Waldsteig markiert. Achtung vor Abzweigungen in der Bayrischen Au und am weiteren Weg vom Panyhaus.

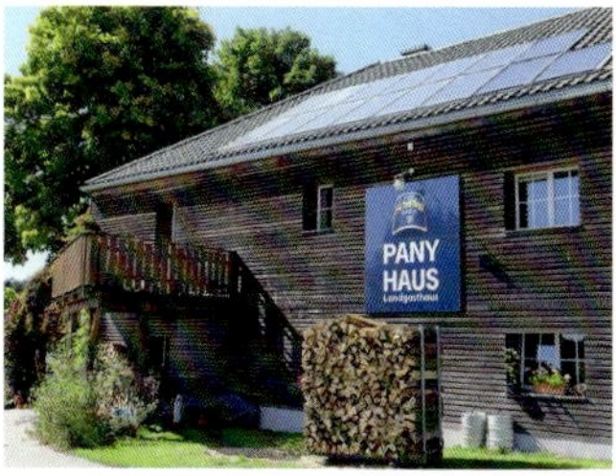

Einkehr

Die erste Einkehrmöglichkeit ist das Landhotel **Haagerhof** (haagerhof.com). Geradezu ideal für eine Einkehr liegt das **Panyhaus** in Grünwald nach etwa 2/3 der Stecke. Es gibt durchgehend warme Küche mit regionalen Gerichten (gasthaus-panyhaus.at).In Aigen-Schlägl gibt es mehrere gute Einkehrstationen. Der **Stiftskeller** lockt mit der gesamten Vielfalt der hier gebrauten Schlägler Biere (stift-schlaegl.at/essen-trinken/stiftskeller).

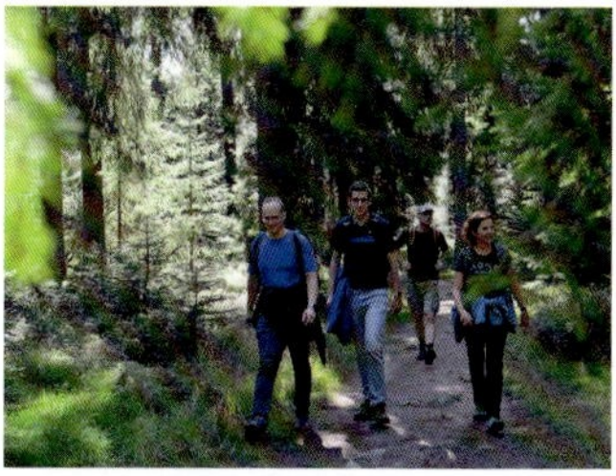

Weg der Entschleunigung

„Wandern und zu sich selbst finden" ist das Motto dieses Weitwanderweges, der auf 133 Kilometern die schönsten Energie- und Kraftplätze im Böhmerwald zwischen Plöckenstein und Rohrbach verbindet. Auf vier, sechs oder acht Etappen erkundet man diese einzigartige Waldregion (boehmerwaldrundweg.at).

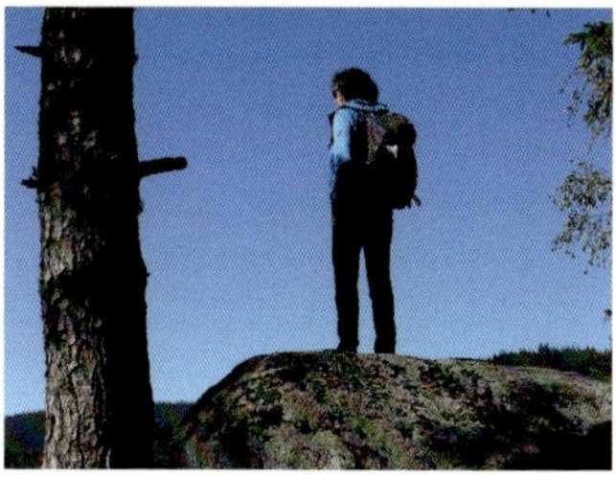

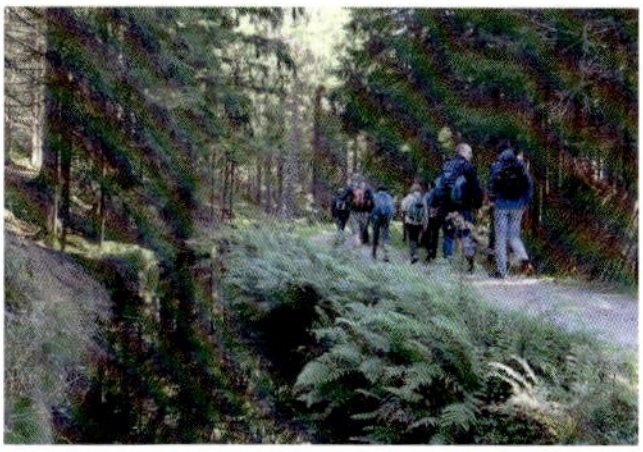

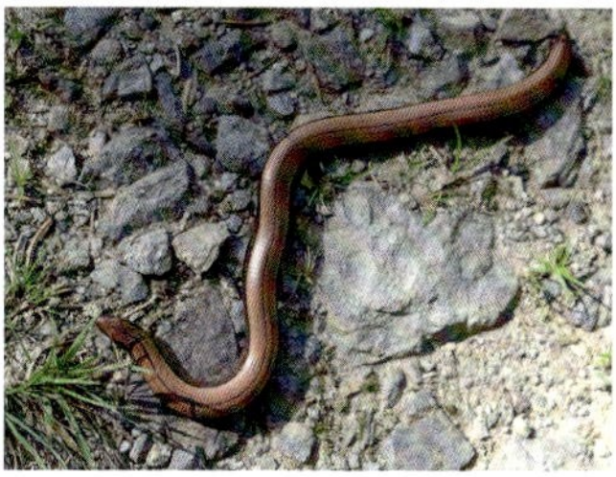

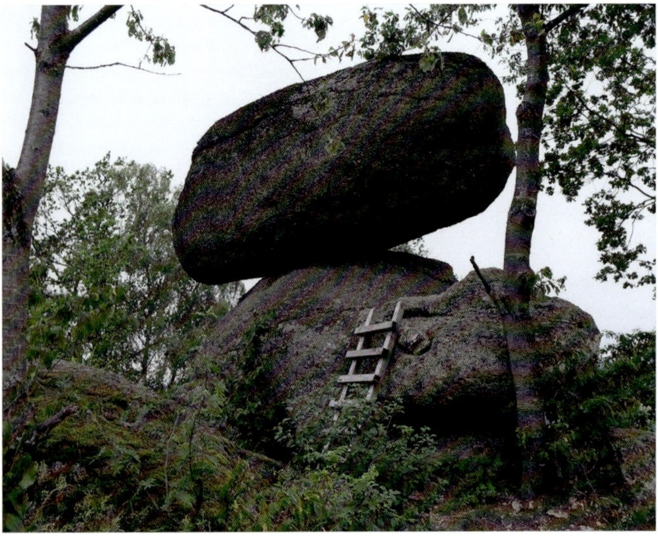

BAD ZELL – STOAKRAFTWEG

8

Steinreicher Naturpark Mühlviertel

Blockburgen, Wackelsteine, Pechölsteine, Schalensteine und Durchkriechsteine geben diesem Themenweg seinen Namen. Der Stoakraftweg führt zu den Naturdenkmälern der vier Naturparkgemeinden.

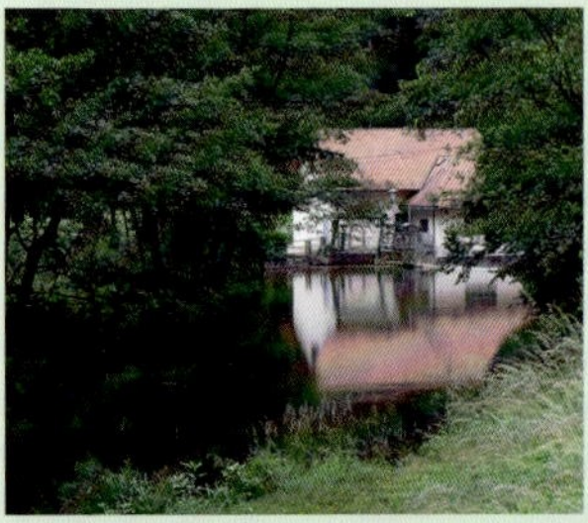

Seit 2019 verbindet der Stoakraftweg mit einer einzigartigen Runde Bad Zell, St. Thomas am Blasenstein, Rechberg und Allerheiligen. Zwei Tage sollte man sich Zeit nehmen, um die Naturdenkmäler, die Kleinode entlang des Weges und die Schönheit der Landschaft zu entdecken. Der Quendel, würzig duftender wilder Bruder vom Thymian, ist mit seinen blühenden Polstern die Leitpflanze des Naturparks Mühlviertel.

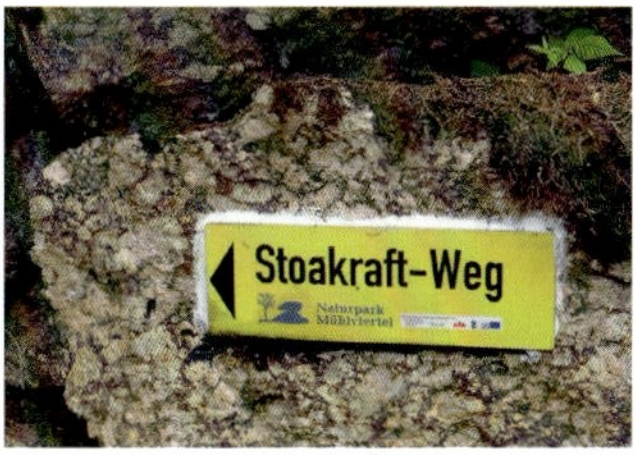

Von Bad Zell aus folgt man der Beschilderung hinauf über den Baumberg zum Wirt in Zellhof, passiert die Schlossruine Zellhof und erreicht das Naarntal mit der Raabmühle. Idyllisch geht es weiter, durch Wald erreicht man den Puchberg und bald darauf die Heidelandschaft rund um die Pammerhöhe. Der fotogene Elefantenstein liegt am Weg, der über Asphalt weiterführt und erst nach Ober St. Thomas wieder unbefestigte Abschnitte bietet. Vom Augenbründl steigt man durch Wald hinauf zur Zigeunermauer, einem mystischen Rastplatz. Es ist der höchste Punkt des Rundweges. Inmitten des Waldes sind mächtige Felsen zu einem wuchtigen Gebilde aufgeschichtet. Neben dem Rastplatz des fahrenden Volkes war hier früher auch ein Versteck des Räuberhauptmannes Grasel.

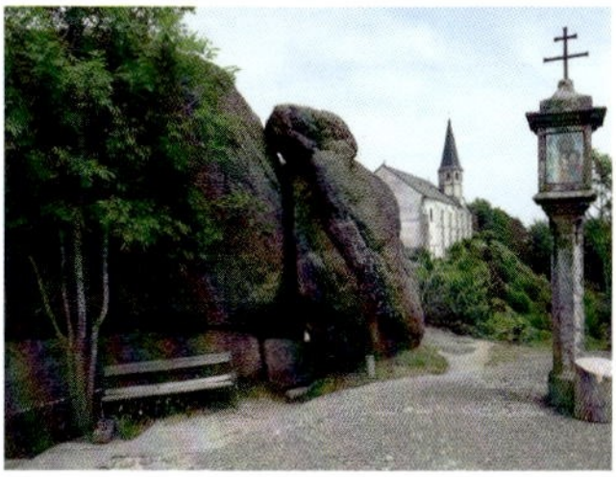

Weiter geht es mit einem Abstecher zum Phallusstein nach St. Thomas. Der berühmte Luftg'selchte Pfarrer, eine Mumie, kann bei der Wallfahrtskirche am höchsten Punkt des Ortes besichtigt werden. Der gemütliche Gasthof Ahorner lockt zur Einkehr, ehe man die Bucklwehluckn ansteuert. Aber Achtung: Wir sind nicht sicher, ob man nach dem Durchschlupf, der Kreuzschmerzen heilen soll, nicht erst recht welche hat! Entlang des informativen Schmetterlingsweges geht es dann hinab ins Käfermühlbachtal. Nach einem Waldanstieg ist das Gelände des Disc Golf Parcours mit Einkehrmöglichkeit erreicht. Die nächsten Attraktionen sind der Großdöllnerhof und die Aussichtswarte am Plenkerberg. Von dort wandert man Rechberg entgegen. Der erste Tag geht zu Ende. In den Sommermonaten kann man im herrlich erfrischenden Badesee die müden Glieder wieder beleben. Gut ausgeruht startet man am nächsten Tag und erreicht mit dem Schwammerling eines der bekanntesten Wahrzeichen der Gegend. Abwechslungsreich führt der Weg weiter hinab ins Naarntal. Man folgt dem Fluss bis zu einem Kraftwerk, wechselt ans andere Ufer und folgt dem Weg hinauf nach Allerheiligen. Der kleine Ortskern wirkt verschlafen, ▶

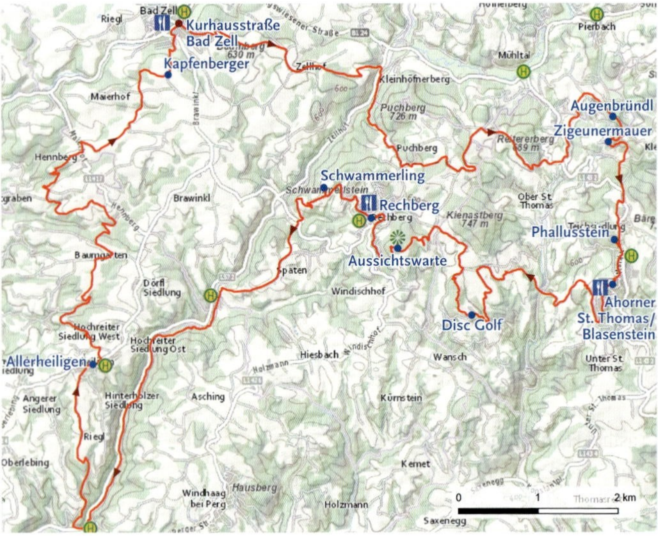

Gehzeit:	15 Stunden mit Pausen; 1. Tag: 8–9 Stunden, 2. Tag: 5–6 Stunden
Distanz:	50 km (27 und 23 km)
Höhenmeter:	1750; Bad Zell (515 m) – Puchberg (726 m) – Zigeunermauer (744 m) – St. Thomas (723 m) – Käfermühlbach (500 m) – Aussichtswarte (706 m) – Rechberg (576 m) – Naarntal (400 m) – Allerheiligen (568 m)
Internet:	naturpark-muehlviertel.at, Stoakraftweg-App

Gut zu wissen ...

Ausgangspunkt

Die Hst. Kurhausstraße in Bad Zell erreicht man mit den regelmäßig verkehrenden Bussen des Verkehrsverbundes. Der Weg beginnt beim Hotel Lebensquell nahe der Busstation.

Charakteristik

Gelbe Schilder markieren den Stoakraftweg. Waldwege wechseln sich mit Wirtschaftswegen und idyllischen Steigen ab. Einige Abschnitte sind asphaltierte Nebenstraßen. Zweitagetour mit viel Abwechslung. Man kann den Weg von Rechberg aus auch in einer Achterschleife gehen.

▶ aber auch hier gibt es ein Gasthaus und bei der Wallfahrtskirche den Schneckenturm mit einer schönen Aussicht. In gemütlichem Auf und Ab führt der Weg dann durch die bäuerliche Landschaft vorbei an zwei Jausenstationen zurück zum Ausgangspunkt im Kurort Bad Zell.

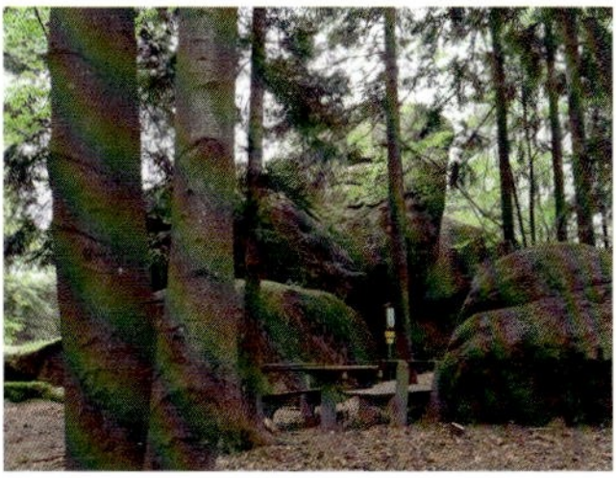

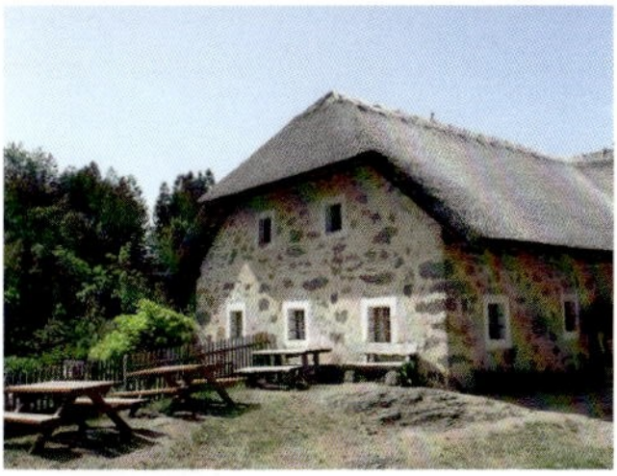

Übernachtung und Einkehr

Rechberg mit dem Badesee bietet sich für eine Übernachtung an. Beim **Dorfwirt** (dorfwirt-raab.at) oder beim Gasthof **Haunschmid** (gasthof-haunschmid.at) ist man bestens aufgehoben. Entlang der Strecke gibt es weitere Einkehrstationen. Beim Gasthof **Ahorner** in St. Thomas und beim **Färberwirt** in Bad Zell (faerberwirt-badzell.at) waren wir rundum zufrieden.

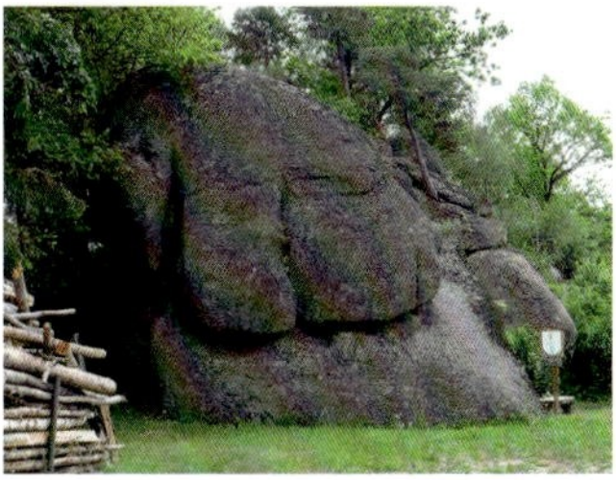

Einige Höhepunkte am Staokraftweg:

Elefantenstein

Der wollsackverwitterte Granitfelsen modelliert einen Elefanten.

Augenbründl

Eines der Augenbründl im Mühlviertel, dieses ist der Hl. Ottilie geweiht.

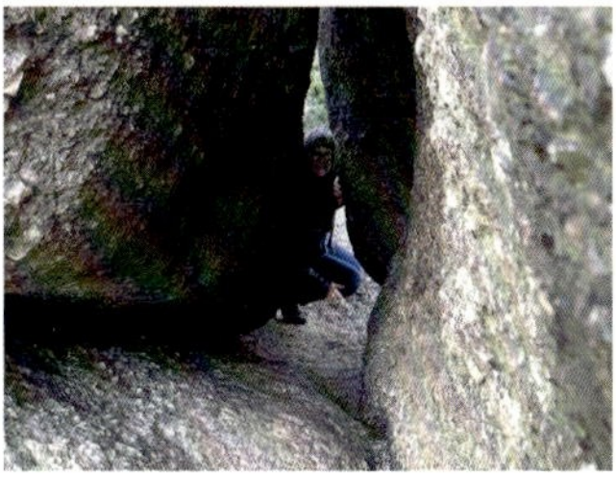

Bucklwehluck'n

Der Durchkriechstein ist ein Wahrzeichen von St. Thomas.

Großdöllnerhof

Der 400 Jahre alte mit Stroh und Schilf gedeckte Dreiseithof beheimatet ein Freilichtmuseum.

Schwammerling

Berühmter Wackelstein, um den sich allerlei Geschichten ranken.

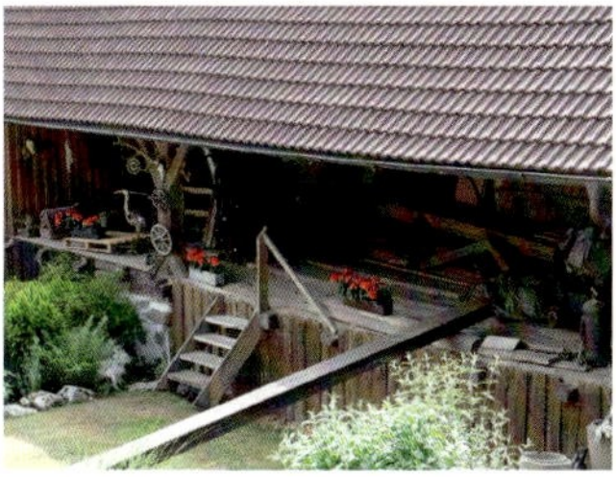

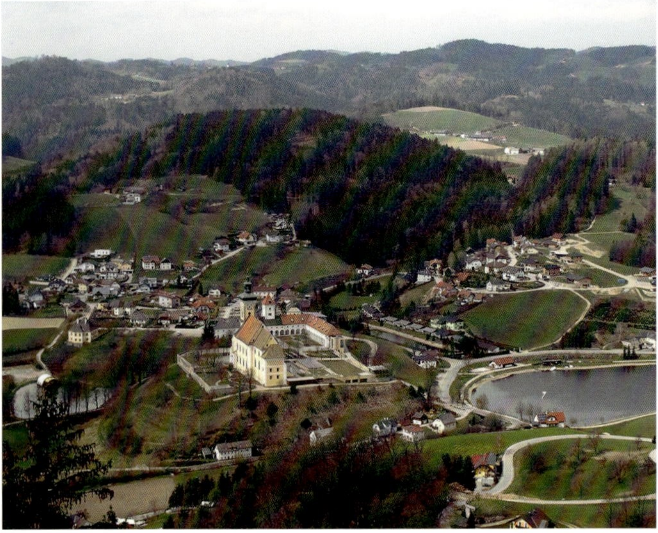

WALDHAUSEN – AUSBLICKRUNDE

9

Höhenweg über Waldhausen

Im Mühlviertler Teil des Strudengaues rund um Waldhausen bietet eine eindrucksvolle Rundtour sowohl Kultur- als auch Naturdenkmäler mit Wald, einsamen Tälern, riesigen Granitblöcken und einer Aussichtswarte.

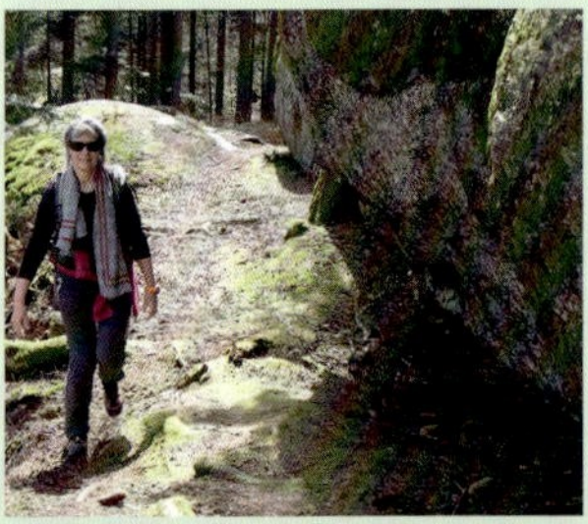

Am äußersten Rand des Mühlviertels in hügeliger Landschaft liegt Waldhausen und lockt mit abwechslungsreichen Wegen. Besser könnte man den Namen nicht wählen: Ausblickrunde heißt der Weg, der über bewaldete Höhen hinaufführt zu mächtigen Granitfelsen mit erstaunlichen Ausblicken, die bis weit hinein in die Berge reichen.

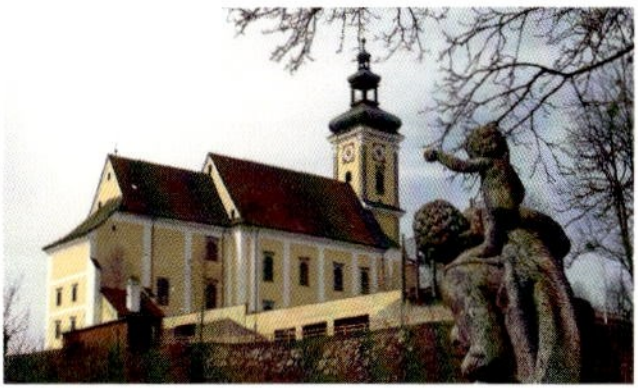

Vom Ortszentrum mit den historischen Häusern geht es zunächst zur Kirche und weiter auf dem breiten Klostersteig unter der Josefkapelle vorbei zum Schlossberg mit der Stiftskirche neben dem ehemaligen Stift aus dem Jahr 1147. Von hier hat man einen schönen Blick hinab zum großen Badesee, der im Sommer ein erfrischendes Erlebnis bietet. Diesem folgt man erst am Ufer entlang, dann weiter auf einem Güterweg, der in einen Waldweg mündet.

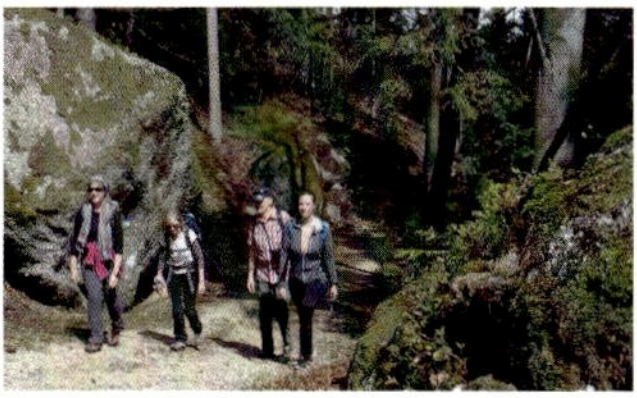

Auf diesem geht es hinauf zum ersten Felsturm, der Falkenmauer, die über kurze Leitern erreicht wird. Dann bleibt man auf dem bewaldeten Höhenweg und erreicht den Schwingenden Stein, den man mit einiger Kraftanstrengung schließlich doch zum Schwingen bringt. Immer wieder findet man im Mühlviertel Granitsteine mit Opferschalen, auch hier. Mystische Geschichten und Fantasien ranken sich um diese. Sind sie nicht mit Wasser gefüllt, kündigen sie angelblich ein Unglück an. Weiter führt die Route bis zur Abzweigung zum Einsiedlerfelsen, der nach kurzem Anstieg erreicht wird. Eine massive Granitplatte über den Felsen bietet Schutz, trotz allem eine sehr einfache Behausung für einen Eremiten. Zurück an der Abzweigung folgt man dem Waldweg hinauf zum Schafstein, einer weiteren aus dem Wald ragenden Felsformation. Man kommt allmählich aus den Wäldern in eine Landschaft mit Wiesen, Bauernhäusern und Obstbäumen. Ein letzter Abstecher führt noch zum 13 Meter hohen Aussichtsturm mit dem Heimkehrerkreuz. Von oben hat man einen herrlichen Blick über den Badesee und den Schlossberg in die waldreiche Landschaft. Um Spenden für die Erhaltung des Metallturms wird gebeten.

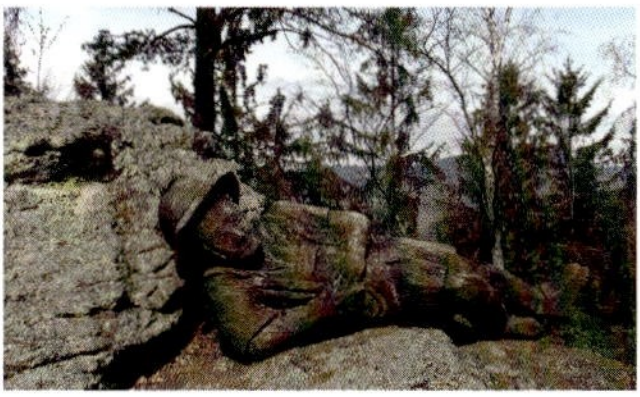

Eine geschnitzte liegende Holzfigur beobachtet neugierig die Wanderer. Nach den Rundblicken leistet man dann, wieder unten angekommen, dem holzgeschnitzten Wandergesellen Gesellschaft. Erst durch Wald abwärts, dann über Wiesenwege erreicht man die ersten Häuser und bald darauf den Ausgangspunkt in Waldhausen.

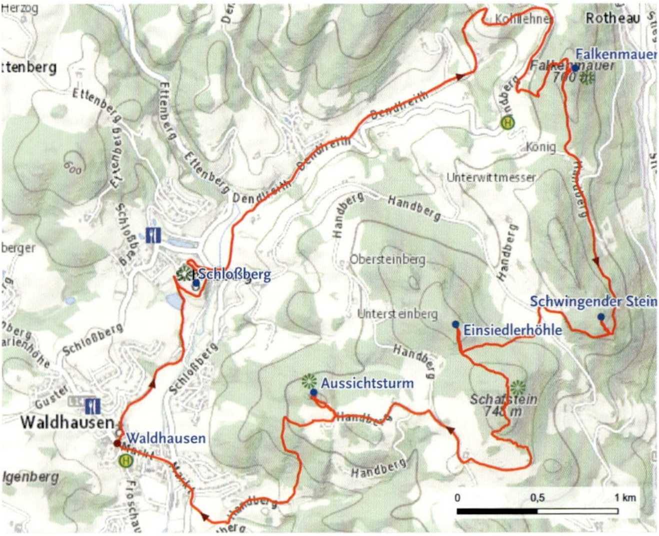

Gehzeit: 4–5 Stunden mit Abstechern
Distanz: 14,3 km
Höhenmeter: 570; Waldhausen (470 m) – Schlossberg (490 m) – Falkenmauer (700 m) – Schwingender Stein (690 m) – Einsiedlerhöhle (720 m) – Schafstein (748 m) – Aussichtsturm (662 m)
Internet: tourismus-waldhausen.com, donausteig.com

Gut zu wissen ...

Ausgangspunkt
Mit dem Bus ins Ortszentrum zur Hst. Waldhausen Markt. Dort kann man sich an der Donausteigtafel und Wegweisern über die Wanderwege kundig machen.

Charakteristik
Ausblickrunde (mit Donausteigrunde ident). Die Runde verläuft meist auf Waldwegen, einige kürzere Abschnitte auf asphaltierten Nebenstraßen. Auf Leitern aus Metall steigt man zu den Felsformationen hinauf, die oben durch ein Geländer gut abgesichert sind.

Einkehr
Im Ortszentrum liegt der Gasthof **Schauer** mit Gastgarten im Innenhof (gasthof-schauer.com). Daneben findet man auch noch den **Schlüsselwirt** (schluesselwirt.at) und das Gasthaus **Reutner** am Schlossberg (gasthausreutner.at).

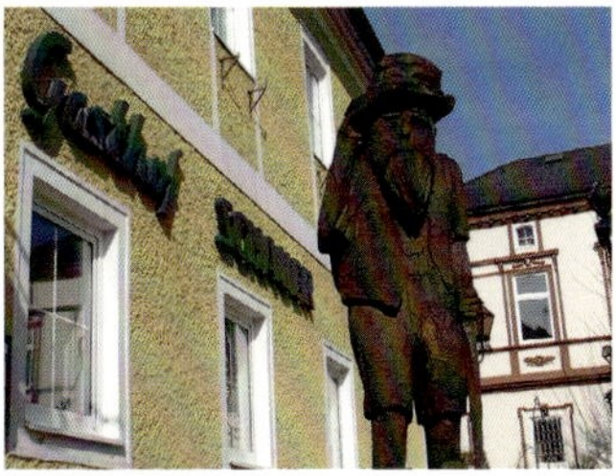

Die Naturdenkmäler

Falkenmauer
Der erste steinerne Gipfel wird über kurze Leitern erreicht. Herrliche Tiefblicke ins Kleine Yspertal.

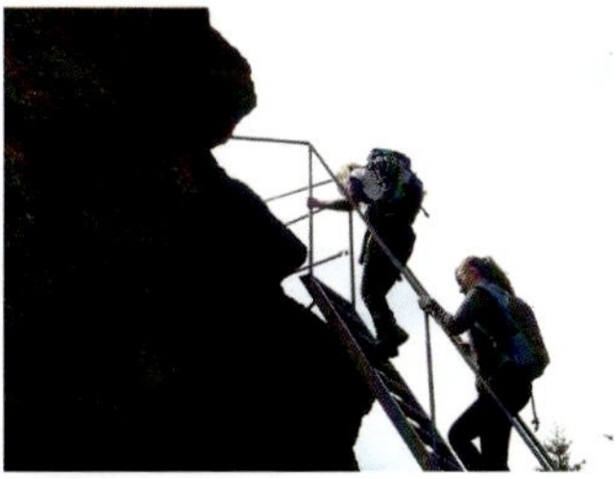

Schwingender Stein
Mit etwas Kraftanstrengung kann man den mächtigen Granitstein in leichte Schwingung versetzen. Nicht weit davon findet man in Granitblöcke gemeißelte Opferschalen.

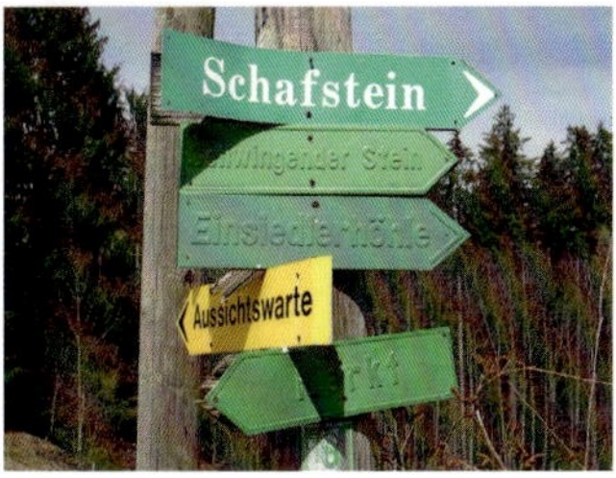

Einsiedlerhöhle
Hier lebte einst der Mönch Lipp. Er ernährte sich von Wurzeln und Kräutern und wurde wegen seiner weisen Ratschläge geschätzt.

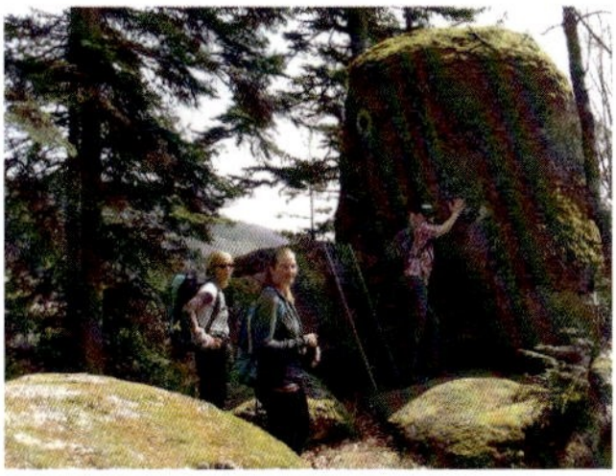

Schafstein
Wuchtiger 350 Tonnen schwerer Granitblock, der über eine längere Leiter erklommen wird. Herrliche Ausblicke bis hin zum Ötscher.

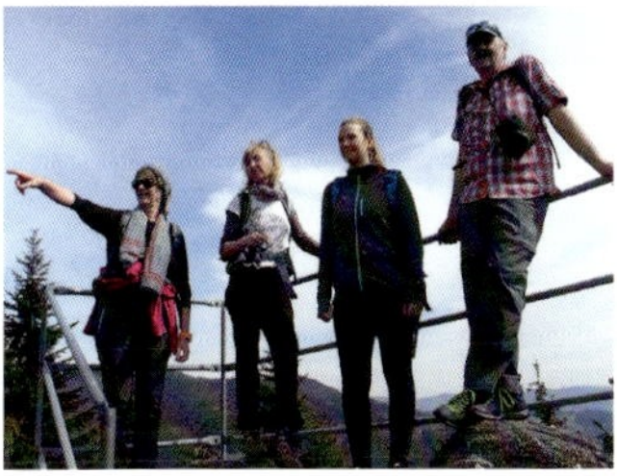

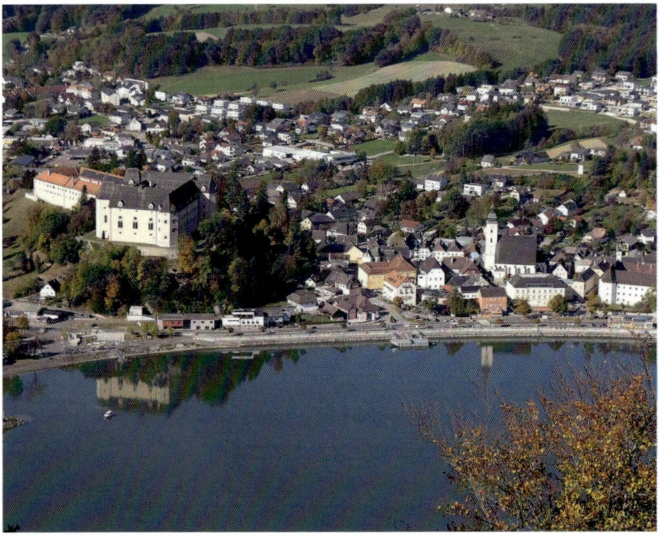

GREIN – GOBELWARTE UND BRANDSTETTERKOGEL

10

Blicke zur Donau und nach Grein

Herausragende Ausblickspunkte haben wir auf zwei Rundwegen bei Grein entdeckt – einmal nördlich, einmal südlich der Donau. Dazu gibt es noch eine nette Hütte, die mit Mühlviertelblick zur Einkehr lädt.

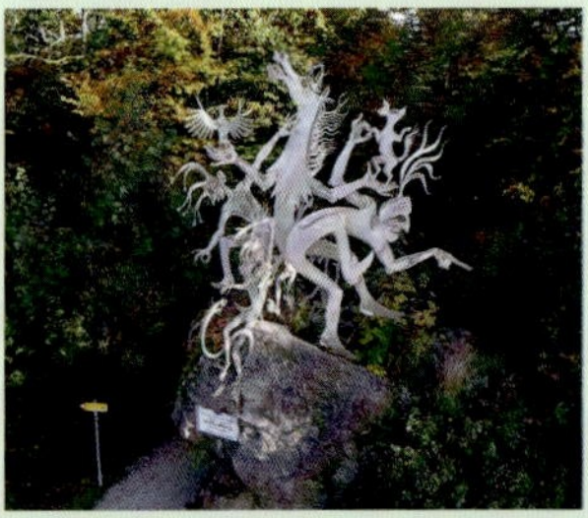

Aus dem Machland kommend hat sich die Donau im Strudengau durch böhmischen Granit mühsam ihren Weg gegraben und mäandert der Wachau entgegen. Entsprechend steil sind die Hänge beiderseits des Flusses. Am Nordufer überrascht die Gobelwarte mit einem umfassenden Rundblick. Am Südufer führen steile, felsdurchsetzte Wälder hinauf bis zum Brandstetterkogel. Auf zwei Rundtouren haben wir diese überragenden Ziele erwandert.

Von Grein zur Gobelwarte

Vom Bahnhof in Grein folgt man kurz der Bundesstraße in Richtung Ort, biegt dann nach links ab, überquert die Gleise und folgt ab hier den bestens beschilderten Wegen hinauf zur Warte. Für den Anstieg haben wir den Reitsteig gewählt, der bald in den Wald hinein und in einigen Serpentinen gegenüber vom Bahnhof aufwärtsführt. Weiter oben, aus dem Wald draußen, kommt man über eine Wiese zu einem Bauernhof. „Do geh umi“ weist ein originelles Steinschild den Weiterweg. Bald zweigt von der Straße ein Weg in den Wald ab, auf dem man den Parkplatz und bald darauf die Gobelwarte erreicht. Bereits 1894 wurde hier eine Aussichtswarte errichtet.

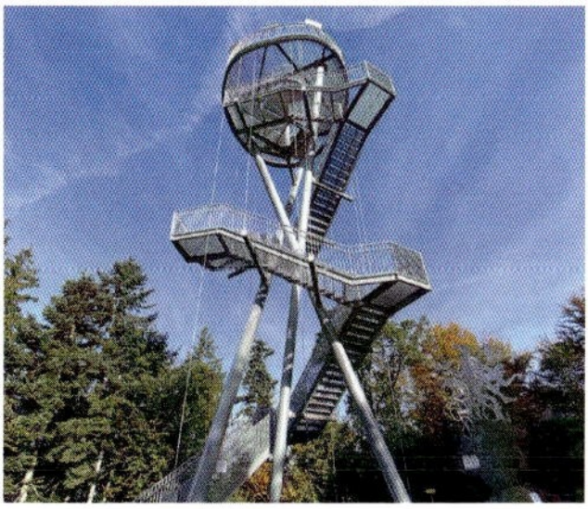

Diese wurde 2018 durch den neuen, 21 Meter hohen Metallturm ersetzt. Großartig ist der Ausblick von oben in alle Richtungen. Eine fünf Meter hohe künstlerische Skulptur aus Edelstahl am Fuße der Warte, das Strudengauer Burgspektakel, nähert sich der Vorstellungswelt des Mittelalters an. Dort beginnt auch der Abstieg am Nombergersteig. Auf Waldwegen mit einigen steileren Passagen geht es wieder hinab zum Ausgangspunkt.

Von Tiefenbach zur Brandstetterkogelhütte

Die zweite, etwas längere und anspruchsvollere Runde beginnt nahe der Donaubrücke in Tiefenbach.

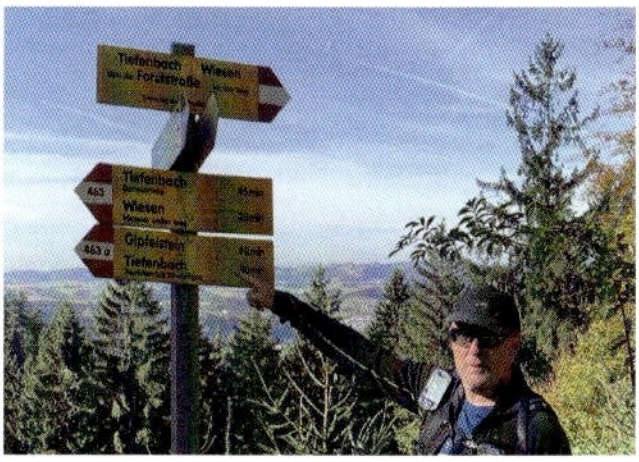

Hier ist man in Niederösterreich unterwegs, die Grenze verläuft entlang der Donau. Zunächst folgen wir dem bereits 1926 errichteten Matrassteig, der nach einem Anstieg die Donauleiten entlangführt. Mächtige Granitfelsen und gegen Ende ein Felstor findet man auf diesem Weg. Vorbei an mächtigen Buchen mündet er zuletzt etwas fallend in eine Forststraße ein. Weiter folgt man ab hier den Schildern Brandstetterkogelhütte. Es geht bergauf bis zu einer Wegkreuzung. Hier kurz nach links, dann ist der letzte Anstieg zur Hütte erreicht. Die auch Viktoria Adelheid genannte Hütte ▶

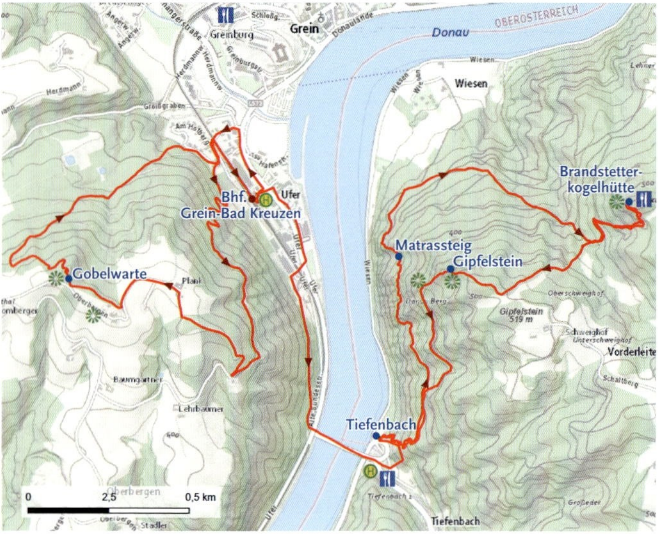

GREIN – GOBELWARTE

Gehzeit:	2 Stunden
Distanz:	5,5 km
Höhenmeter:	250; Bahnhof Grein (250 m) – Gobelwarte (484/505 m)

TIEFENBACH – BRANDSTETTERKOGELHÜTTE

Gehzeit:	3 Stunden
Distanz:	6 km
Höhenmeter:	500; Bahnhof Grein (250 m) – Tiefenbach (245 m) – Brandstetterkogelhütte (529 m) – Abzweig Gipfelstein (415 m) – Gipfelstein (519 m)
Internet:	grein.at, donauregion.at/grein.html

Gut zu wissen …

Ausgangspunkte

Der Weg vom Bahnhof Grein-Bad Kreuzen nach Tiefenbach ist etwa zwei Kilometer lang. Dabei folgt man entweder dem Donauradweg oder man wandert erst die Bundesstraße entlang und dann auf einer kleinen Straße neben den Bahngleisen bis zur Donaubrücke.

Charakteristik

Zwei aussichtsreiche Wanderungen auf beschilderten Wegen. Schöne Waldsteige führen zur Gobelwarte. Anstieg am Reitsteig, Abstieg mit einigen steileren Passagen am Nombergersteig. Der Matrassteig Nr. 463 entlang der Donauleiten Richtung Brandstetterkogel erfordert Trittsicherheit. Gutes Schuhwerk und trockene Wege sind angenehm.

▶ wurde bereits 1926 erbaut. Sie ist ein idealer Rast- und Einkehrplatz. Für den Abstieg geht es wieder hinab zur Wegkreuzung und von dort folgt man den Schildern 463a, die uns hinaufleiten zum Gipfelstein. Von den Felsblöcken dort hat man den wohl besten Blick hinab nach Grein. Auf dem gut angelegten Weg, der wieder in den Matrassteig einmündet, wandert man dann hinab und über letzte Kehren erreicht man wieder den Ausgangspunkt in Tiefenbach.

Einkehr

Am höchsten Punkt der Tiefenbachrunde liegt die **Brandstetterkogelhütte.** Auf der kleinen Terrasse mit Blick nach Grein oder in der Stube wird man mit frisch zubereiteten Speisen verwöhnt. Ganzjährig geöffnet (http://brandstetterkogel.schutz.haus). Am Ausgangspunkt des Weges zum Brandstetterkogel bei der Donaubrücke Tiefenbach liegt der **Gasthof zur Donaubrücke** ideal für eine Abschlusseinkehr (gasthof-froschauer.at).

„Der Donausteig – einfach sagenhaft"

Unter diesem Motto steht der 450 Kilometer lange Weitwanderweg, der von Passau entlang der Donau bis an die niederösterreichische Landesgrenze nach Grein führt. In 23 Etappen werden die schönsten Wege und Aussichtspunkte sowohl nördlich als auch südlich der Donau erschlossen. Rastplätze entlang der Strecke geben Orientierung und Einblicke in die Sagenwelt entlang des Flusses. Bei der Wanderung hinauf zur Gobelwarte trifft man auf den Donausteig, der von Saxen herkommt (www.donausteig.com).

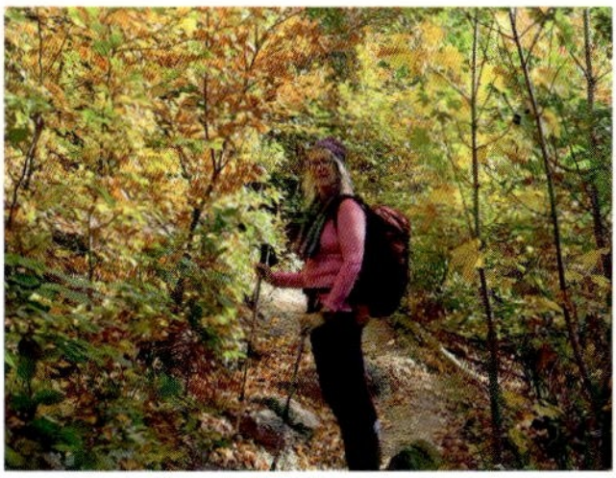

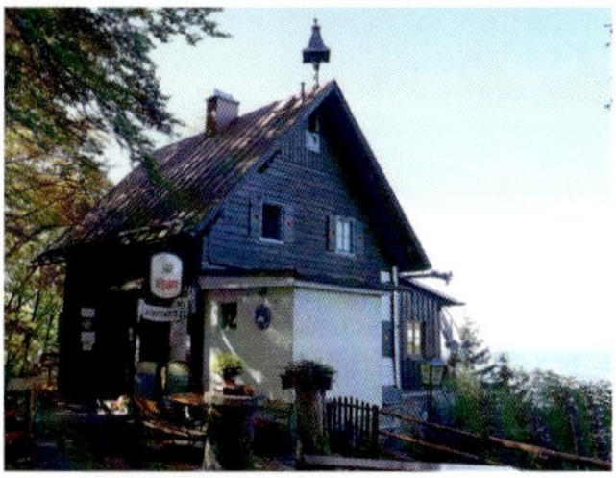

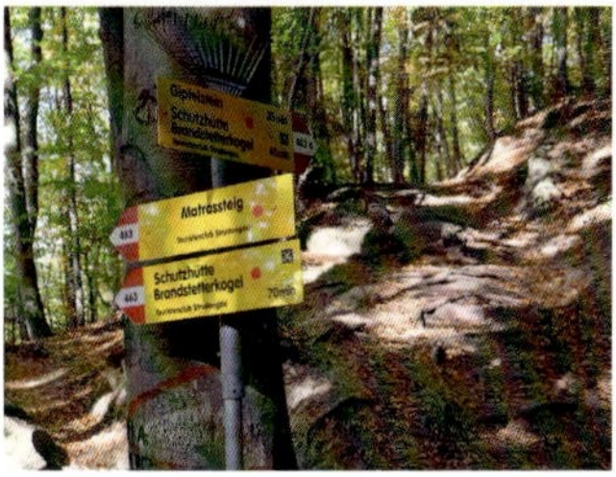

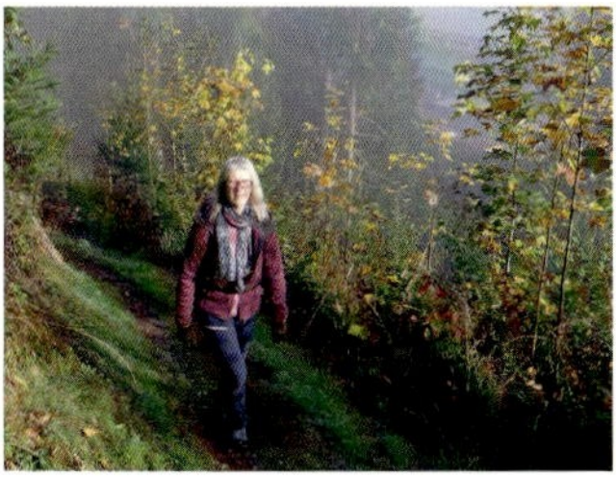

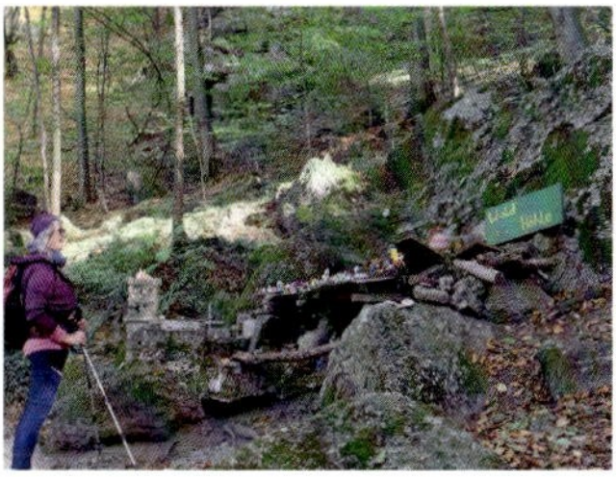

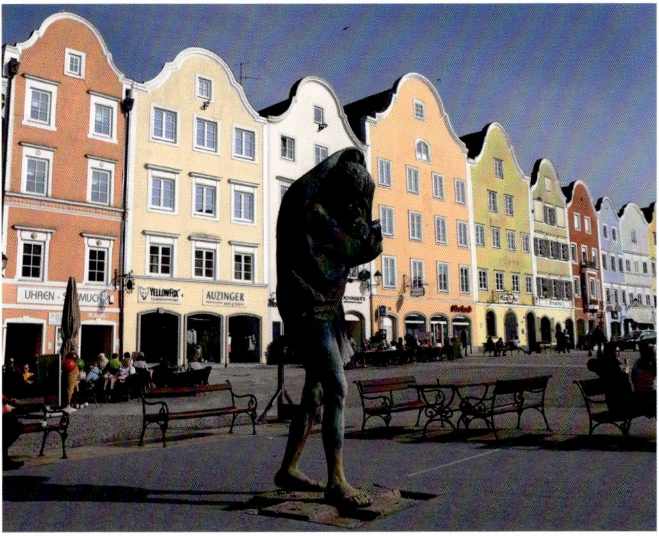

SCHÄRDING – MARIENTHAL-RUNDWEG

11

Schärding für Wandervögel

Neben dem Altstadt-Rundgang findet man rund um Schärding einige abwechslungsreiche Wanderrouten mit unterschiedlicher Länge. Vom Marienthalweg hat man schöne Blicke auf die Stadt am Inn.

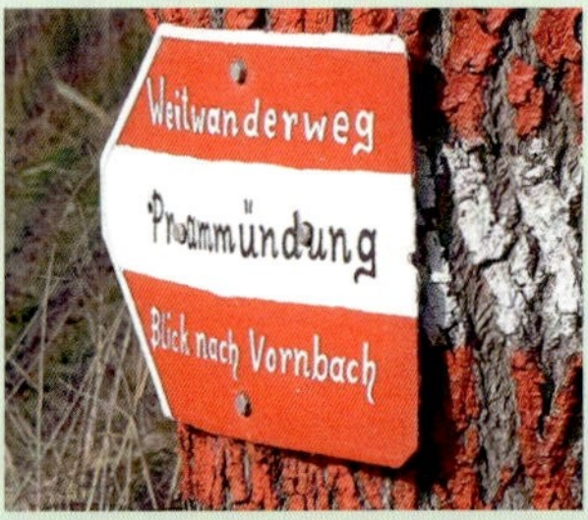

Der immer wieder beeindruckende barocke Stadtplatz von Schärding setzt den Schlusspunkt bei dieser Wanderung, die zu den Wäldern rund um den Gaisberg hinaufführt. Wir starten die Rundwanderung beim Bahnhof in Schärding und entlang der Bahnhofstraße und der Neulandstraße erreicht man die Bahnunterführung in Otterbach. Hier trifft man auf den Marienthalweg, dem man nun folgt. Vorbei an der Landwirtschaftlichen Fachschule Otterbach taucht man bald in die Wälder entlang des Otterbachs ein und folgt dem Weg hinauf zu einer Straße. An dieser etwa 350 Meter entlang, bis rechts eine Forststraße abzweigt. Hier findet man auch Wanderwegschilder mit Zeitangaben. Man hält sich bei den Abzweigungen rechts und folgt der Markierung hinauf, bis man aus dem Wald heraus über eine Wiese das Stoanerne Bankerl erreicht.

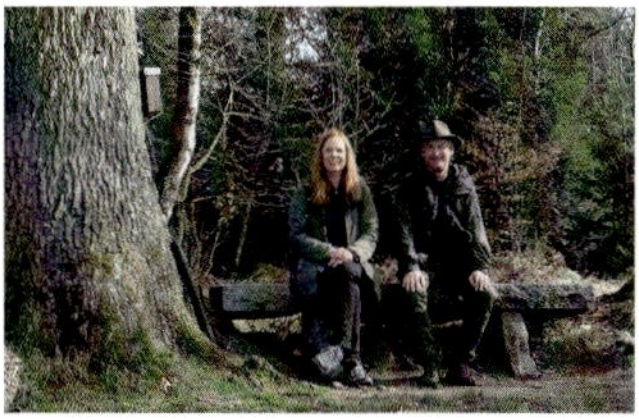

Die massive Granitbank, die neben einer mächtigen Eiche steht, ist ein schöner Rastplatz auf dieser Runde. Neben dem Blick übers Land fesselt ein Ameisenhaufen mit regem Leben unsere Aufmerksamkeit. Auch ein Wegbuch für einen Eintrag findet man in einer Kassette am Baum. Weiter folgt man ab hier dem markierten Weg. Bei einer Abzweigung geht man geradeaus, bei der nächsten nimmt man den rechten Weg, kommt hinab zu einem Bächlein und steigt dann durch schönen Wald zur Kuppe des Gaisbergs hinauf. Aus dem Wald heraus führt der Weg auf Asphalt weiter hinab ins Marienthal und der Straße entlang, vorbei am Kurvenwirt, zur Prambrücke in Gopperding. Hier biegt man in den Pramtalradweg ein, der auf unbefestigten, aber guten Wegen am Ufer entlangführt. Bei der Passauer Straße wird die Pram überquert und am anderen Ufer folgt man weiter der Pram bis zur Mündung in den Inn. Zum Schluss kommt noch ein besonders idyllischer Abschnitt. Von mächtigen Weiden beschattet schlängelt sich der Steig am Inn entlang, bis man die Schiffsanlegestelle an der Innlände erreicht.

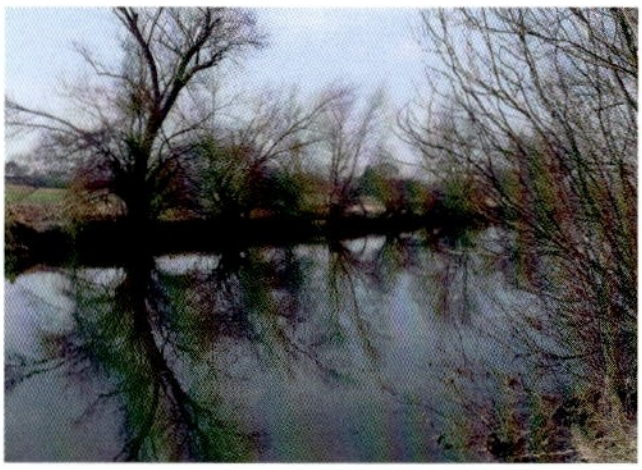

Gegenüber auf der bayrischen Seite zieht das Kloster Neuhaus unweigerlich die Blicke auf sich. Flussaufwärts erreicht man bald darauf das Wassertor und durch dieses hindurch nach kurzem Anstieg den Stadtplatz mit der unverwechselbaren Silberzeile und dem Christophorusbrunnen. Nach der verdienten Einkehr sollte man sich bei einem Stadtrundgang noch den vielen historischen Juwelen der Stadt annähern. In der Broschüre „Rundgang durch die Altstadt" findet man gute Informationen dazu. Durch das Linzer Tor verlässt man den Stadtplatz am anderen Ende und biegt bald ▶

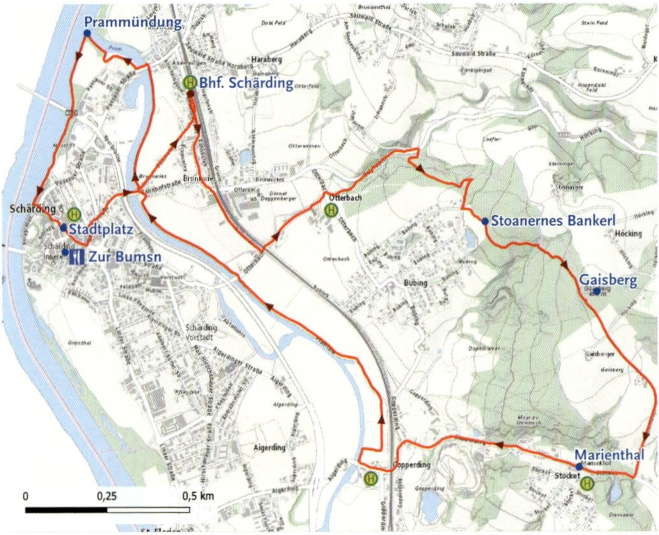

Gehzeit:	3–4 Stunden
Distanz:	14 km
Höhenmeter:	200; Bhf. Schärding (318 m) – Stoanernes Bankerl (430 m) – Gaisberg (466 m) – Pramuferweg (314 m) – Stadtplatz Silberzeile (320 m)
Internet:	schaerding.info

Gut zu wissen ...

Ausgangspunkt

Es gibt regelmäßige Bus- und Bahnverbindungen nach Schärding. Der Bahnhof liegt etwas außerhalb des Zentrums, der Busterminal zentral in der Tummelplatzstraße. Vom Bahnhof zum Stadtplatz braucht man etwa 15 Minuten.

Charakteristik

Abwechslungsreiche Wanderung auf Nebenstraßen und Forstwegen. Entlang der Pram und am Innufer ist man auf guten Naturwegen unterwegs. Die Markierung ist rot-weiß-rot (oft ergänzt durch die Nr. 3 des Marienthalweges). Am letzten Abschnitt führt die Route am Pramtal-Radweg und zuletzt am Weitwanderweg 810A zur Innlände.

▶ nach links in die Bahnhofstraße ein. Entlang einer Brauerei kommt man zur Prambrücke hinab, überquert diese und erreicht über den Bahnhofweg wieder den Ausgangspunkt zur Rückfahrt mit dem Zug.

Einkehr

Am besten wartet man mit der Einkehr bis zum Stadtzentrum. Hier findet man Cafés und Gasthäuser aller Art. Von einem der Schanigärten aus kann man die historischen Fassaden der Silberzeile bewundern. Ein Klassiker ist das **Brauwirtshaus zur Bums'n,** das bei Freunden der klassischen Wirtshausküche keine Wünsche offenlässt (bumsn.at).

Wanderrouten rund um Schärding

● **Nr. 1:** Wallfahrtsweg Maria-Brunnenthal, Distanz: 8 km mit 2, 5 Stunden Gehzeit
● **Nr. 2:** Stoanernes-Bankerl-Weg, Distanz: 10,5 km mit 3 Stunden Gehzeit
● **Nr. 3:** Marienthalweg, Distanz: 14 km mit 3–4 Stunden Gehzeit
● **Nr. 4:** Pramtal-Museumsweg, Distanz: 28 km mit 6–7 Stunden Gehzeit (man kann aber auch abkürzen und von Taufkirchen oder Andorf mit der Bahn zurückfahren)
● **Nr. 5:** Lindetwaldweg, Distanz: 17,5 km mit 4–5 Stunden Gehzeit

Die angeführten Wege beginnen bei der Schiffsanlegestelle, die vom Bahnhof über den Bahnhofsweg, die Bahnhofstraße und den Stadtplatz hinab durch das Wassertor zum Inn in etwa 20 Minuten erreicht wird. Im Stadtplan Schärding findet man eine gute Übersichtskarte und Beschreibungen, ebenso auf der Website der Stadt (schaerding.info).

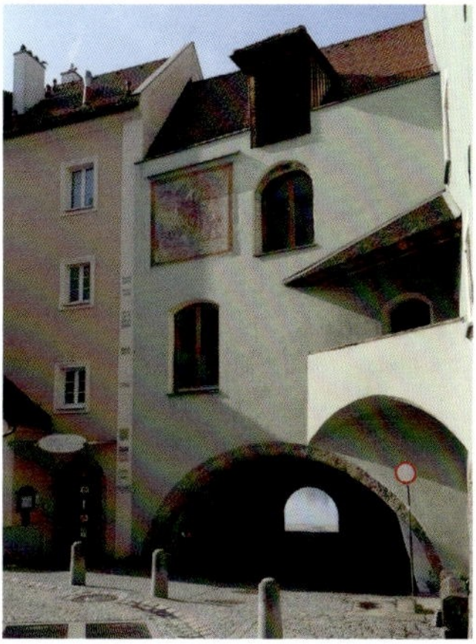

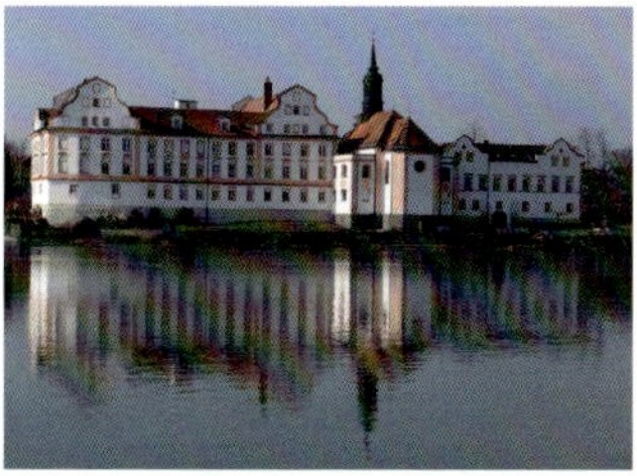

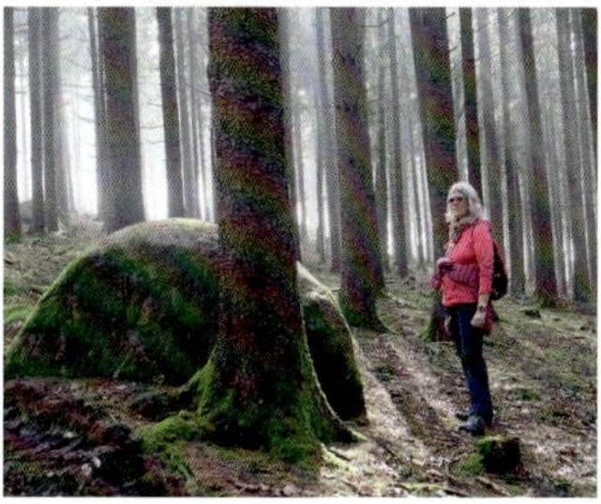

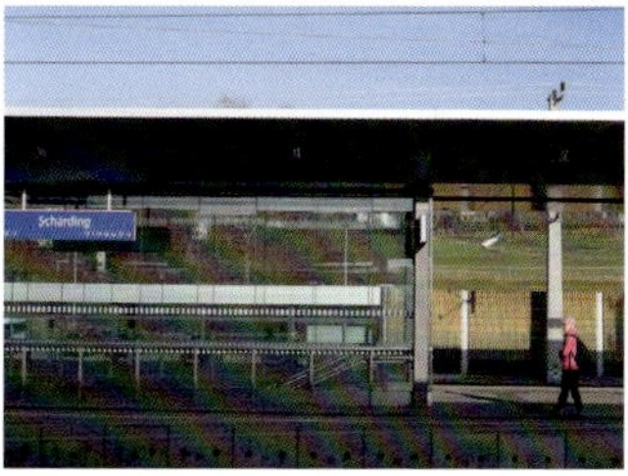

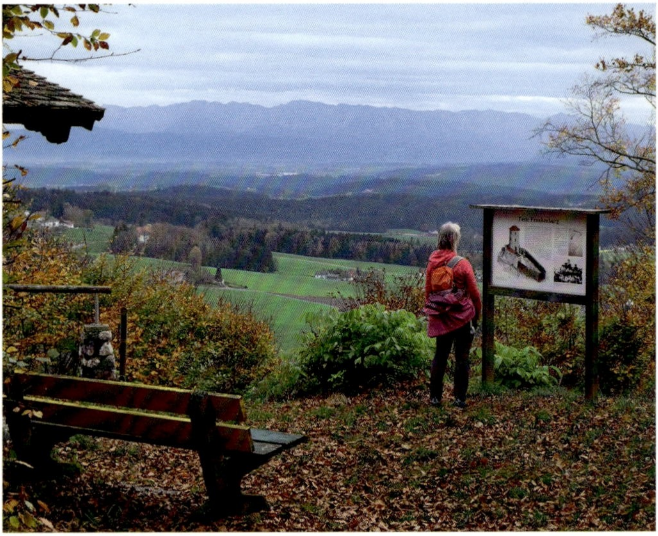

FRANKENBURG – GÖBLBERG UND WÜRFELSPIEL

12

Wechselvolle Geschichte mit Weitblick

Frankenburg am Südrand des Hausrucks hat mit dem Würfelspiel nicht nur Historisches zu bieten. Nach der Wanderung hinauf zur Göblbergwarte hat man auch einen eindrucksvollen Blick übers Land.

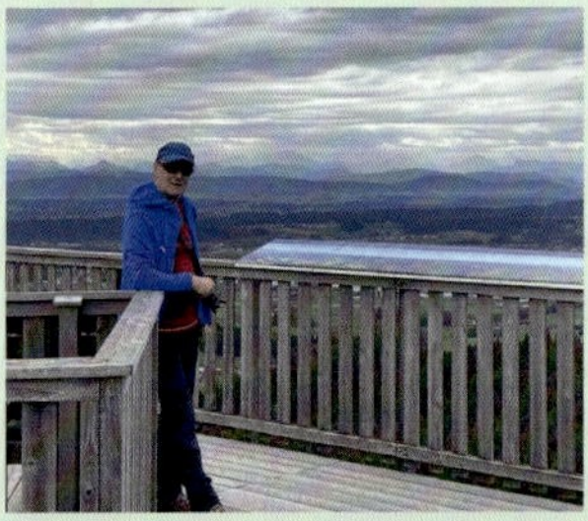

Waldreich ist die Gegend rund um Frankenburg. Es ist die hügelige Landschaft des Hausrucks, die sich hier an der Grenze zum Innviertel erstreckt. Bekannt ist der Ort vor allem durch das Frankenburger Würfelspiel, das hier regelmäßig von Laiendarstellern aufgeführt wird. Der Würfelspielweg mit seinen 18 Schautafeln gibt einen guten Einblick in das Leben im 17. Jahrhundert und die daraus resultierenden Aufstände. Wir haben diesen Rundweg erweitert und auf dem Weg Nr. 121 über den Hofberg die Göblbergwarte angesteuert.

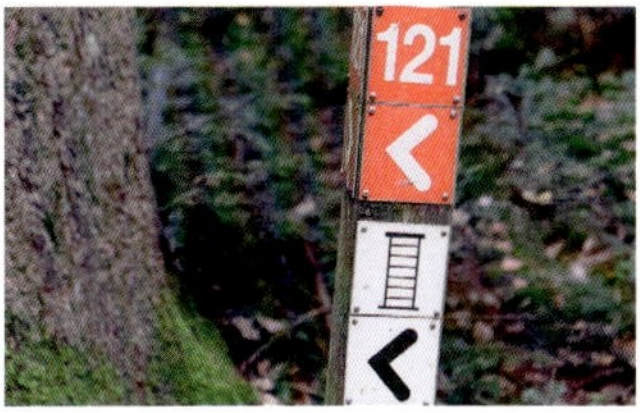

Am Marktplatz startet die Route, über die Rieder Straße und weiter Richtung Hofberg folgt man den originellen Wanderschildern. Erste Schautafeln informieren hier, vorbei am Fischteich Huber mit Gasthof taucht man in den Wald ein und erreicht dann über einen Wiesenweg eine Straße. Hier verlässt man den Würfelspielweg und folgt der Beschilderung Nr. 121 nach links durch die Ortschaft Schnöllhof. Man erreicht die Abhänge des Hofbergs und auf schönen Waldwegen geht es zuletzt etwas steiler bergauf bis zur Hofberghütte, einer Unterstandshütte mit herrlichem Blick über Frankenburg. Eine Tafel informiert über die schon im 13. Jahrhundert hier errichtete Feste Frankenburg, von der allerdings nichts mehr zu sehen ist. Der Weg führt weiter durch Wald, bis man kurz vor Hoblschlag wieder die Straße erreicht und bald darauf auch den Wirt z'Hoblschlag. Von hier ist es nicht mehr weit hinauf zum hölzernen Aussichtsturm am Göblberg. Der 2006 von den Gemeinden Ampflwang und Frankenburg mit Unterstützung der EU errichtete Turm führt über 215 Stufen zur 35 Meter hohen Aussichtsplattform.

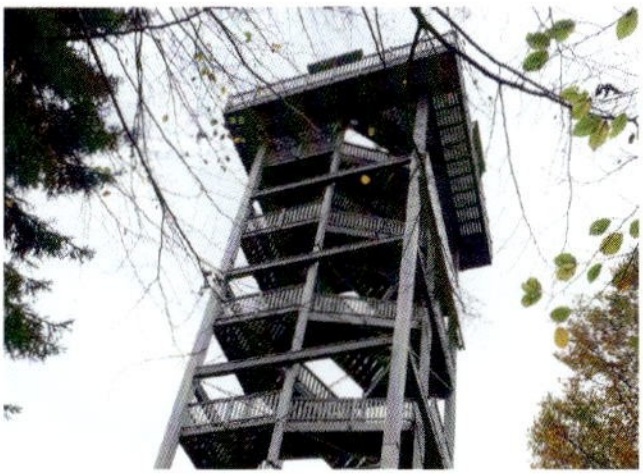

Fast grenzenlos ist der Blick in alle Richtungen und Panoramatafeln erleichtern das Erkennen der von hier zu sehenden Berge. Von nun an geht's bergab. Auf Waldwegen und Forststraßen erreicht man in der Ortschaft Renigen wieder den Würfelspielweg, dem man weiter folgt. Durch die bäuerliche Landschaft geht es auf Wegen und Nebenstraßen weiter, bis man schließlich in Leitrachstätten das Würfelspielgelände erreicht. Es ist nicht der Originalschauplatz des grausamen Spiels, das Haushamerfeld liegt etwa 11 Kilometer entfernt in Pfaffing bei Vöcklamarkt. Vom Würfelspielgelände wandert man die Straße entlang zurück ins Ortszentrum, dabei kommt man auch noch am Würfelspielhaus vorbei. Es ist kein Museum, sondern ein multimedialer Ort, wo sowohl die Lebensumstände des 17. Jahrhunderts als auch die ▶

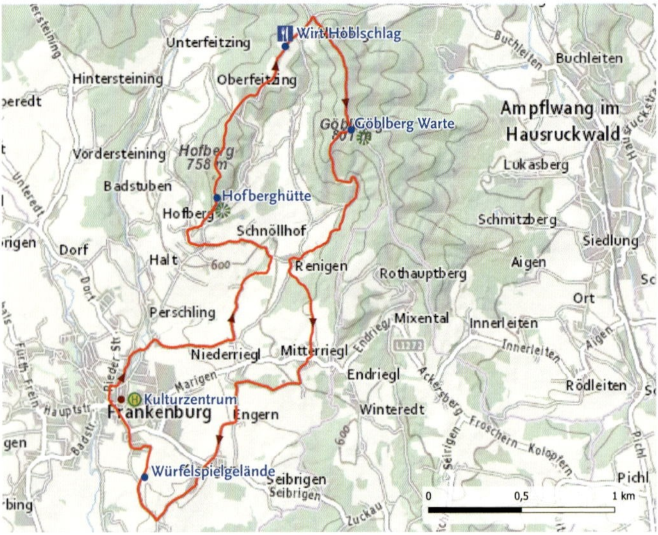

Gehzeit:	4 Stunden
Distanz:	16,4 km
Höhenmeter:	520; Frankenburg (519 m) – Hofberg (750 m) – Hoblschlag (720 m) – Göblbergwarte (801 m) – Würfelspielgelände (540 m)
Internet:	www.frankenburg.ooe.gv.at, tourismus-hausruckwald.at

Gut zu wissen ...

Ausgangspunkt

Von Montag bis Freitag gibt es regelmäßige Busverbindungen zur Hst. Frankenburg Kulturzentrum von den Bahnhöfen Ried/Innkreis und Vöcklabruck. Vom Marktplatz folgt man der Rieder Straße und biegt bei einer Tankstelle in die Hofbergstraße ein. Ab dort hält man sich an die Beschilderung.

Charakteristik

Abwechslungsreiche Wanderung auf beschilderten Wegen mit der Nummer 121 und dem Logo des Würfelspielwanderweges. Kürzere Abschnitte auf asphaltierten Nebenstraßen. Einer der Höhepunkte ist der Ausblick von der Göblbergwarte.

▶ Geschichte des Würfelspiels im 20. Jahrhundert immer mit Bezug auf die Menschen aufgearbeitet werden. Geöffnet an den Spieltagen und nach Anmeldung für Gruppen und Schulklassen (wuerfelspielhaus.at).

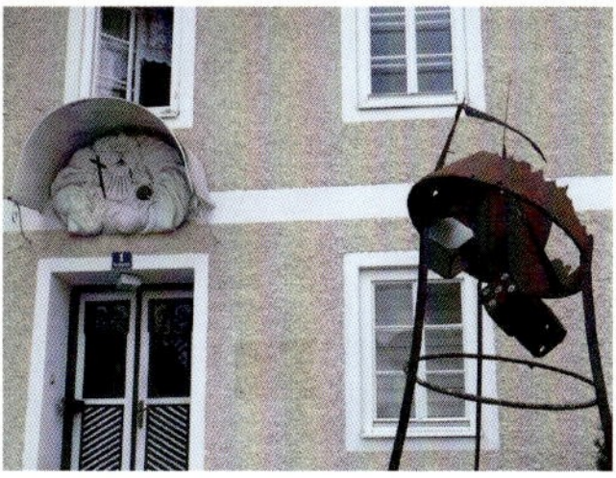

Einkehr
Etwa nach der Hälfte der Wanderung erreicht man den **Wirt z'Hoblschlag** (gasthaus-hoblschlag.stadtausstellung.at). Entlang des Weges kommt man auch zum **Wirt am Riegl** (wirtamriegl.at). Weitere Gasthäuser findet man rund um das Ortszentrum.

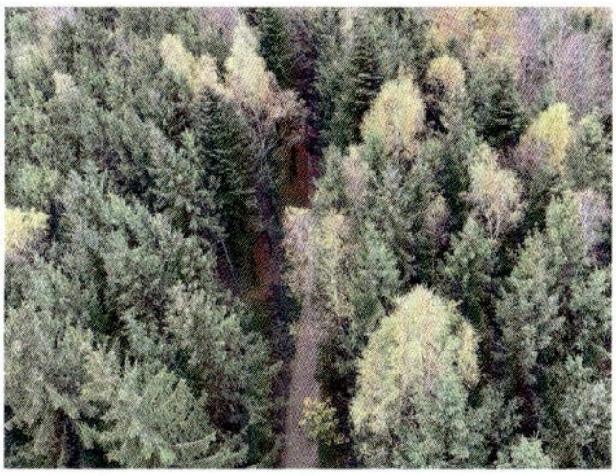

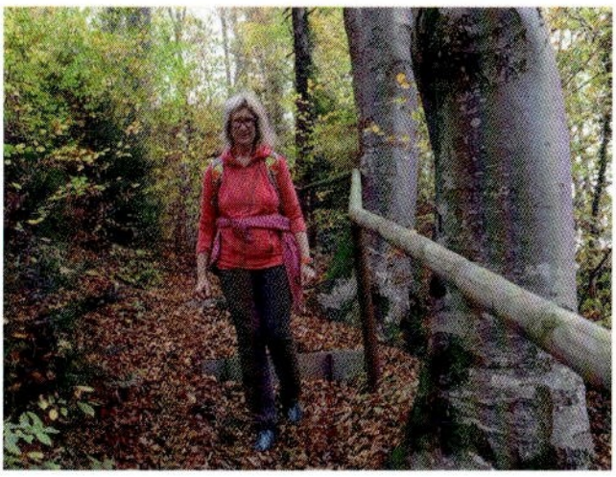

Frankenburger Würfelspiel
Die historischen Ereignisse im Mai 1625 waren ein Auftakt zu den Oberösterreichischen Bauernkriegen. In der Pfarrei Frankenburg, die damals zum katholischen Bayern gehörte, verjagte die protestantische Bevölkerung einen neuen Pfarrer, der die Gegenreformation durchsetzen sollte. Es kam zum bewaffneten Aufstand und zur Belagerung des Pflegerschlosses. Dieser wurde jedoch bald niedergeschlagen. Den protestantischen Rebellen wurde Gnade versprochen, aber diese fiel blutig aus: Alle „durften“ im Blutgericht am Haushamerfeld in Pfaffing um ihr Leben würfeln. Seit 1925 wird als Erinnerung an diese drastische Strafaktion regelmäßig ein Freiluftschauspiel mit mehr als 500 Laiendarstellern aufgeführt. Es findet alle zwei Jahre im Juli und August nahe Frankenburg statt (wuerfelspiel.at).

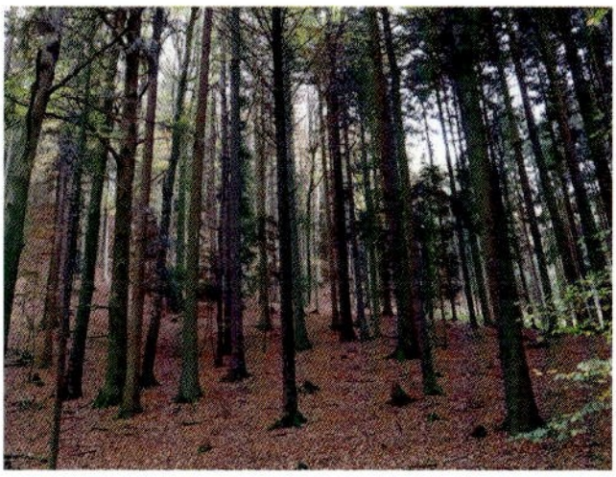

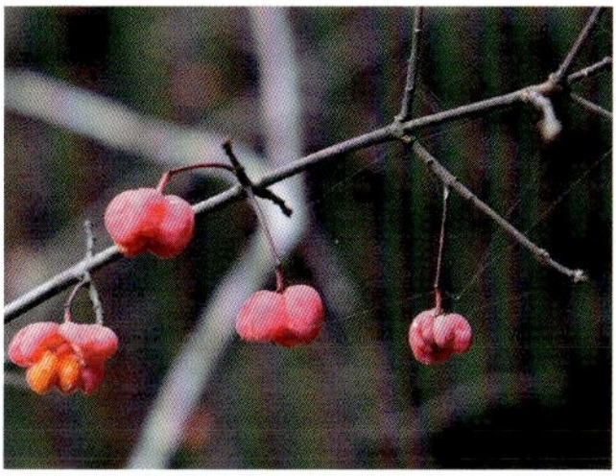

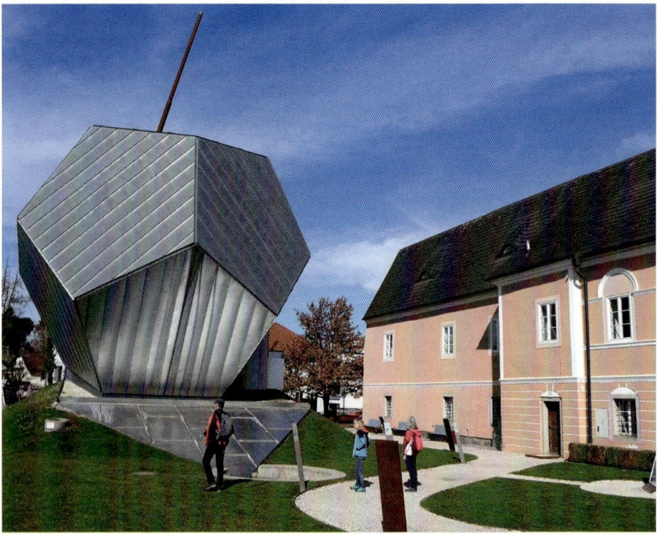

PEUERBACH – FEICHTBERG – NIEDERSPACHING

13

Wandern in der Stadt der Sterne

Der erste Teil dieser Wanderung ist dem wohl bekanntesten Sohn der Stadt, Georg von Peuerbach, gewidmet. Dann geht es auf Spazierwegen hinauf zum Feichtberg, zum weiten Blick über das Land.

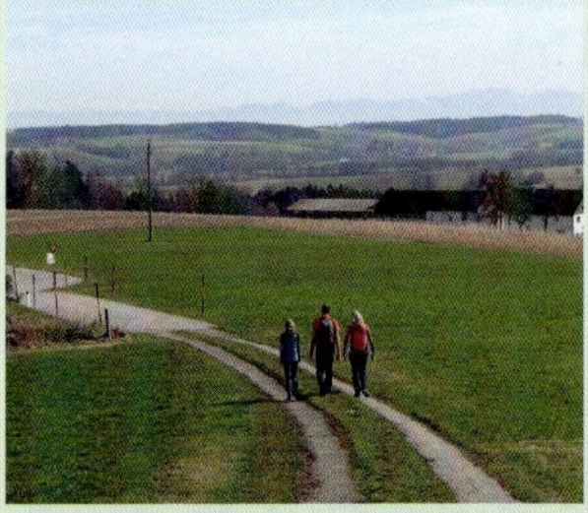

Diese familiengerechte Wanderung startet man am Bahnhof in Peuerbach und folgt der Bahnhofstraße leicht abwärts, bis nach der Brücke über den Ledererbach der (nach einem ehemaligen Bürgermeister benannte) August-Falkner-Astroweg beginnt. Der asphaltierte Weg schlängelt sich am Bach entlang. Es ist ein Spaziergang entlang der Planeten unseres Sonnensystems mit Tafeln, die in relativem Abstand zur Sonne aufgestellt sind. Informationen über Sternbilder fehlen auch nicht. Auf halbem Weg gibt es eine Abzweigung zu zwei Bauernkriegsdenkmälern. Hier in der Ledererwiese wurden im Mai 1625 die Soldaten von Graf Herberstorff von den aufständischen Bauern um Stefan Fadinger und Christoph Zeller b-esiegt. „Es muaß seyn", war der Leitspruch der unterdrückten Bauern.

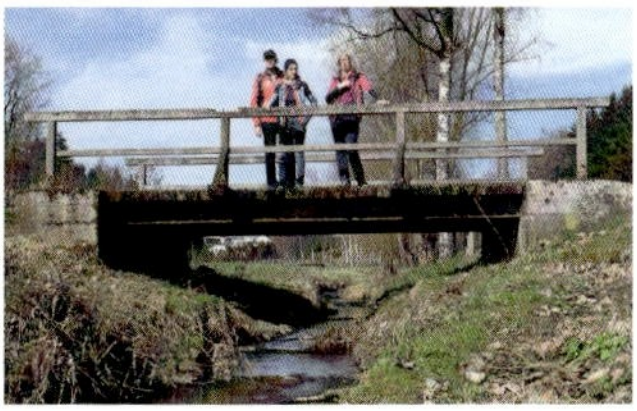

Weiter führt der Weg am Bach entlang bis zum Stadtkern von Peuerbach. Die Hauptstraße entlang erreicht man das Schloss beim Rathausplatz mit dem kleinen Park, in dem der Kometor der Blickfang ist. Das Schlossmuseum sowie das durch einen modernen Zubau zum Schloss integrierte Kulturzentrum Melodium sind hier im Zentrum der Stadt zu finden. Über einen der ältesten Teile von Peuerbach, die Fleischergasse, erreicht man den Kirchenplatz und durch die Urtlgasse hinaus die Skulptur „Der Bucklige" aus der Sage der Urtlquellen. Nicht weit davon beginnt dann der Weg, der entlang des Steindlbaches hinauf und durch die Stadt hinausführt. Man passiert ein Kriegerdenkmal und erreicht bald darauf den neu bepflanzten kleinen Naturpark Steindlbach. Weiter führt der Weg am Waldrand bis zu einer Abzweigung mit Wegschildern entlang. Hier verlässt man den Weg Nr. 14 und folgt dem Wegweiser Feichtberg, bis durch den Wald der Rastplatz bei der Lindner-Kapelle erreicht ist. Ab hier folgt man wieder dem Panoramaweg Nr. 14, der aus dem Leitental heraufkommt. Auf einem Güterweg geht es weiter, man überquert die Bundesstraße und folgt der Beschilderung hinauf zum Feichtberg. Am Waldrand entlang geht es mit großartigen Blicken über die hügelige Landschaft weiter. Heiligenberg, darüber St. Agatha und im Becken darunter Waizenkirchen sind die Orte, die die Blicke anziehen. An einigen Häusern der Ortschaft Buch vorbei wandert man zuletzt durch Wald abwärts Richtung Erleinsdorf. Ein kurzer Abstecher führt dabei hinauf zum mitten im Wald gelegenen ehemaligen Steinbruch, bekannt für das jährlich veranstaltete Waldfest.

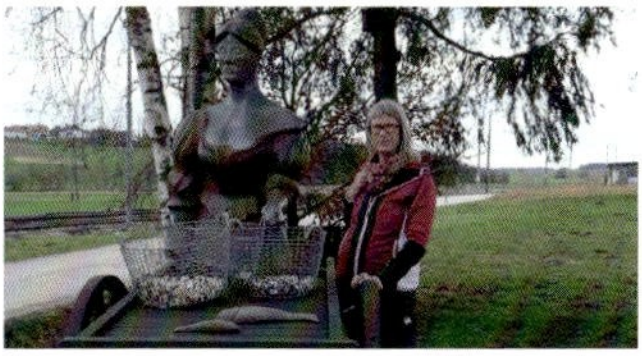

In Erleinsdorf überquert man die Straße und entlang von Feldern erreicht man bald das Gasthaus und die LILO-Haltestelle Niederspaching.

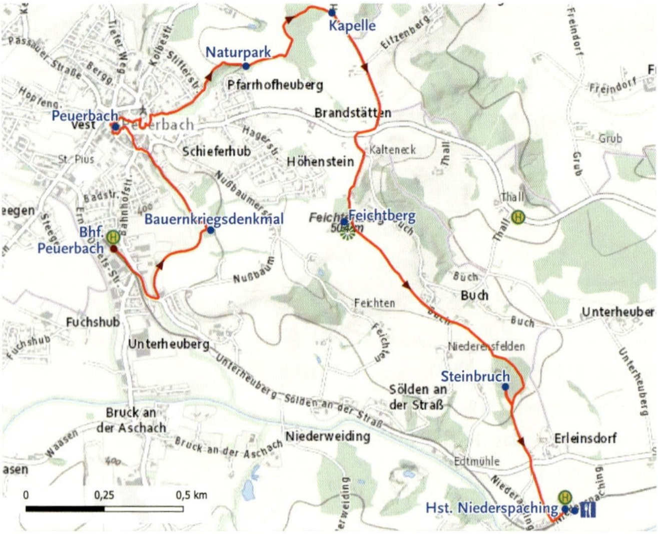

Gehzeit:	2–3 Stunden
Distanz:	8,5 km
Höhenmeter:	180; Bhf. Peuerbach (380 m) – Lindner-Kapelle (500 m) – Feichtberg (504 m) – Niederspaching (365 m)
Internet:	peuerbach.at

Gut zu wissen ...

Ausgangspunkt

Es gibt regelmäßige Bahnverbindungen von Linz mit der LILO nach Peuerbach. Der Bahnhof liegt südlich des Zentrums. Vom Endpunkt in Niederspaching kommt man mit der LILO wieder nach Linz (oder nach Neumarkt-Kallham).

Charakteristik

Abwechslungsreiche, leichte Wanderung auf Spazier-, Wirtschafts- und Güterwegen. Vom Bahnhof folgt man dem Astroweg entlang des Ledererbaches, ab Peuerbach dann zum Teil der Beschilderung des Panoramaweges Süd Nr. 14.

Einkehr

Im Ortszentrum von Peuerbach gibt es einige Gasthäuser. Am Ende der Wanderung kommt man direkt bei der Bahnstation in Niederspaching zum Gasthaus **Boubenicek.** Ein gemütlicher Gastgarten und gute Hausmannskost warten auf die Gäste des **Wirts z'Spaching.** Als Besonderheit gibt es originales Guinness-Bier vom Fass. Neben dem Gasthaus findet man auch eine Statue der Molly Malone, einer legendären Frau der irischen Folklore. Das Original steht in Dublin. Im Gasthaus gibt es immer wieder Konzerte mit irischer Folkmusic (www.wirtinspaching.at).

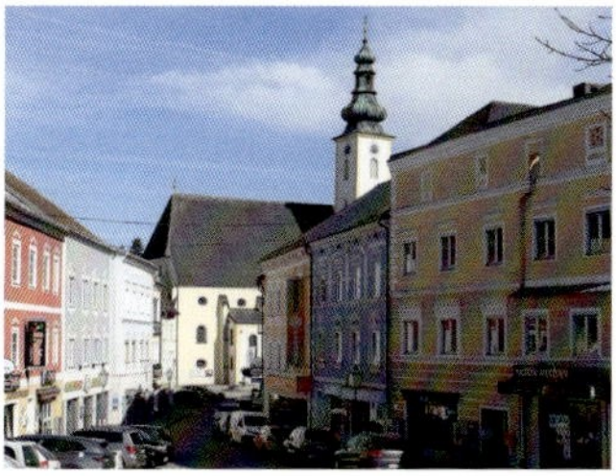

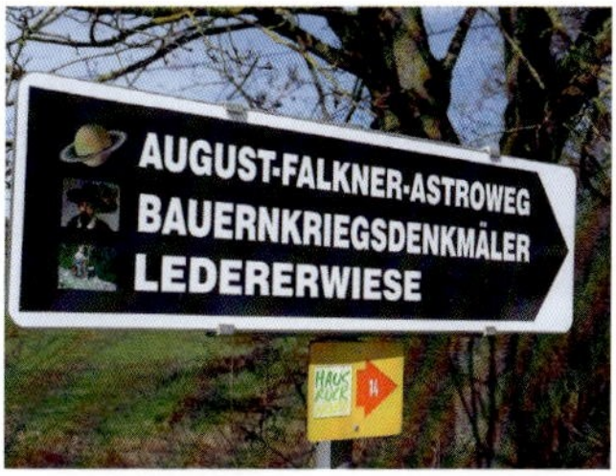

Peuerbach und die Sterne

Der Astroweg entlang des idyllischen Ledererbächleins, dem man bei dieser Runde folgt, gibt an 12 Stationen Einblick in den Kosmos und ist eine Würdigung des Astronomen und Mathematikers Georg von Peuerbach, der im 15. Jh. auch Hofastronom von Kaiser Friedrich III. war. Am Rathaus angebracht ist ein Nachbau der goldenen Astrolabium-Uhr des Astronomen. Die „Stadt der Sterne" hat damit ihrem bedeutendsten Sohn mehr als ein Denkmal gesetzt. Im Schlosspark steht mit dem Kometor ein begehbares, 16 Meter hohes Kunstobjekt von Manfred & Billa Hebenstreit.

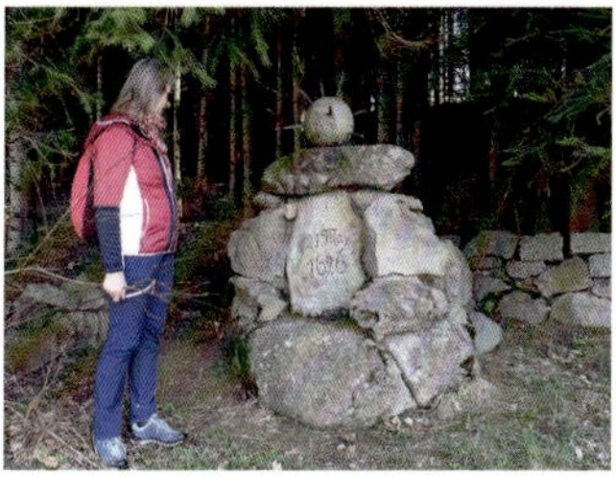

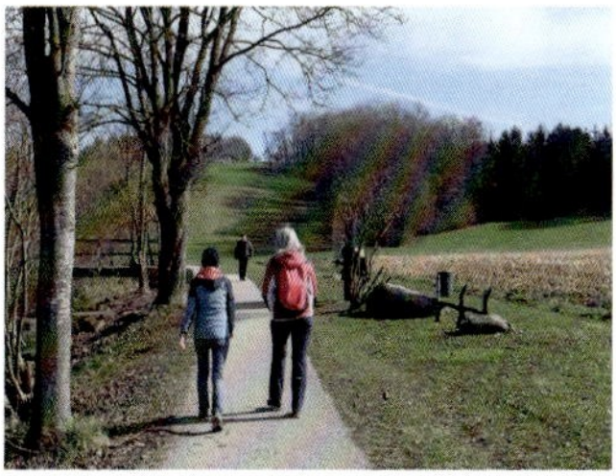

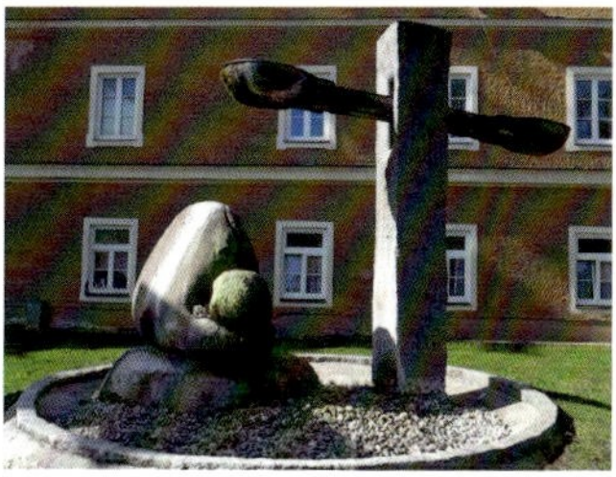

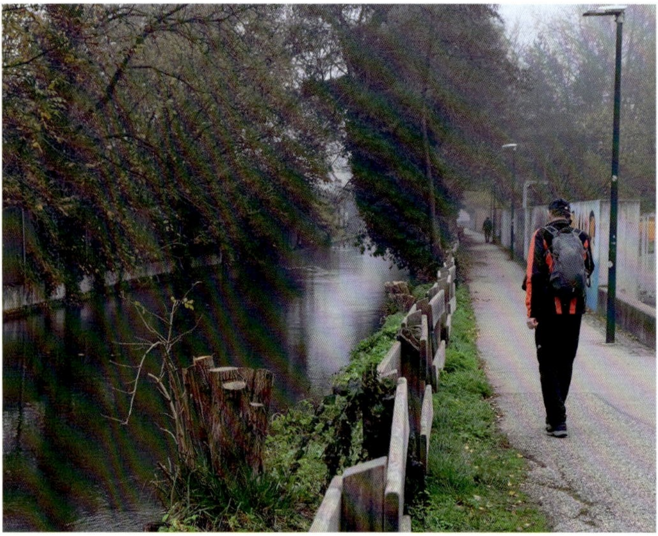

WELS – STADTWANDERWEGE

14

Wels wandert – auf fünf Stadtwanderwegen

Seit 2022 gibt es fünf beschilderte Stadtwanderwege in Wels und Umgebung. Eine gute Gelegenheit, im Zuge einer Wanderung in der einst bedeutenden Römerstadt Ovilava auf Erkundungstour zu gehen!

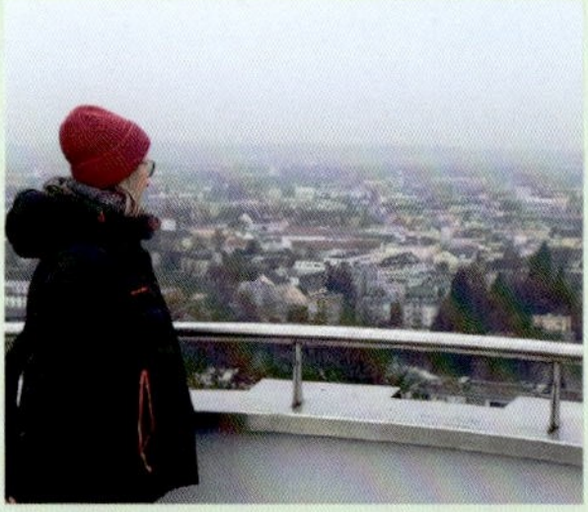

Als Wanderziel ist Wels eigentlich nicht bekannt, eher als Messe- oder Einkaufsstadt. Rund um den sehenswerten Stadtplatz präsentieren sich zahlreiche historische Gebäude, wie die Burg mit der Altstadt, der Ledererturm, das Minoritenkloster, der Wasserturm und Relikte der römischen Stadtmauer. Auch interessante Museen wie das Welios und das Kunstmuseum Angerlehner findet man in der Stadt. Wir stellen zwei Wanderungen vor: eine am Rande der Stadt rund um das Schloss Puchberg, eine andere haben wir vom Bahnhof ausgehend durch die Verbindung von zwei Stadtwanderwegen zu einer größeren Runde gemacht.

Unsere **Stadtwanderrunde** starten wir am Bahnhof und folgen der Dr.-Schauer-Straße bis zum Mühlbach. An diesem entlang erreicht man durch die Fischergasse bei der Burg die Adlerstraße, die zum Ufer der Traun hinabführt. Flussaufwärts ist bald die Traunbrücke erreicht und über diese geht es nach Thalheim und in direkter Linie zum Einstieg des Weges hinauf zur Marienwarte. Dabei folgt man der Reinbergrunde in entgegengesetzter Richtung. Nach einigen Kehren im Laubwald steht man vor der 1892 errichteten Warte.

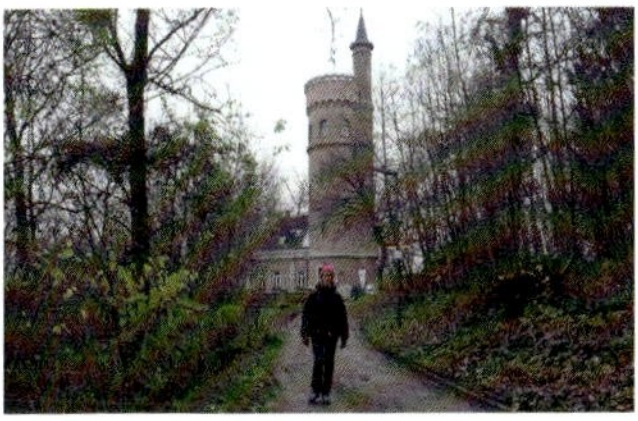

Von oben hat man schöne Blicke über die Stadt und weit ins Land hinein.

Weiter geht es auf breiten Waldwegen, man bleibt zuerst noch am Rücken des Reinberges und nach einem Fitnessparcours leiten uns die Schilder abwärts und über die Eisenbahnbrücke wieder über die Traun. Ab hier folgt man den Schildern der Stadtwanderung. Durch das Messegelände kommt man in den kleinen Tierpark, bald darauf in den Stadtpark und vorbei am Welios erreicht man beim Ledererturm wieder den Mühlbach. Der Wasserturm am Zwinger und das Minoritenkloster sind die nächsten Stationen. Der Stadtwanderweg führt weiter zur Burg und hinab zur Traun. Wir biegen hier ab und erreichen kurz darauf den Stadtplatz, der mit seinen historischen Fassaden einer der schönsten Straßenplätze Österreichs ist. Über die Schmidtgasse, die Bäckergasse und die Bahnhofstraße geht es zurück zum Hauptbahnhof.

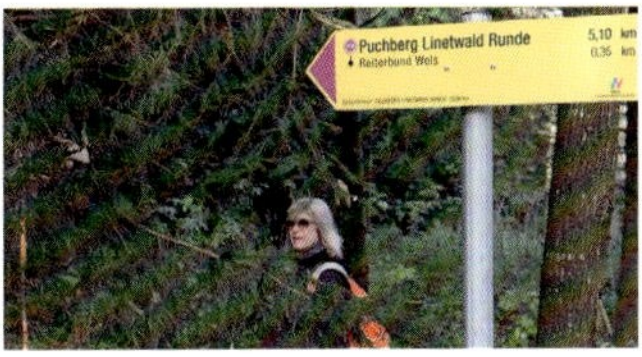

Die **Puchberg-Linetwald-Runde** beginnt vor den Toren der Stadt in Oberthan. Eine abwechslungsreiche Wanderung, die durch Wald, Wiesen und kleine Ortschaften führt. Nach der Halbzeit der Strecke erreicht man das eindrucksvolle Ensemble von Schloss Puchberg und bald darauf das Gasthaus Waldschänke. Vorbei am Reiterhof Scherhaufgut kommt man durch die Ortschaft Katzbach wieder zurück in den Linetwald und zum Ausgangspunkt in Oberthan.

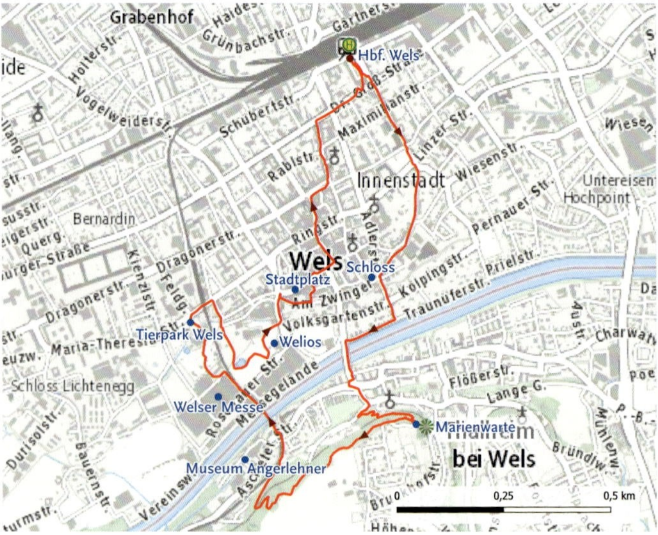

STADTWANDERUNG ÜBER DEN REINBERG

Gehzeit: 3 Stunden
Distanz: 7,5 km
Höhenmeter: 50; Wels Hauptbahnhof (317 m) – Marienwarte (355 m) – Stadtplatz (317 m)

PUCHBERG-LINETWALD-RUNDE

Gehzeit: 3 Stunden
Distanz: 12 km
Höhenmeter: 200; Oberthan (330 m) – GH Waldschänke (355 m) – Katzbach (345 m)
Internet: Stadtwanderwege auf wels.at

Gut zu wissen ...

Ausgangspunkte

Anreise mit den häufig verkehrenden Zügen zum Hauptbahnhof Wels.
Zur Puchberg-Linetwald-Runde nach Oberthan (Hst. Wels/Oberthan Pilgramstraße) und zur Waldschänke (Hst. Wels Waldschänke) gibt es regelmäßige Busverbindungen der Wels Linien (welslinien.at).

Charakteristik

Die Wege weisen keine Schwierigkeiten auf und sind durchgehend beschildert. Auf den gelben Schildern findet man Distanzangaben zur Strecke. Festes Schuhwerk wird empfohlen, da viele Abschnitte auf nicht befestigten Wegen verlaufen.

Einkehr

Rund um die Stadtwanderrunden gibt es zahlreiche Lokale, die man je nach Gusto und Vorlieben wählt. Bei der Puchberg-Linetwald-Runde liegt am Beginn und Ende der Wanderung das Gasthaus **Hofwimmer** (gasthaus-hofwimmer.at) sowie auf halber Wegstrecke das Gasthaus **Waldschänke** (waldschaenke.com).

Die fünf Stadtwanderwege in Wels

- **W1: Die Reinbergrunde** startet am Traunufer, führt über die Eisenbahnbrücke und weiter hinauf durch den Reinbergwald zur Marienwarte. Von dort wieder hinab und über die Traunbrücke zurück (3 km, 60 HM).
- **W2: Die Stadtwanderung Wels** startet ebenfalls an der Traun und über das Messegelände und den Tierpark geht es in den Volksgarten. Entlang des Mühlbachs vorbei am Minoritenkloster erreicht man die Burg (3,4 km).
- **W3: Die Traunufer-Runde** startet bei der Kletterhalle an der Traun, man folgt dieser bis zur Loitzmühle und am Treppelweg auf der anderen Flussseite wandert man zurück bis Thalheim und über die Brücke zum Ausgangspunkt (6,5 km).
- **W4: Die Puchberg-Linetwald-Runde** startet man in Oberthan und taucht bald in die Natur des Linetwaldes ein. Vorbei an Schloss Puchberg, dem Gasthaus Waldschänke und durch Katzbach schließt sich der Kreis wieder im Linetwald (12 km, 200 HM).
- **W5: Die Puchberg-Roithen-Runde** beginnt bei der Waldschänke und führt durch kleine Ortschaften, Wald und Wiesen zur Kapelle der steinernen Jungfrau. Gegen Ende erreicht man das Schloss Puchberg (7,5 km).

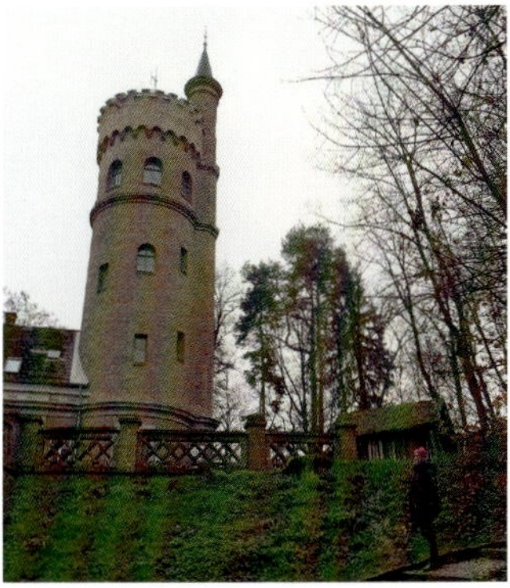

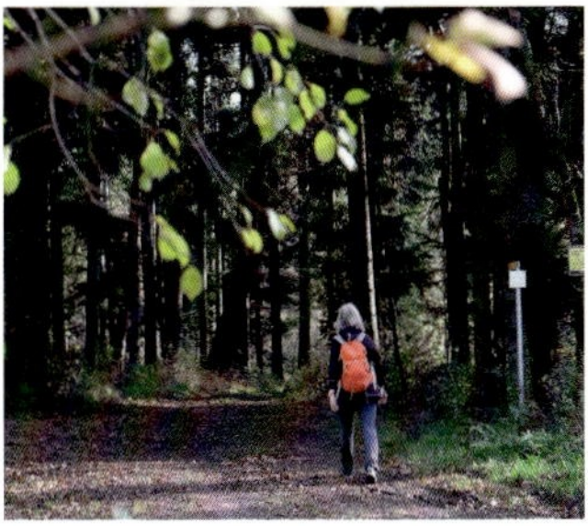

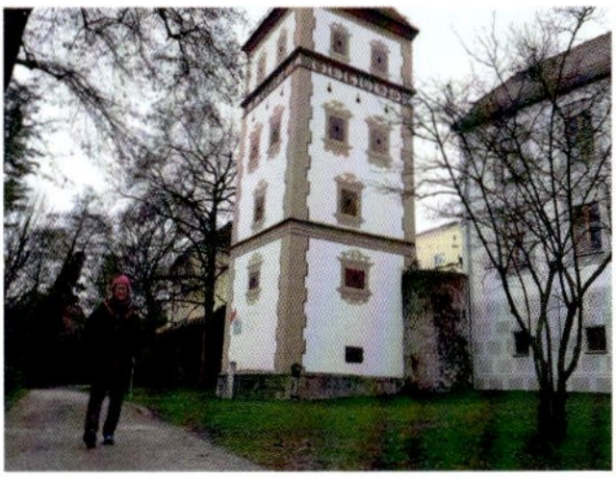

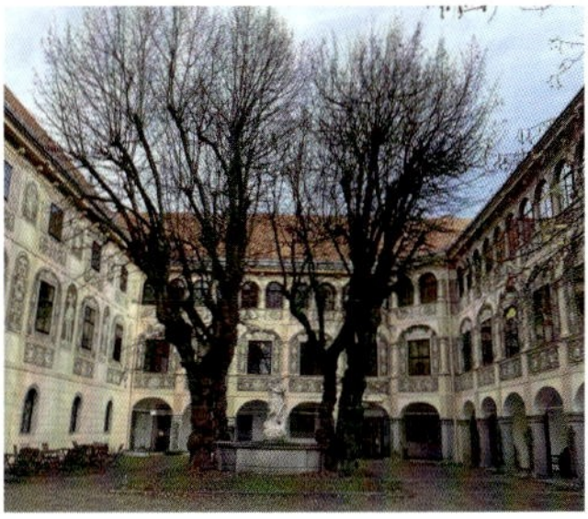

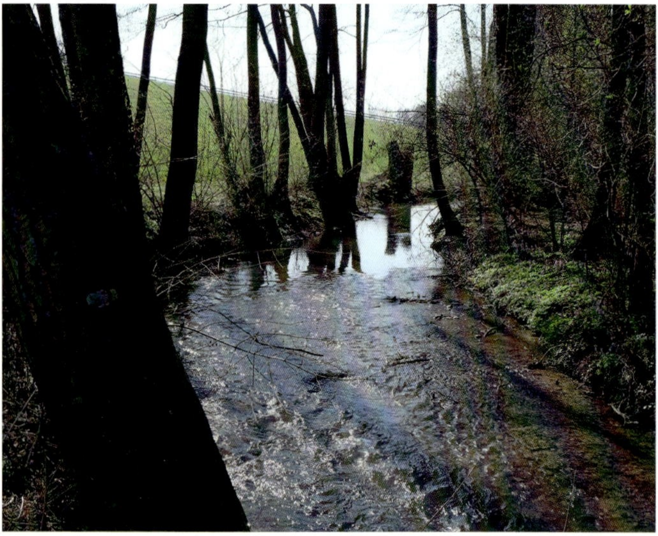

WEISSKIRCHEN – KLEINDENKMÄLER WANDERWEGE

15

Kapellen, Bildstöcke und Bildkreuze – Stationen am Weg

Sie erinnern an besondere Ereignisse, persönliche Schicksalsschläge oder sagen Danke für etwas. Es sind Kapellen, Bildstöcke und Bildkreuze, die man in Weißkirchen neben beschilderten Wanderwegen entdecken kann.

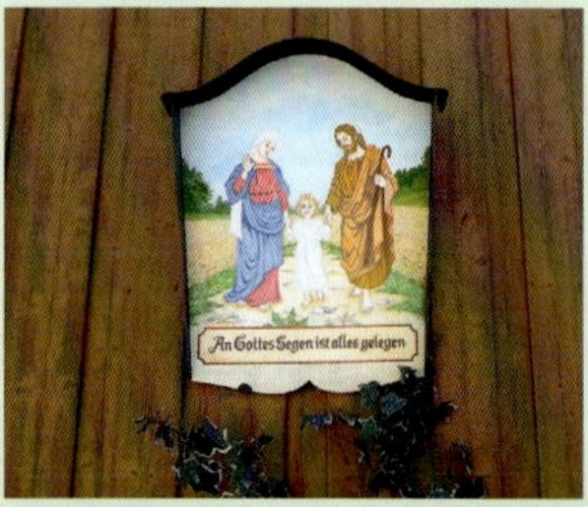

Flach ist die Gegend entlang der Traun zwischen Linz und Wels. Es ist keine spektakuläre Landschaft, aber sie hat ihren Reiz. Auf dieser Wanderung durch die bäuerliche Kulturlandschaft wird der Fokus auf die Kleindenkmäler am Wegrand gelegt. Zwei bestens beschilderte Wanderwege wurden auf Initiative von Familie Rankl, Franz Wasserbauer sowie den Mitgliedern des Alpenvereins Weißkirchen an der Traun geplant und im Jahr 2020 umgesetzt. Entlang von insgesamt 28 Kleindenkmälern lernt man die Landschaft rund um Weißkirchen kennen.

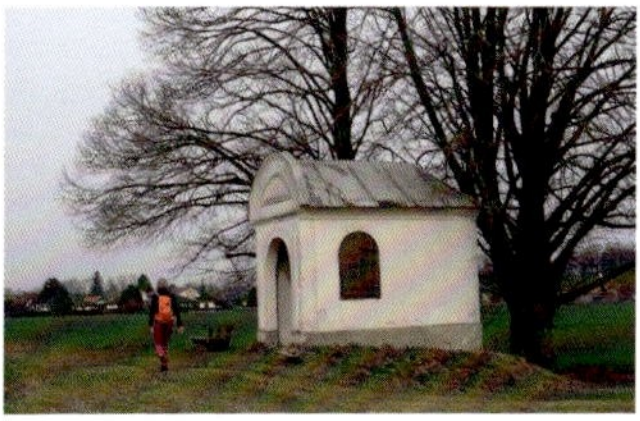

Kleindenkmäler Wanderweg West
Vom Traunuferweg, der über Obere Dorfstraße, Kirchengasse und Sportplatzstraße erreicht wird, folgt man der Marchtrenker Straße am Radweg entlang Richtung Norden. Nach einem Firmengebäude biegt man links in einen Wiesenweg ein und kommt zur Illing-Kapelle. Weiter folgt man dem Weg und vorbei am Obermayr Kastenkreuz erreicht man die ersten Häuser im Ortsteil Bergern. Am Rand der Siedlung führt der Wanderweg am Schleißheimerbach entlang Richtung Westen bis zu den nächsten Häusern. Bei einem kurzen Abstecher nach rechts über den Bach kommt man zum KZ-Denkmal, das an die 119 Opfer des Todesmarsches im April 1945 erinnert. Zurück am Weg erreicht man bald darauf die Hans-Fischer-Kapelle. Kurz vorher zweigt die Route nach links ab und führt durch den Betriebspark West zur Bergernstraße. Man überquert die Straße und an einem Bauernhaus vorbei folgt man einem idyllischen Hohlweg aufwärts. Aus dem Wald heraus weitet sich der Blick bis in die Berge rund um den Traunstein. Ein Abstecher führt zu einem Bildkreuz, dann geht es am Waldrand entlang zum Schimpelbauern-Kreuz mit Rastbank. Ein weiterer Abstecher führt zur Kapelle in Buchet, ehe man vorbei an Wiesen und Äckern den Golfplatz Wels erreicht. Kurz vorher weist eine Tafel auf einen der Verbindungswege hin. Es ist eine der Varianten, die Runde zu verkürzen. Wir wandern weiter die Straße entlang, durchqueren den Golfplatz und zweigen in der Ortschaft Baching zum Weyerbach ab. Vorbei an einigen Häusern, dann nach links steuert man auf die Kapelle in Klobing zu. In der nächsten Ortschaft, Weyerbach, passiert man eine Hammerschmiede, ehe es dann idyllisch auf Wiesenwegen erst über den, dann neben dem Bach Weißkirchen entgegengeht. Am Weißkirchner Hof und an Kirche und Pfarrhof vorbei erreicht man wieder den Ausgangspunkt. Insgesamt 16 Kleindenkmäler findet man entlang dieses Weges.

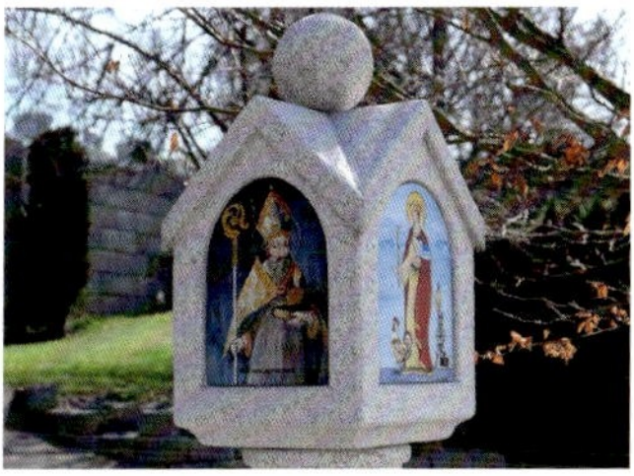

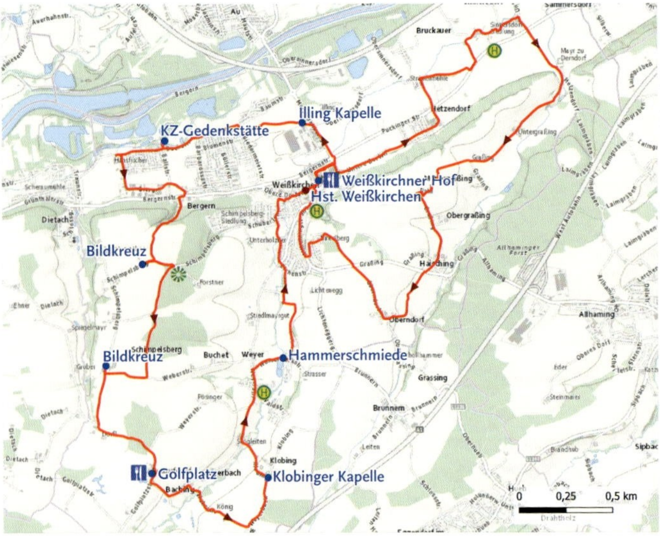

WANDERWEG WEST

Gehzeit: 4 Stunden
Distanz: 16,6 km
Höhenmeter: 200; Weißkirchen (305 m) – Golfplatz Wels (380 m)

WANDERWEG OST

Gehzeit: 3 Stunden
Distanz: 9 km
Höhenmeter: 100
Internet: alpenverein.at/wels-weisskirchen/KleindenkmalWanderweg-Weisskirchen.pdf

Gut zu wissen ...

Ausgangspunkte

Mit den Bussen des Verkehrsverbundes ist die Hst. Weißkirchen Ortsmitte regelmäßig erreichbar. Eine Übersichtstafel zu den Wegen findet man am Traunuferweg nördlich der Kirche.

Charakteristik

Die zwei Wege weisen keine besonderen Schwierigkeiten auf und sind durchgehend beschildert. Auch einige Rastplätze findet man entlang der Strecke. Wanderkarten sind am Gemeindeamt erhältlich.

Kleindenkmäler Wanderweg Ost
Der kürzere der beiden Wege mit insgesamt zwölf Kleindenkmälern führt durch die östlich gelegenen Ortschaften von Weißkirchen. Zuerst geht es flach bis Untersinnersdorf, wo man den Weyerbach erreicht. Leichte Anstiege führen über Hiasching und Oberndorf wieder zurück ins Ortszentrum von Weißkirchen.

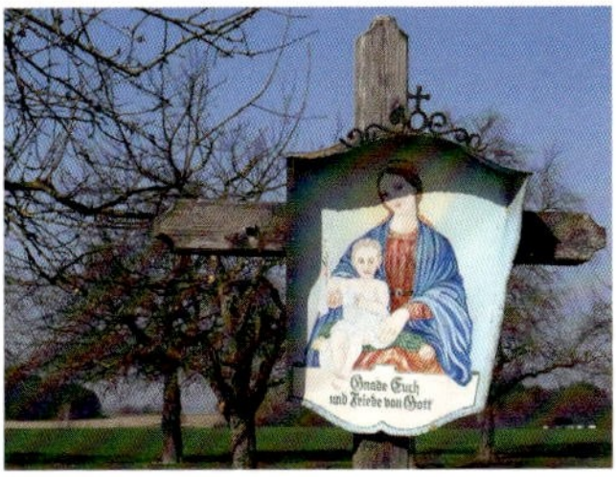

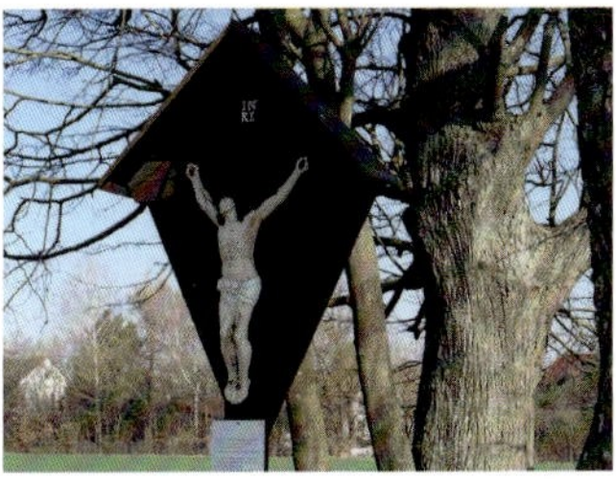

Einkehr
Der **Weißkirchner Hof** im Ortszentrum ist eine gute Einkehrstation am Ende einer der Runden oder auch zwischen beiden Wegen (weisskirchnerhof.metro.rest). Etwa bei der Hälfte des Wanderweges West kommt man am **Golfrestaurant Wels** vorbei. Auf der einladenden Terrasse sind auch Wanderer willkommen (birdie-restaurant.at).

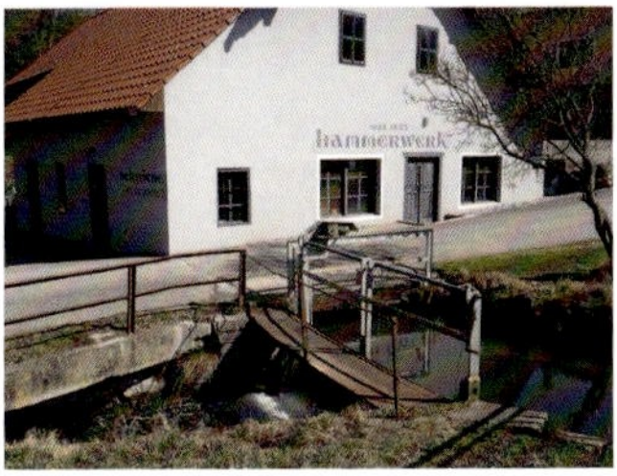

Weißkirchen an der Traun
Zur Römerzeit dürften hier Menschen gewohnt haben, im Mittelalter wurden vom Kloster Kremsmünster Äcker und Wiesen angelegt. Der Name verweist auf eine im 12. Jahrhundert bestehende gemauerte weiße Kirche. Der Pfarrhof wurde nach einem Brand um 1600 wieder aufgebaut. Feldmarschall Radetzky übernachtete hier und Kaiser Napoleon, der mit seinen Truppen ebenfalls vorbeikam, wurde hier ein Glas Wein kredenzt. Das historische Glas ist bis heute im Pfarrhof aufbewahrt.

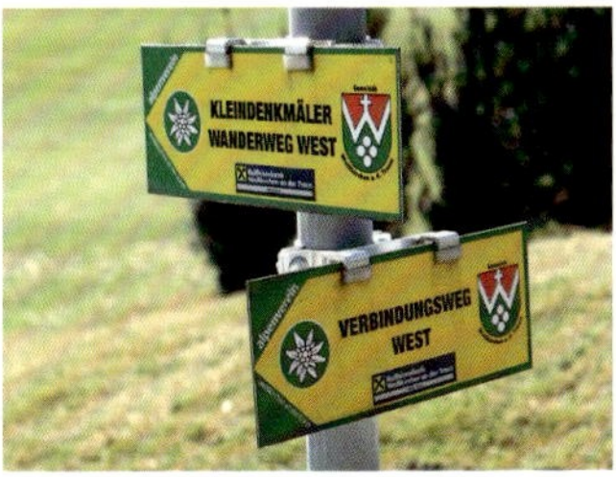

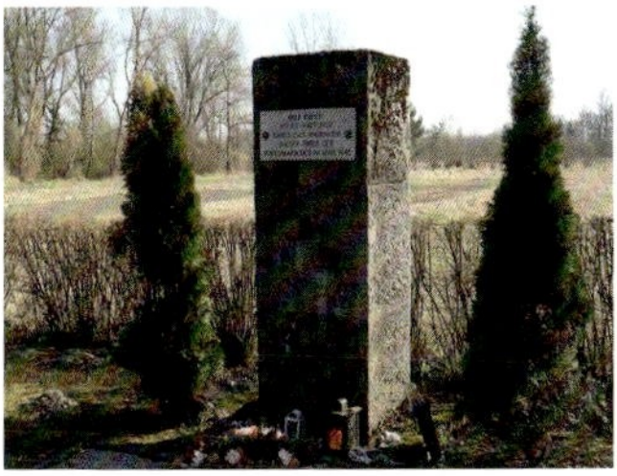

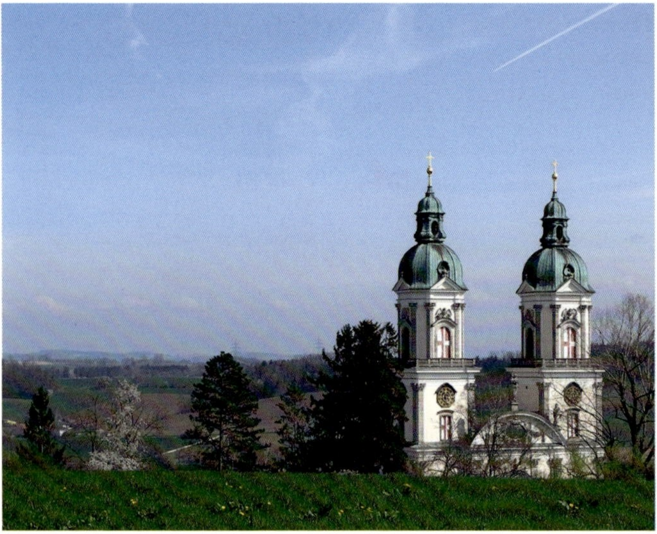

EBELSBERG – ST. FLORIAN/WANDERWEGE 16

Wandern nach und um St. Florian

Anton Bruckner und der Hl. Florian prägen St. Florian bei Linz. Sie sind rund um das prachtvolle Stiftes überall präsent. Entlang der Wanderwege offenbaren sich reichhaltige Kulturschätze, historische Bezüge und eine üppige Naturkulisse.

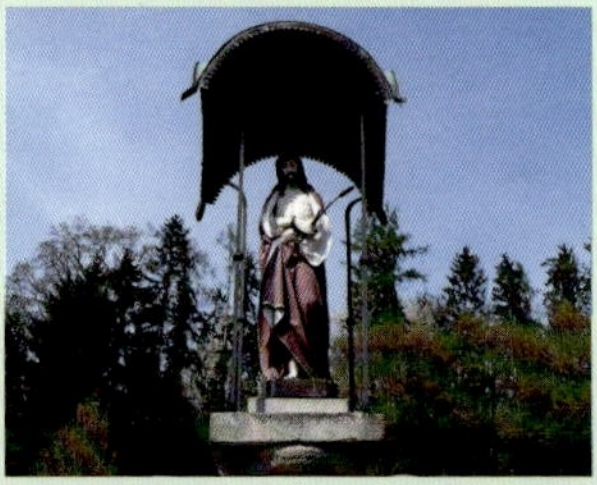

Eingebettet in die hügelige Landschaft des Städtedreiecks Wels – Linz – Steyr liegt die Marktgemeinde St. Florian. Die Wanderwege dort stehen ganz im Zeichen der zwei berühmtesten Männer des Ortes. So widmet sich der Sinfoniewanderweg, von Ansfelden ausgehend, ganz dem musikalischen Schaffen des Komponisten Anton Bruckner, ebenso der Brucknerweg nach Ebelsberg. Im Zeichen des Hl. Florian, Landespatron von Oberösterreich, steht hingegen der in St. Florian beginnende Mühlsteinweg. Der Name erinnert an den Tod des Heiligen, der um 304 von den Römern seines Glaubens wegen mit einem Mühlstein um den Hals ertränkt wurde. Weiters führt auch der Donausteig von Linz/Ebelsberg nach St. Florian. Wir haben drei der Wege zu einer Runde von Ebelsberg ausgehend verbunden.

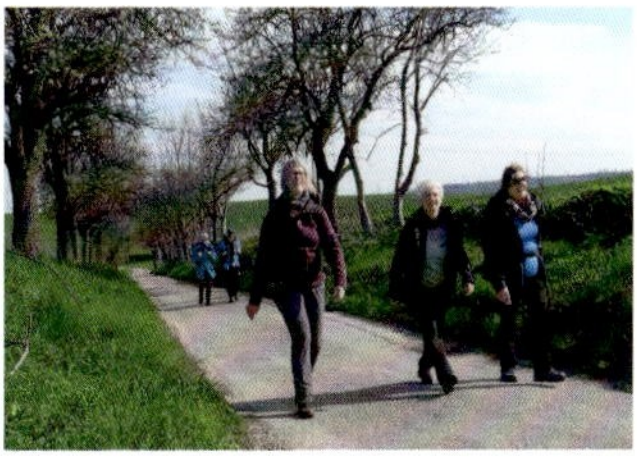

Donausteig und Mühlsteinweg

Von der Hst. Linz/Hartheimerstraße folgt man der Florianer Straße, bis kurz nach der Autobahnunterführung die Beschilderung nach links weist. Ein kurzer Anstieg und man taucht ein in die von Wiesen und Feldern geprägte Landschaft. Die Ortschaft Ölkam wird passiert, weiter folgt man den Schildern bis in die Ortschaft Rohrbach. Hier vereint sich der Donausteig mit dem von Ansfelden kommenden Sinfoniewanderweg. Auf den insgesamt 10 Stationen, die diesen begleiten, findet man Informationen zu Anton Bruckner und seinen Symphonien. Auf der gemeinsamen Route geht es auf schönen Waldwegen weiter, bis man den Stiftshof mit der prunkvollen Barockkirche des Stiftes St. Florian erreicht hat. Dort, unter der großen Orgel der Stiftskirche, ist der Komponist beigesetzt. Der Mühlsteinweg beginnt beim Donausteig-Rastplatz Schlagerstraße, den man über die Brucknerstraße erreicht. Man beginnt mit einem ersten Anstieg hinauf zur Ölberg-Kapelle. Ein kurzer Abschnitt folgt dem Sinfoniewanderweg, dann dem Dechant-Preselmayr-Weg und führt uns hinab zur Lebenshilfe mit der Florianiquelle. Flach geht es ab hier auf einem Gehweg nach links weiter, man überquert die Ipfstraße und erreicht das Freilichtmuseum Sumerauerhof. Ein Fahnenmeer weist hier beim Rastplatz auf die verlorene Artenvielfalt des Apfels hin. Seit dem 19. Jahrhundert sind 90 % der Apfelsorten verschwunden. Über Weiling geht es hinauf zu einer Anhöhe und durch das Astholz nach Kogl mit einem herrlichen Blick hinab nach St. Florian mit dem Stift. Vorbei an der HBLA erreicht man wieder das Ortszentrum mit dem schönen Marktplatz. Von dort kommt man durch einen Fußgängertunnel hinauf zum Stift.

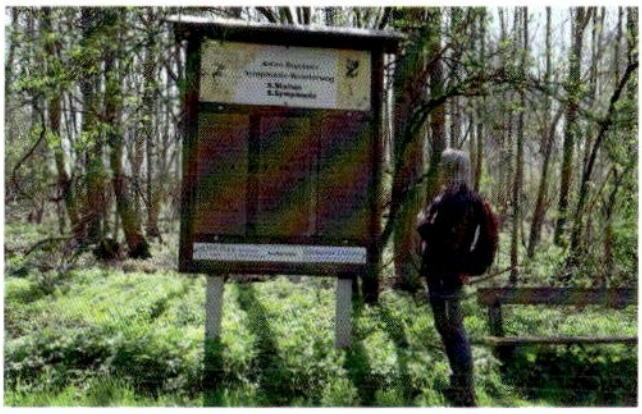

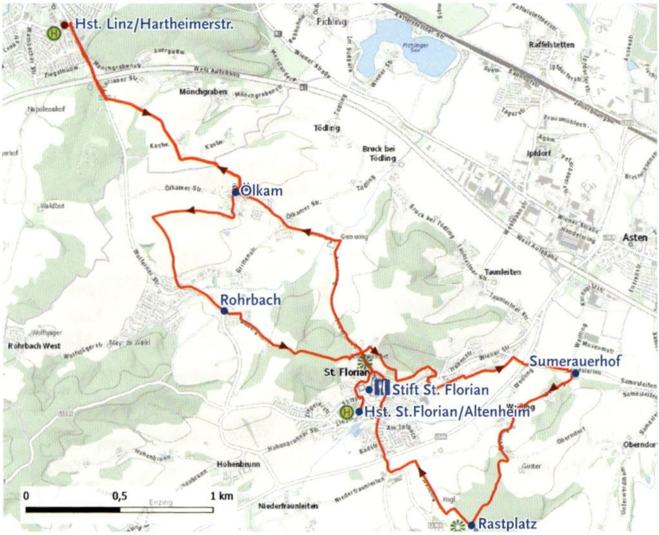

DONAUSTEIG EBELSBERG – ST. FLORIAN

Gehzeit: 2 Stunden
Distanz: 7,5 km
Höhenmeter: 200

MÜHLSTEINWEG

Gehzeit: 2–3 Stunden
Distanz: 9 km
Höhenmeter: 200; Stift St. Florian (296 m) – Anhöhe Kogl (319 m)

BRUCKNERWEG

Gehzeit: 1,5 Stunden
Distanz: 6 km
Höhenmeter: 150
Internet: donauregion.at, st-florian.at

Gut zu wissen ...

Ausgangspunkt

Die Hst. Hartheimerstraße in Ebelsberg erreicht man vom Linzer Zentrum mit der Straßenbahnlinie 2. Der Mühlsteinweg beginnt oberhalb des Stiftes St. Florian in der Schlagerstraße. Regelmäßige Busverbindungen nach St. Florian (Hst. Stift) gibt es vom Busterminal in Linz.

Charakteristik

Kurzweilige Wanderungen auf bestens beschildertenWegen (blaue Schilder am Donausteig, grüne am Mühlsteinweg/Donausteigrunde, gelbe am Brucknerweg, braune am Sinfoniewanderweg).

Am Brucknerweg von St. Florian nach Ebelsberg
Vom Friedhof am Stiftsgelände führt eine überdachte Stiege hinauf zur Schlagerstraße und von dort geht es weiter zur Brucknerstraße. Ab hier folgt man dem Brucknerweg zurück bis Linz/Ebelsberg. Der Komponist ist diese Strecke oft gegangen, um seine Eltern in Ebelsberg zu besuchen. Zunächst bleibt man bis zum Jahreszeitenhof in Gemering auf der Straße, von dort kommt man in die Ortschaft Ölkam. Hier verlässt man die Straße nach rechts und kommt durch Wiesen hinauf zu einem Bauernhaus, weiter abwärts in eine Senke und nach einem letzten kurzen Anstieg hat man die Florianer Straße erreicht. Am Gehsteig entlang steuert man die Linzer Straßenbahnhaltestelle Hartheimerstraße an.

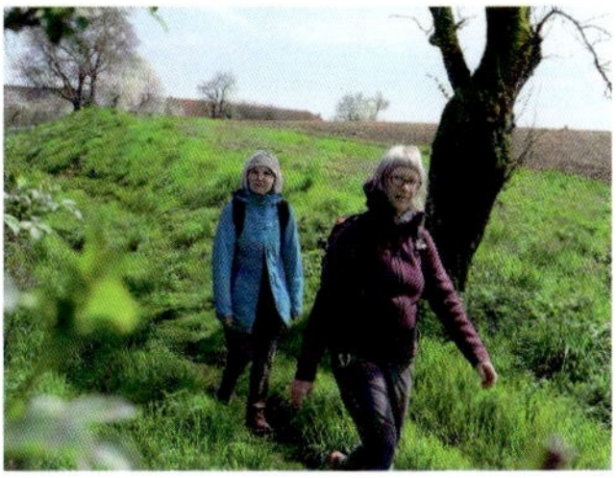

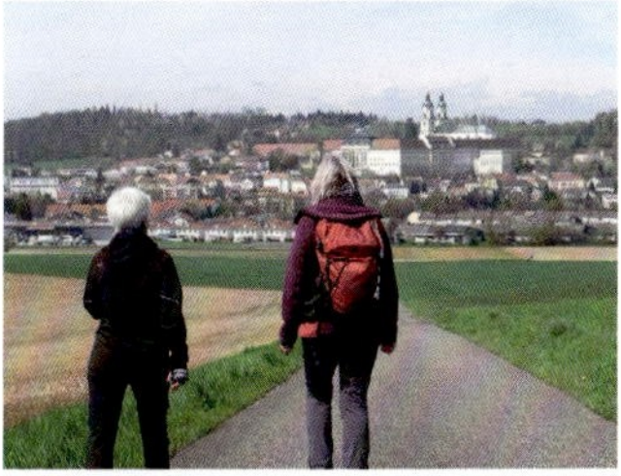

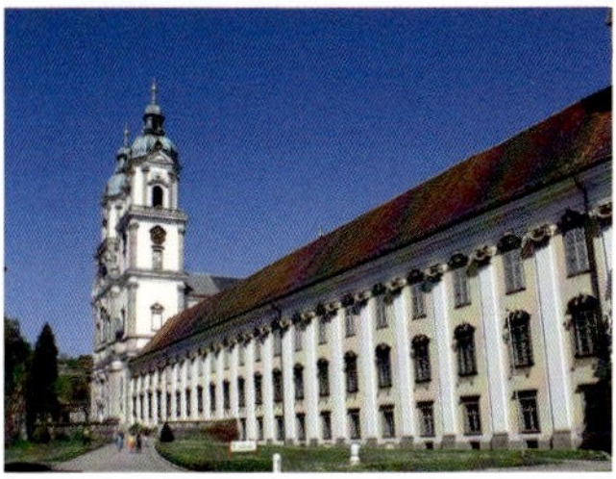

Einkehr
Zur Einkehr in St. Florian hat man die Qual der Wahl aus mehreren Gasthäusern. Nach einer Kirchenbesichtigung lockt der **Stiftskeller** im Innenhof des Stiftes (stiftskeller.co.at). Beim Eingang zum Stiftshof findet man das **Gasthaus Goldener Löwe** – regional, saisonal und frisch ist hier das Motto (goldenerloewe-wimhofer.at). Wer eher Lust auf Süßes hat, dem können wir die **Konditorei Baumberger** am Marktplatz wärmstens empfehlen (konditoreibaumberger.com).

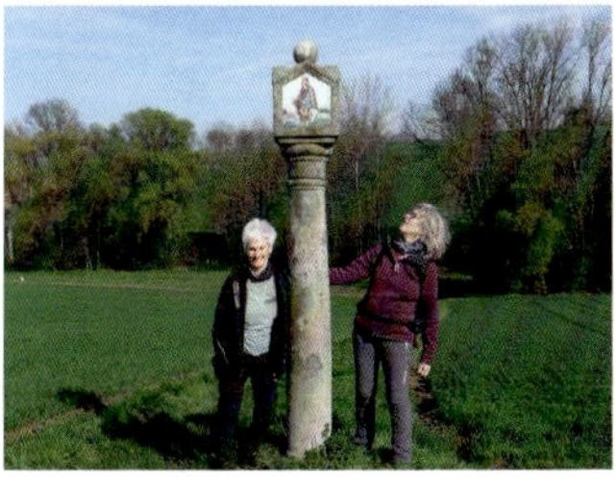

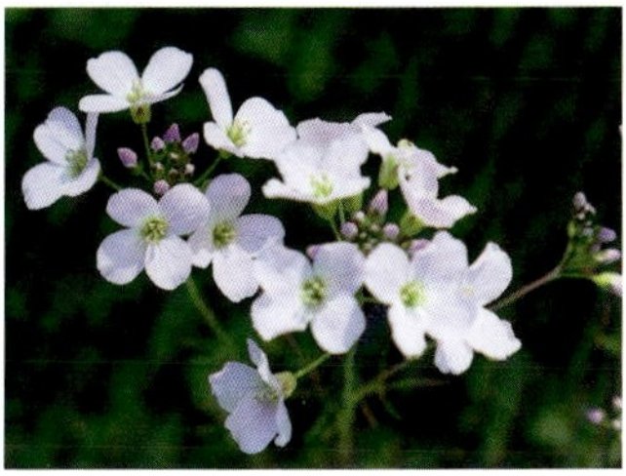

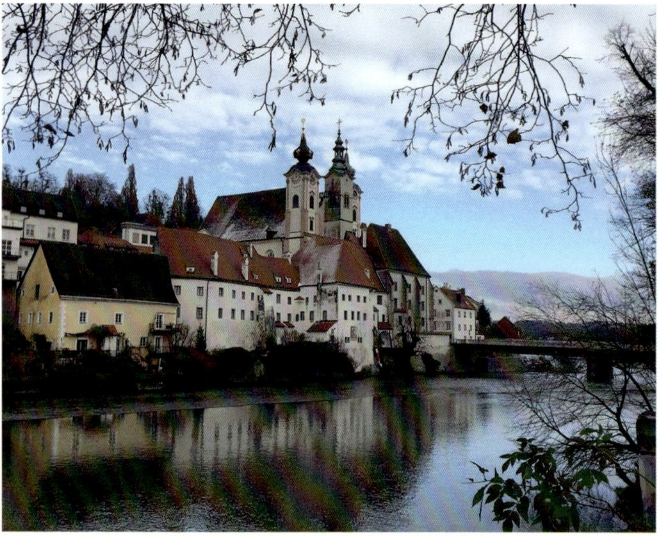

STEYR – HISTORISCHE STADTWANDERUNG 17

Geschichte und Natur in und um Steyr

Die zahlreichen Attraktionen der geschichtsträchtigen Stadt kann man auf einer ausgedehnten Wanderung entdecken. Nicht nur vor Weihnachten darf dabei die Route auch an der Wallfahrtskirche Christkindl vorbeiführen.

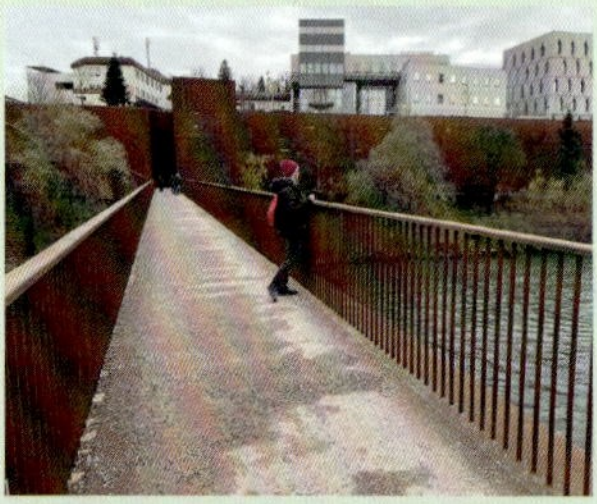

Der historische Stadtplatz und die naturbelassenen Abschnitte entlang der Steyr und rund um die Wallfahrtskirche Christkindl sorgen für kurzweilige Abwechslung bei dieser Rundwanderung. Neben den Industriedenkmälern entlang des Wehrgrabens begeistert zum Abschluss der Blick von der Aussichtsplattform am Tabor weit über die Stadt hinaus.

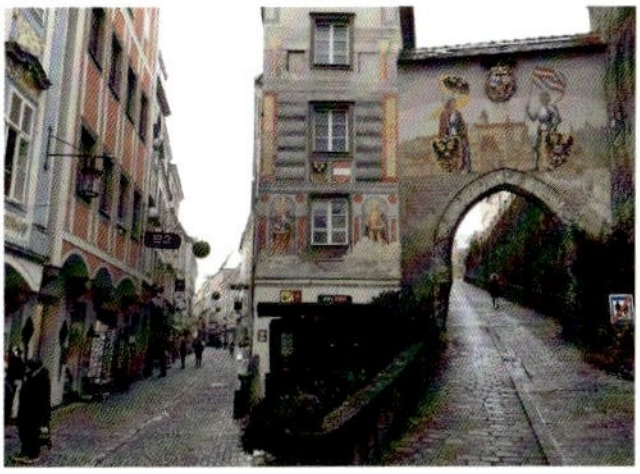

Vom Bahnhof geht es hinab zur Enns, an dieser weiter flussaufwärts bis zur Ennsbrücke, die überquert wird. Nach rechts erreicht man durch das Neutor das erste Baujuwel auf der Runde, den Innerberger Stadel mit dem Stadtmuseum. Bald darauf ist der Stadtplatz erreicht, wo man beeindruckt von der fast schon verschwenderischen Vielfalt an historischen Gebäuden Zeit einplanen sollte. Weiter geht es durch die Enge zu den Zwischenbrücken, wo die Berggasse beginnt. Ein Blickfang ist das Burgtor mit dem schmucken Blumauerhaus. Der Anstieg führt hinauf zum weitläufigen Ensemble von Schloss Lamberg mit dem Römerturm aus dem 13. Jahrhundert. Über die Promenade vorbei am Alten Theater erreicht man den Schlosspark. Weiter führt diese Erkundungstour am Rande des Parks entlang, nach links in die Schweizergasse, am Gasthaus Alpe vorbei und nach einer Brücke rechts in die Redtenbachergasse, der man bald abwärts folgt. Man passiert den Steyrtal Museumsbahnhof, wandert hinab zur Steyr und biegt nach links in den Steinbruchweg ein, dem man flussaufwärts folgt. Nach einer Unterführung der Bahngleise zweigt man scharf nach links ab und erreicht in einer Kehre durch Wald aufwärts den Christkindlweg, der direkt zur barocken Wallfahrtskirche führt. Über eine steile Stiege entlang von Konglomeratwänden steigt man dann hinab und erreicht am Weg durch die Unterhimmler Au nach der Drahtzieherstraße die renovierte schwarze Brücke. Man überquert die Steyr und folgt auf der anderen Seite des Flusses der Fabrikstraße bis zu einer Brücke. Es geht weiter auf der nach den zahlreichen Betrieben benannten Straße über den Wehrgrabenkanal bis zur Wiesenbergbrücke. Hier führt die Route nach links über die Wehrgrabengasse weiter.

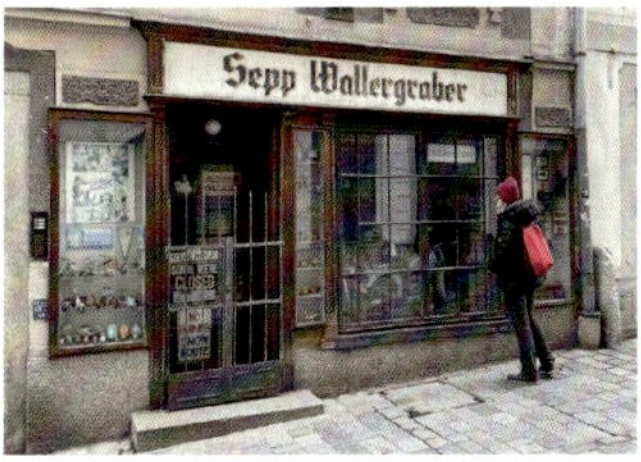

Der Wehrgraben wurde schon ab dem 14. Jahrhundert von den sich dort ansiedelnden Betrieben als Betriebswasserkanal genutzt. Hier waren Sägewerke, Mühlen, Hammerschmieden und in weiterer Folge die Werndl Waffenfabrik samt Arbeitersiedlungen sowie die Hack-Werke, eine Messer- und Stahlwarenfabrik. Die OÖ Landesausstellung 1987 rettete den ▶

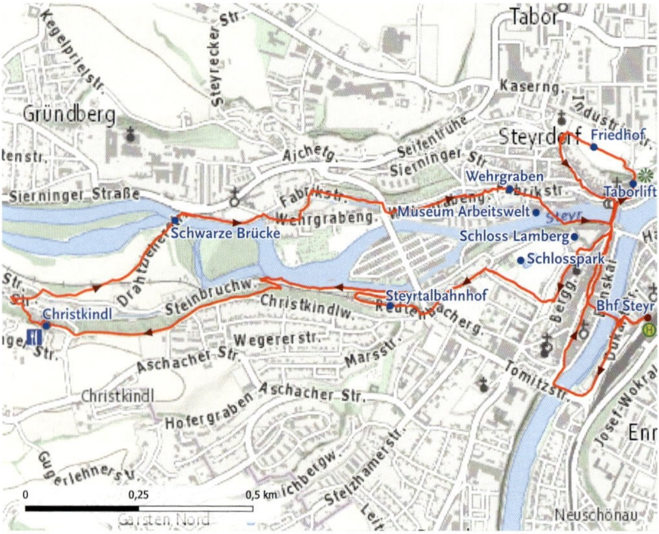

Gehzeit: 3–4 Stunden mit Pausen und Besichtigungsstopps
Distanz: 10,5 km
Höhenmeter: 200; Bhf. Steyr (305 m) – Stadtplatz (300 m) – Christkindl (330 m) – Wehrgraben (300 m) – Tabor (345 m)
Internet: steyr.at, steyr-nationalpark.at

Gut zu wissen ...

Ausgangspunkt

Es gibt regelmäßige Bus- und Bahnverbindungen aus dem Zentralraum nach Steyr. Von Linz erreicht man den Bahnhof in Steyr bequem mit der S1 in 50 Minuten.

Charakteristik

Sehr abwechslungsreiche und historisch interessante Wanderung auf guten Wegen, im Stadtbereich meist auf Asphalt. Keine durchgehende Beschilderung, aber immer wieder Wegweiser zu den nächsten Sehenswürdigkeiten und Stadtteilen. Den Christkindlweg erreicht man über einen etwas steileren Waldsteig.

▶ Wehrgraben, das Museum Arbeitswelt entstand und insgesamt 220 Häuser wurden unter Denkmalschutz gestellt. Als Abschluss der Runde geht es vom Michaelerplatz noch mit dem 2020 eröffneten Taborlift hoch hinaus über die Stadt zum Taborturm. Über die Friedrich-Uprimny-Stiege, die an den letzten Überlebenden des Holocausts aus Steyr erinnert, steigt man dann hinab, erreicht über die Steyr wieder den Stadtplatz und über den Ennssteg den Bahnhof.

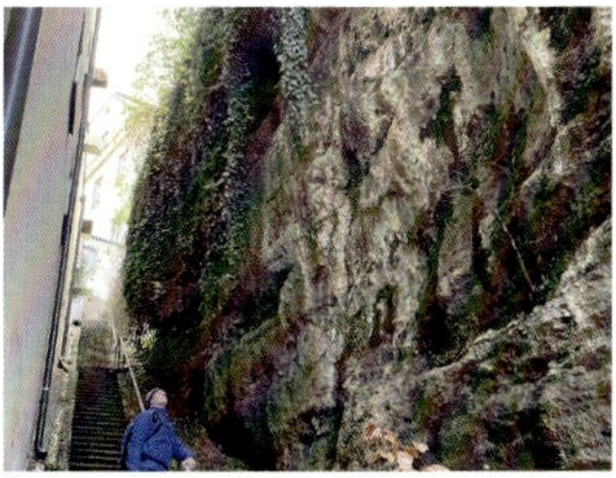

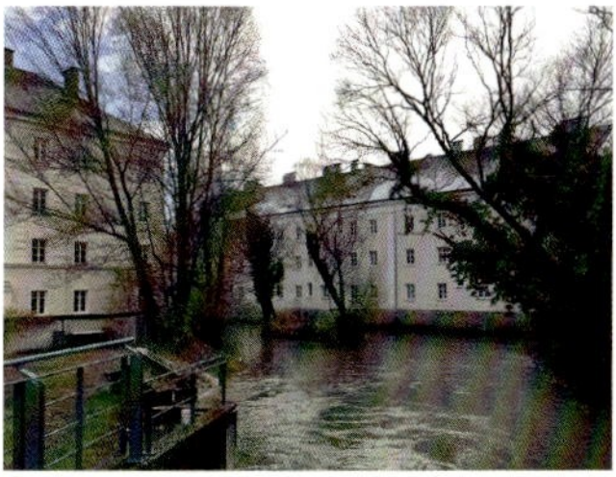

Einkehr

Ideal für eine Einkehr nach etwa der Hälfte der Wanderstrecke liegt der **Christkindlwirt** direkt neben der Wallfahrtskirche (christkindlwirt.at). Im Stadtzentrum findet man Einkehrmöglichkeiten aller Art.

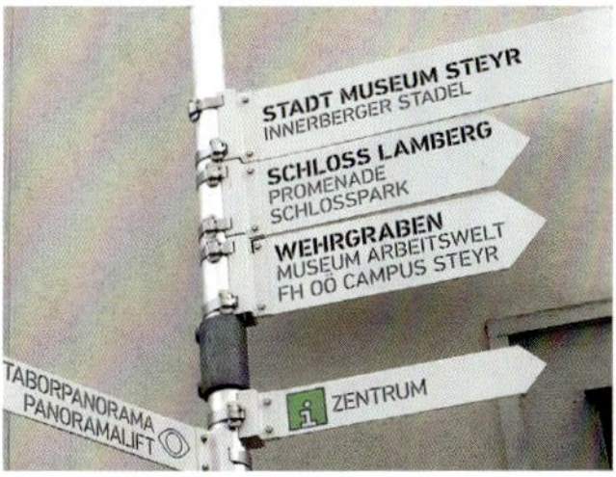

Rund um den Stadtplatz

Am Grünmarkt befindet sich ein Juwel der Stadt, der Innerberger Stadel, ein Renaissancebau aus 1612, der das Stadtmuseum beherbergt. Der linsenförmig angelegte Stadtplatz geht auf das 13. Jahrhundert zurück. Das älteste Haus und Wahrzeichen der Stadt ist das gotische Bummerlhaus aus 1490. Das Rokoko-Rathaus mit dem dominanten Zwiebelturm wurde um 1770 erbaut. Ein Blickfang ist auch das hellblaue Sternhaus mit Rokokofassade. Am Beginn der Berggasse beeindruckt neben dem Burgtor das schmale Blumauerhaus mit seiner bemalten Fassade. Modern geht die Runde zu Ende: Der Ennssteg wurde aus wetterbeständigem Cortenstahl gefertigt und ist die ideale Verbindung vom Stadtplatz zum Bahnhof.

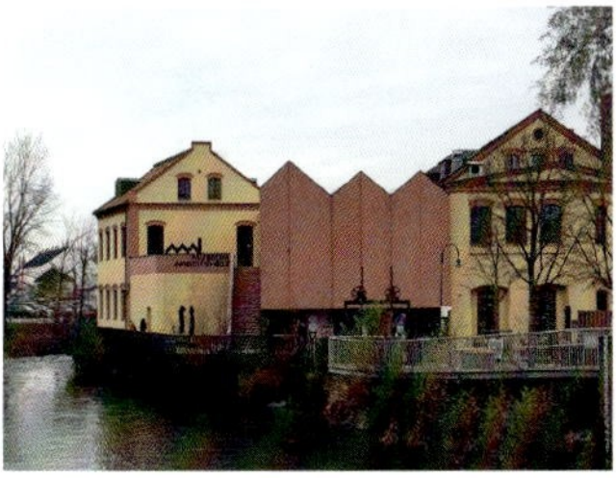

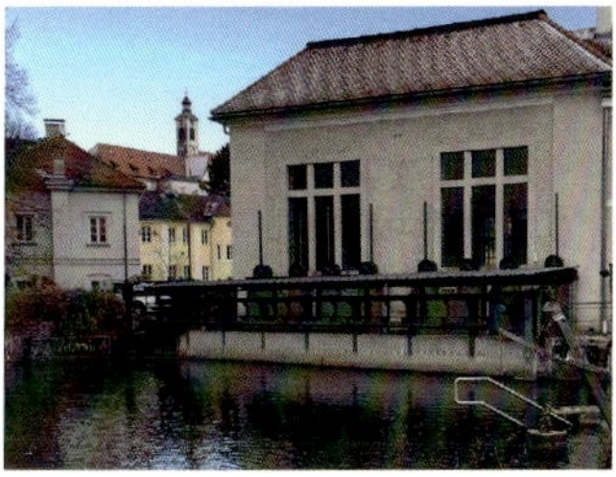

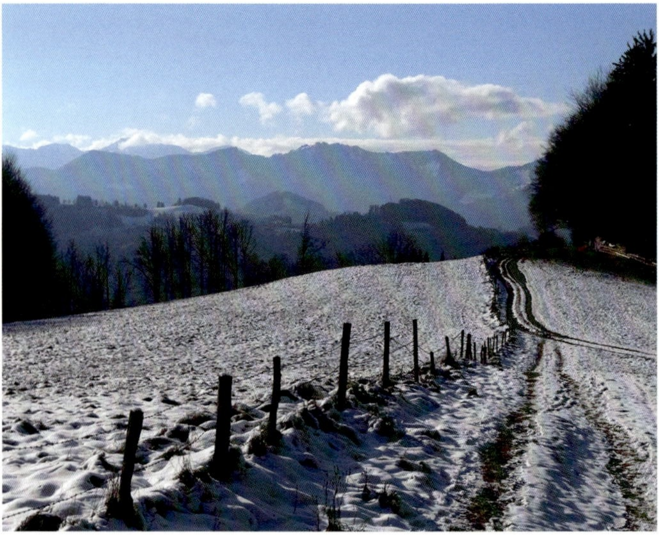

STEYR – DAMBERGRUNDE 18

Blick übers Land vom Damberg

Der Hausberg von Steyr mit der Warte am höchsten Punkt lockt das ganze Jahr mit einem großartigen Ausblick in alle Richtungen. Ein weiterer Höhepunkt ist der sehenswerte Stadtplatz mit eindrucksvollen Hausfassaden.

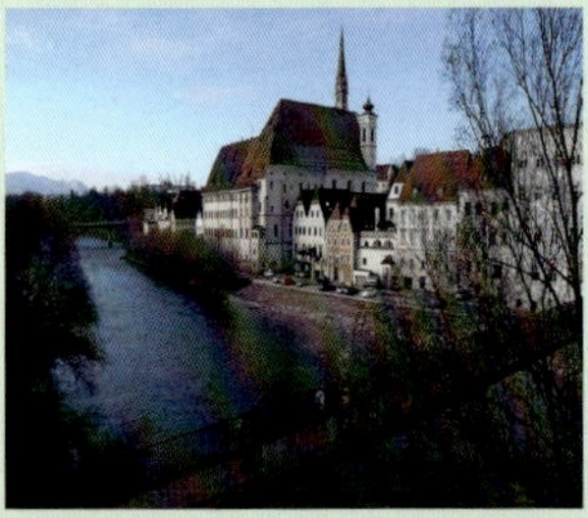

Ein historischer Stadtplatz als perfekter Kontrast zur Natur entlang der Enns und rund um den Damberg steht am Beginn dieser Rundwanderung, bei der man übers Jahr immer wieder mit neuen Impressionen überrascht wird. Vom Bahnhof folgt man dem kurzen Weg hinab zur Enns, die auf einem optisch überzeugenden, aus Cortenstahl gefertigten Steg überquert wird.

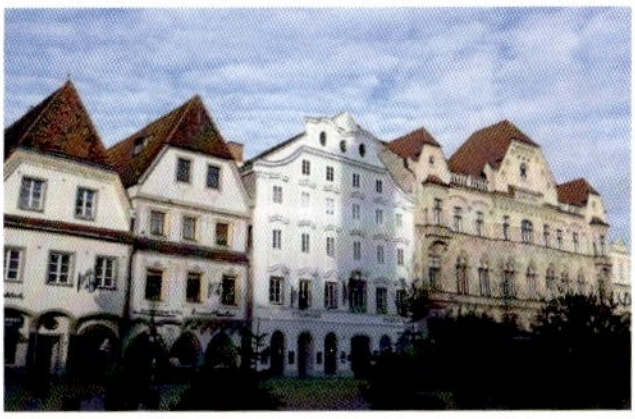

Auf der anderen Flussseite erreicht man die Altstadt und den Stadtplatz. Sich links haltend geht es dann weiter über den Grünmarkt zum Innerberger Stadel, einem Renaissancebau aus 1612. Hier beim Stadttor nach rechts abwärts und unter der Straße hindurch zur Enns. Dieser folgt man flussaufwärts bis zur Eisenbahnbrücke, überquert diese und folgt der Enns weiter auf der anderen Seite bis zur Mündung eines Baches. Hier überquert man die viel befahrene Eisenstraße und folgt nun der Markierung E 91 in den Wald hinein.

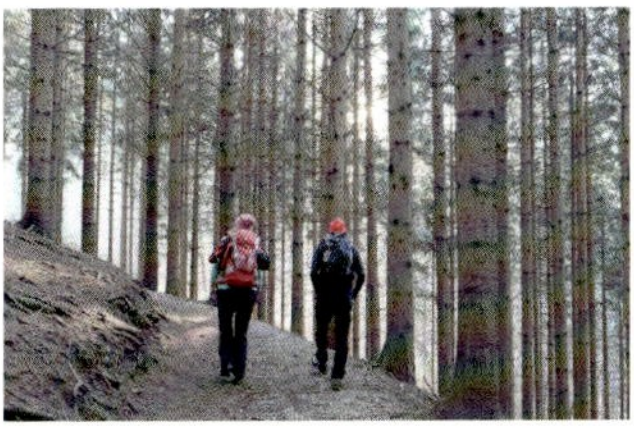

Es geht bergauf und aus dem Wald heraus erreicht man Wohlfahrtsberg. Immer den Schildern nach geht es teilweise auf Nebenstraßen höher. Die schönen Ausblicke werden mehr, der Traunstein setzt sich in Szene und bald ist das Gasthaus Schoiber erreicht. Auf einem der beiden Wege durch Wald geht es hinauf zur 1972 errichteten 36 Meter hohen Aussichtswarte. Über das Alpenvorland, ins Mostviertel und weit hinein in den Nationalpark Kalkalpen beeindruckt der Ausblick. Für den Abstieg wählen wir den zweiten Weg und machen einen Abstecher zur Laurenzi-Kapelle, wo der Blick auf Steyr im Mittelpunkt steht. Beim Gasthaus Schoiber schließt sich die Gipfelrunde wieder und jetzt steht Genuss am Programm! Gut gestärkt geht es weiter bergab, zuerst die Straße entlang, bald aber nach rechts dem Weg Richtung St. Ulrich folgend. Durch Wald, Wiesen und Ortschaften wandert man hinab, kurze Abschnitte auch auf Straßen. Noch vor St. Ulrich zweigt der Weg von der Straße nach rechts ab und kurz darauf zeigt die Tafel „Wanderweg“ eine weitere Abzweigung nach links an.

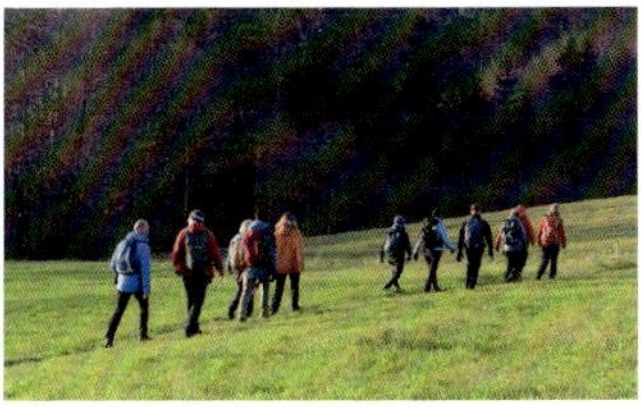

Man erreicht ein Waldstück, in dem wir nach der Überquerung eines Baches die Markierung verlassen und weiter dem Forstweg zu einem Bauernhof folgen. Kurz darauf erreicht man bei einer Abzweigung nach links die Brunnerstraße und diese abwärts erste Siedlungen und den Stadtteil ▶

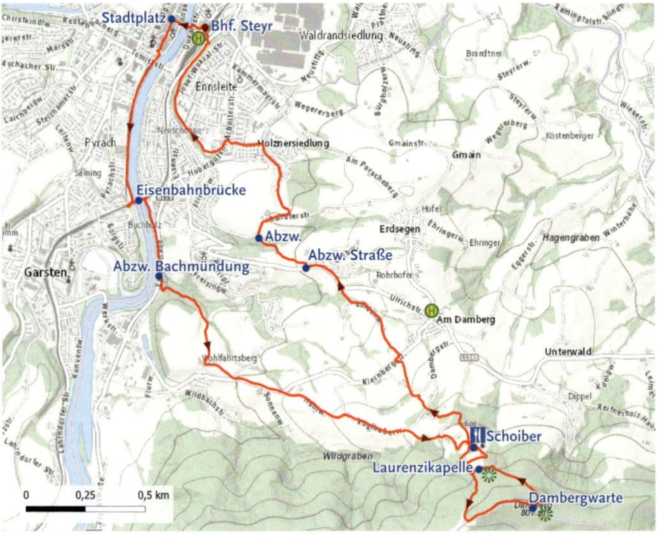

Gehzeit:	4–5 Stunden
Distanz:	15 km
Höhenmeter:	640; Stadtplatz Steyr (300 m) – Damberg (807 m) – Laurenzi-Kapelle (706 m) – GH Schoiber (660 m) – Abzw. St. Ulrich (400 m) – Ennsleite (330 m) – Bhf. Steyr (310 m)
Internet:	steyr-nationalpark.at

Gut zu wissen ...

Ausgangspunkt

Es gibt regelmäßige Bus- und Bahnverbindungen aus dem Zentralraum nach Steyr. Von Linz erreicht man den Bahnhof in Steyr bequem mit der S1 in 50 Minuten.

Charakteristik

Abwechslungsreiche Wanderung auf teilweise beschilderten und markierten Wegen. Der Abschnitt entlang der Enns und einige kürzere Passagen führen über asphaltierte Nebenstraßen. Höhepunkt ist die Plattform auf der Dambergwarte, die weit über das ober- und niederösterreichische Alpenvorland blicken lässt.

▶ Ennsleite. Durch die Josef-Fellinger-Siedlung kommt man zur Hubergutstraße, zweigt von dieser rechts ab und folgt dem Johann-Radmoser-Weg durch einen Park hoch über der Enns. Mit schönen Blicken über die Stadt geht es über Stufen schließlich hinab und über einen Fußgängerübergang zurück zum Parkhaus mit Busbahnhof und Bahnhof.

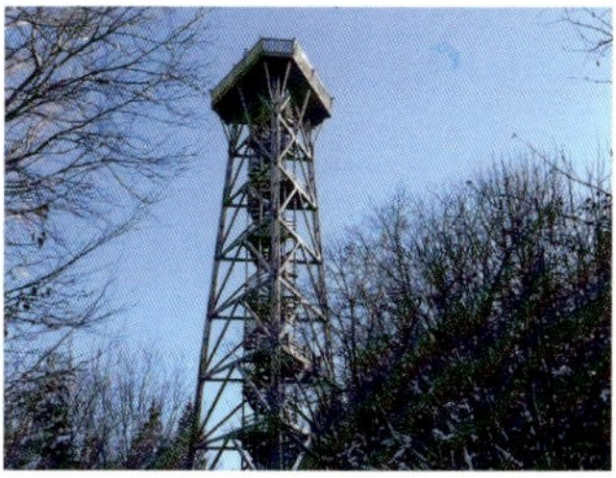

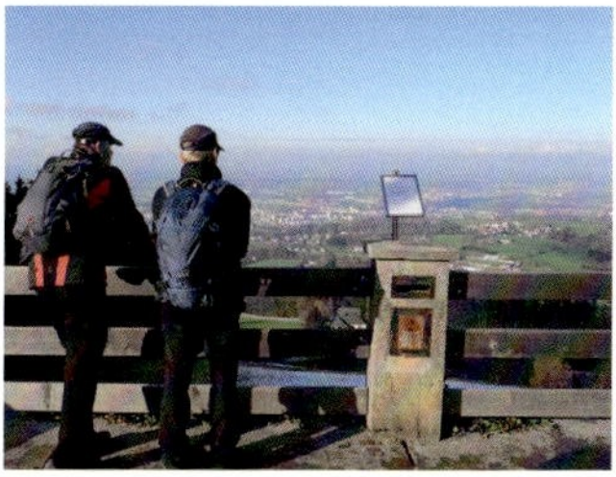

Einkehr

Der **Berggasthof Schoiber** liegt ideal nach etwa zwei Dritteln der Strecke und nach den anstrengenden Anstiegen, er ist von Do bis Sa geöffnet (schoiber.at). In Steyr gibt es zahlreiche Einkehrmöglichkeiten, in der Nähe des Bahnhofs können wir das **Café Ufer** empfehlen (dasufer.at).

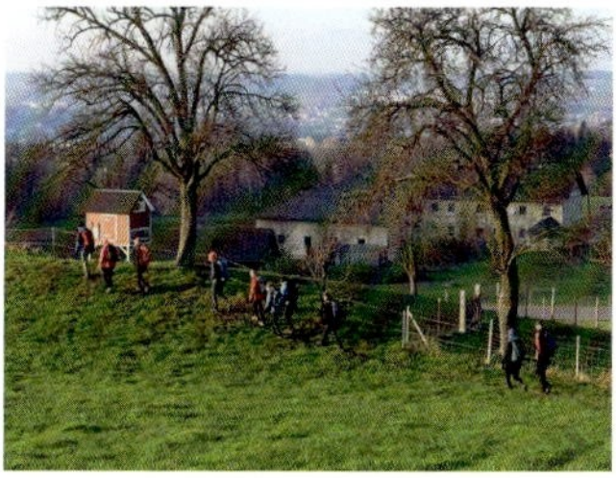

Stadtplatz in Steyr

Man sollte etwas Zeit einplanen für diesen eindrucksvollen Blick in die Vergangenheit. Der linsenförmig angelegte Platz mit seiner Flaniermeile geht auf das 13. Jahrhundert zurück. Viele der historischen Häuser haben einen gotischen Kern und Fassaden in Stilen späterer Zeiten. Das älteste Haus und Wahrzeichen der Stadt ist das gotische Bummerlhaus aus 1490. Die Marienkirche ist eine Barockkirche aus der Zeit der Gegenreformation. Das Rokoko-Rathaus mit dem dominanten Zwiebelturm wurde um 1770 erbaut. Ein Blickfang ist auch das in Hellblau gehaltene Sternhaus mit prachtvoller Rokokofassade. Neugotisch ist das Sparkassengebäude aus dem Jahr 1900. Schon 1683 wurde der Leopoldibrunnen aufgestellt.

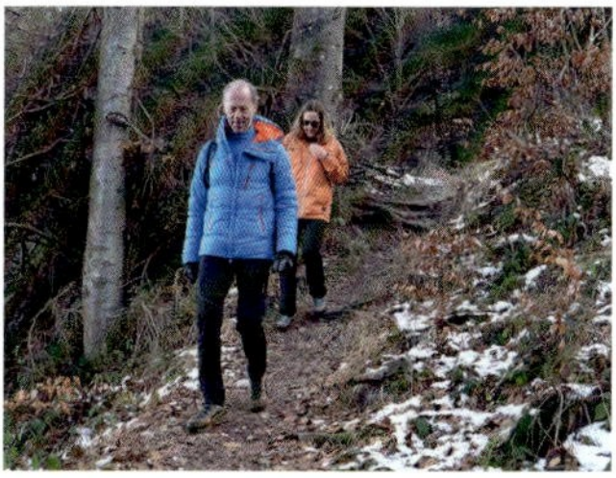

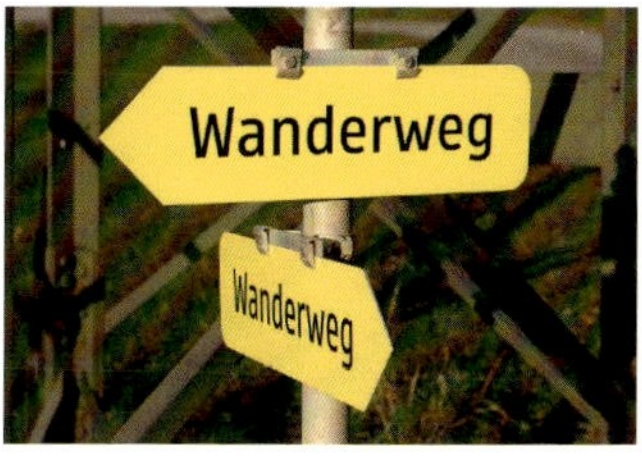

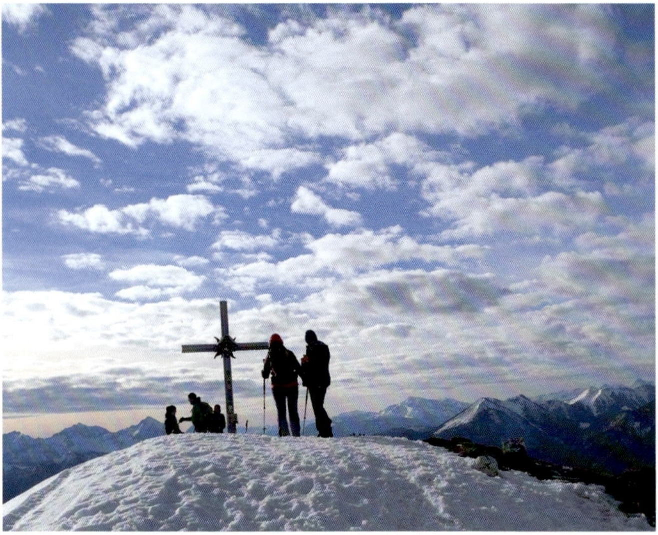

GROSSRAMING – ALMKOGEL – KÜPFERN

19

Bergtour über den Almkogel

Aus dem Ennstal führt eine aussichtsreiche Bergtour hinauf zur Ennser Hütte und weiter auf den Almkogel. Mit Blick nach Weyer steigt man hinab zur Stallburgalm und weiter nach Küpfern.

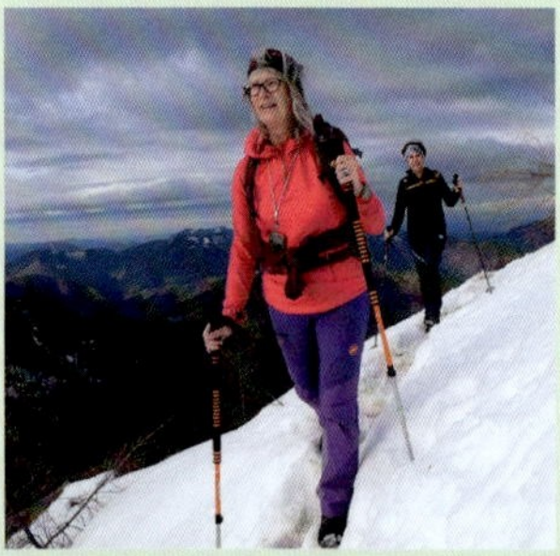

Wenn der Nebel über den Tälern liegt oder sich der Winter schneearm gibt, lohnt es sich, die Bergschuhe zu schnüren und der Sonne entgegenzusteigen. Eine dieser lohnenden Touren in den Voralpen ist die Überschreitung des Almkogels am Ostrand des Reichraminger Hintergebirges. Vom Bahnhof in Großraming folgt man der Beschilderung zuerst entlang eines Güterweges, dann weiter zwischen Rotstein – ein schöner Aussichtsberg – und Schafkogel hinauf bis zu den letzten Häusern. Der Weg mündet hier in die Zufahrtsstraße eine Kehre vor dem Parkplatz Bamacher ein. Auf schönem Steig geht es von dort im Wald weiter aufwärts. Zweimal überquert man die Forststraße und nahe einer Jagdhütte zweigt von der Forststraße der letzte etwas steilere Anstieg zur Ennser Hütte ab. Es ist ein schöner Aussichtsplatz dort oben und vom Hüttenkreuz weitet sich der Blick über die umliegenden Waldberge des Hintergebirges bis zu den Gipfeln von Sengsen- und Totem Gebirge. Von der Hütte führt der Weg erst steil hinauf, bis man den fast baumfreien Hang mit Blick zum Almkogel erreicht hat. Immer leicht ansteigend quert man dann hinauf zu einem Sattel mit Rastbank. Der letzte Anstieg hinauf zum Gipfel des Almkogels ist noch zu bewältigen, dann ist auch der Blick in Richtung Haller Mauern und Buchsteingruppe frei. Am Gipfelkreuz findet man in trauter Zweisamkeit die Logos des Alpenvereins und der Naturfreunde angebracht. Schön ist auch der Blick zu den Gipfeln des Dürrensteigkammes. Es sind nach Norden das Brunnbacheck, der Kleine Almkogel und der Burgspitz und nach Süden der Wieser und die Langlackenmauer. Weit unten kann man schon die Stallburgalm entdecken.

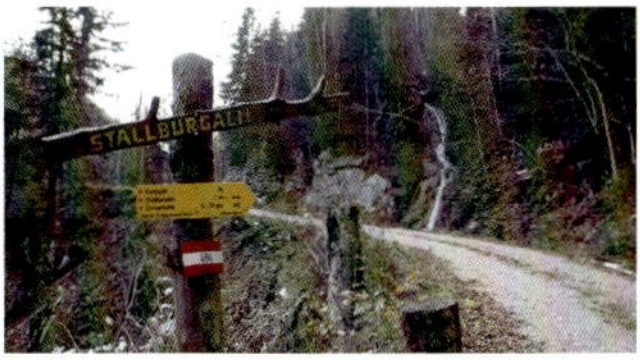

Zurück an der Wegkreuzung folgt man den Wegweisern, erst geht man durch Wald abwärts, dann überquert man eine Almwiese, hält sich dort rechts und folgt dem Weg bis zur Stallburgalm. Einsam liegt die Hütte unter dem Burgspitz. Im Brunnen sind Getränke für durstige Wanderer eingekühlt. Gerne nehmen wir das Angebot an und bezahlen mit Einwurf in eine kleine Kassa. Es wird noch ein letzter Blick hinauf auf den vor uns liegenden Dürrensteigkamm geworfen. Dann machen wir uns wieder auf den Weg und folgen der markierten Route auf einer Forststraße hoch über einem imposanten Graben talwärts. Am Beginn der Ortschaft Inselbach zweigt vor einer Brücke der markierte Steig ab, der an einem Parkplatz zur Bahnhaltestelle Küpfern vorbeiführt.

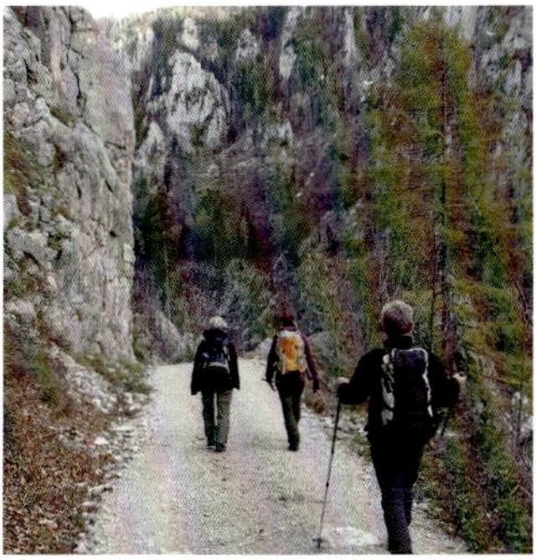

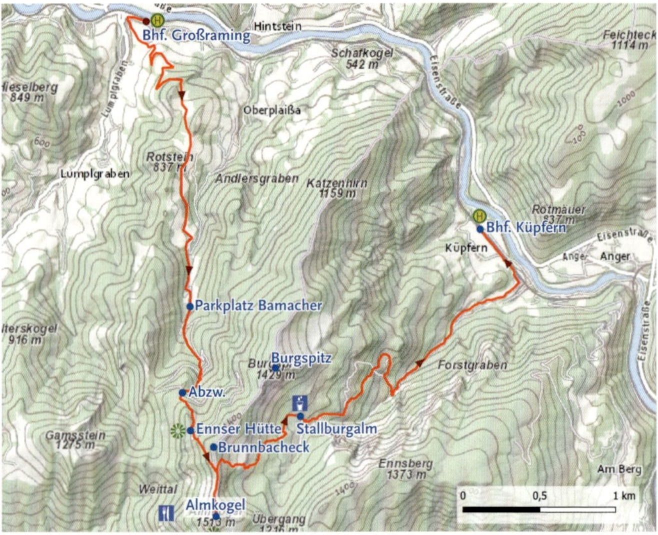

Gehzeit:	6–7 Stunden
Distanz:	17 km
Höhenmeter:	1200; Bhf. Großraming (382 m) – Parkplatz Bamacher (759 m) – Ennser Hütte (1293 m) – Wegkreuzung Almkogel (1430 m) – Almkogel (1513 m) – Stallburgalm (1032 m) – Küpfern (403 m)
Internet:	steyr-nationalpark.at

Gut zu wissen ...

Ausgangspunkt

Öffentliche Anreise mit Zug (oder Bus) zum Bahnhof Großraming. Von dort folgt man den Schildern des Weges Nr. 492 bis zum Parkplatz Bamacher. Rückreise mit dem Zug von der Bahnstation Küpfern.

Charakteristik

Schöne, aber lange Bergwanderung auf beschilderten Wegen (Nr. 492 und 494) ohne besondere Schwierigkeiten. Etwas Kondition ist aber doch notwendig. Alternativ kann man bis zum Hüttenkreuz bei der Ennser Hütte und wieder retour nach Großraming wandern. Der Abstieg ab der Stallburgalm führt entlang der Forststraße hinab nach Küpfern.

Einkehr

Die **Ennser Hütte** wird nach etwa 2,5 Stunden Gehzeit erreicht, ideal für eine erste Einkehr. Die Hüttenschmankerl werden am Holzofen gekocht, ein rundum gemütlicher Stützpunkt für eine Einkehr und auch Übernachtung. Seit 2013 sind Helga und Erwin Zeiselberger Pächter der Hütte und wurden für ihr Engagement schon mit einem Topplatz im Falstaff Hüttenguide belohnt (ennser huette.at).
Die **Stallburgalm** ist eine Selbstversorgerhütte der Naturfreunde Weyer, die von Anfang Mai bis Ende Oktober an Sa, So und Feiertagen bewirtschaftet ist (weyer.naturfreunde.at).

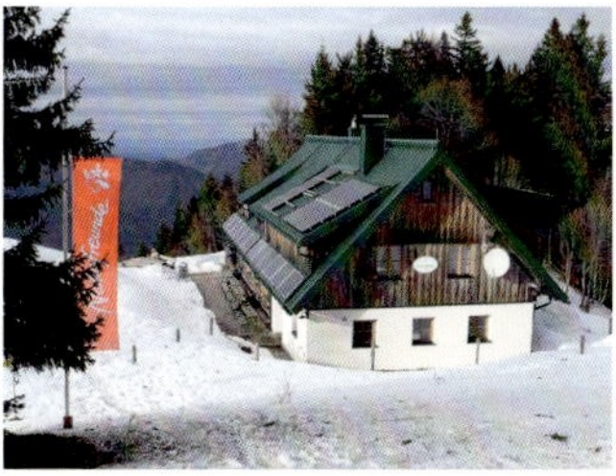

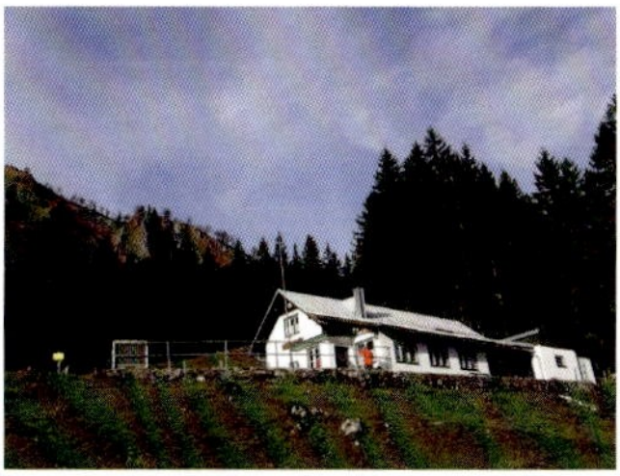

Ausrüstung für Winterwanderungen

Neben mehreren Kleidungsschichten je nach Temperatur sollten ein Biwaksack, ein Erste-Hilfe-Paket, eine Stirnlampe, ein Mobiltelefon mit ausreichend Akku, warme Getränke und Verpflegung in den Rucksack.
Bei eisigen oder schneeglatten Wegen geben Grödel sicheren Halt. Und: Es ist keine Schande, in heiklen Situationen umzukehren!

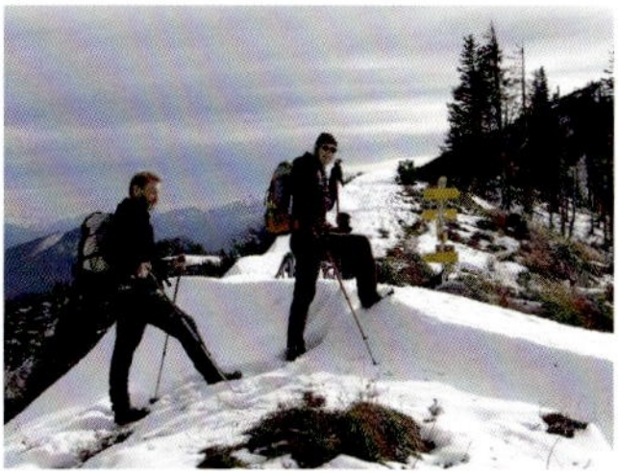

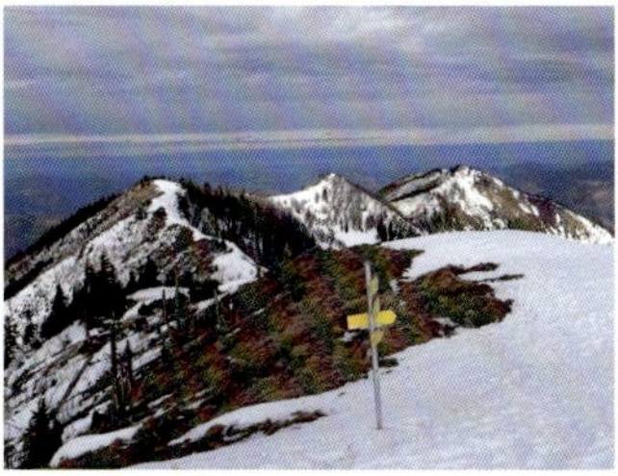

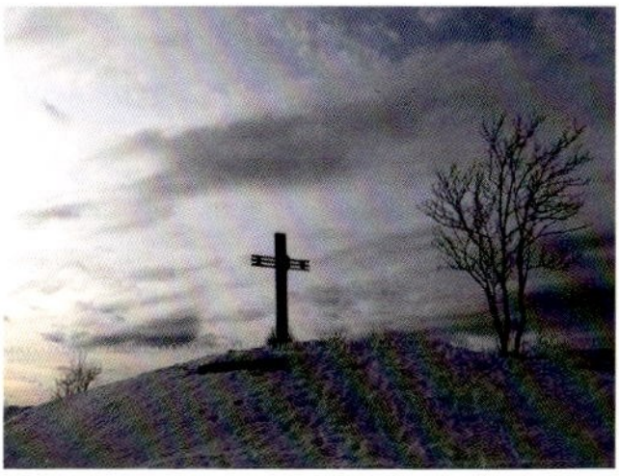

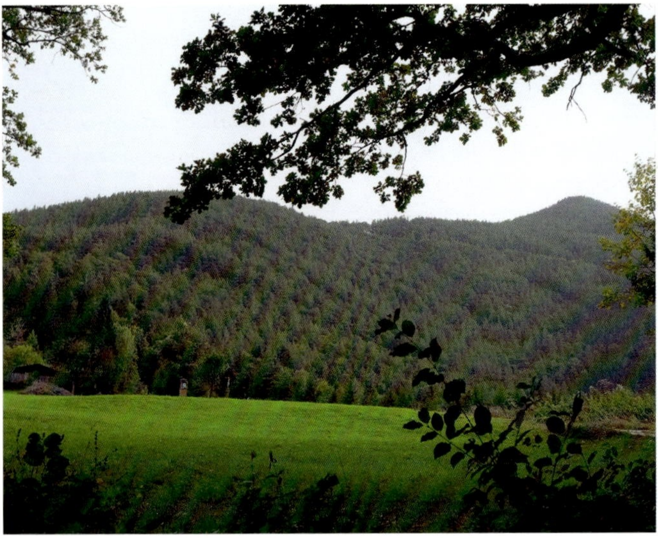

WEYER – RAPOLDECK – SCHRAMBACHAUER KOGEL 20

Einsame Waldberge hoch über Weyer

Dort wo die Enns aus dem Süden kommend sich Richtung Steyr wendet, liegt die geschichtsträchtige Marktgemeinde Weyer. Ausgedehnte Wälder bedecken die Hänge, die sich bis weit über 1000 Meter hinauf erstrecken.

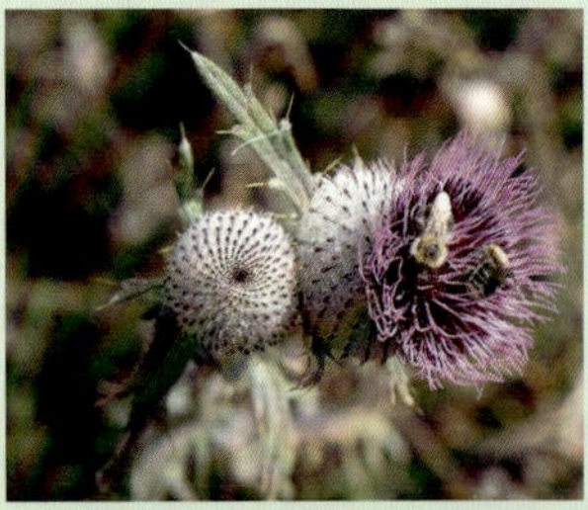

Die Gegend hier, nahe der Grenze zu Niederösterreich und der Steiermark, wurde schon um das Jahr 1000 besiedelt. Ab dem 14. Jahrhundert führte die Eisenindustrie zu einem bedeutenden Aufschwung in der Region, was an einigen historischen Gebäuden noch zu sehen ist. „Wald, Wald, nichts als Wald" könnte das Motto dieser Tour sein, denn zwischen den Talorten beherrschen ausgedehnte Wälder die Szenerie. Wir sind zu einer Rundwanderung aufgebrochen und haben auf einsamen Wegen die Gipfel von Rapoldeck und Schrabachauer Kogel erkundet.

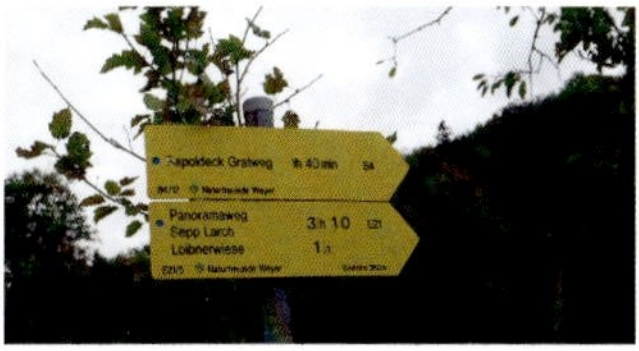

Vom Marktplatz in Weyer folgt man der Beschilderung Rapoldeck zunächst hinauf zur Pfarrkirche und weiter auf Asphalt vorbei an einem Bauernhof bis zu einem Rastplatz am Waldrand. Hier wird die Vielfalt im Wald beschworen und am Weg findet man Infotafeln zu den jeweiligen Baumarten. Aus dem Wald heraus passiert man noch zwei Häuser, dann geht es ab der Kreuzung Pöller endgültig am Gratweg Nr. 84 bergauf. Der hier nach rechts abzweigende Sepp-Larch-Panoramaweg Nr. E21 wird unser Rückweg sein. Teilweise steil geht es weiter. „Kniebeißer" oder „Pensionistensteig" steht auf einer Tafel und man kann zwischen dem direkten oder dem mit einer Kehre entschärften Weg wählen. Beide vereinen sich aber bald wieder. Zwei Forststraßen werden überquert, an der letzten befindet sich eine Kapelle mit Rastplatz. Dann erreicht man am Waldkamm aufsteigend den ersten Gipfel, das Rapoldeck.

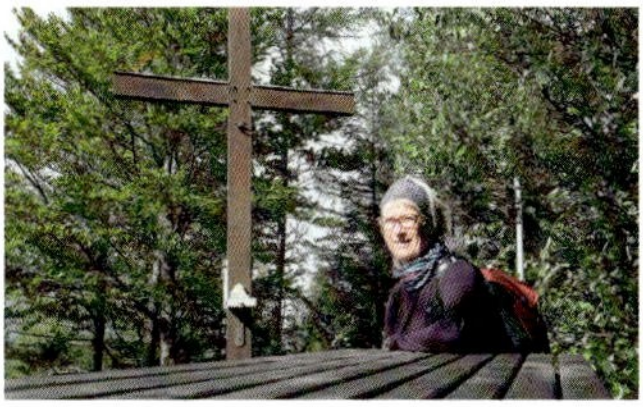

Tisch, Bank, Gipfelkreuz und ein Blick zwischen den Bäumen durch laden zur Rast ein. Dem Kammverlauf folgend geht es dann weiter und auf einer schönen Lichtung mit im Herbst blühenden Herbstzeitlosen und den alles beherrschenden Disteln kommt man zum Beginn des Gipfelanstiegs auf den Schrabachauer Kogel. Nach etwa 15 Minuten erreicht man den felsigen Gipfelaufbau mit Gipfelbuch und schönem Ausblick. Zurück an der Abzweigung folgt man dem Wegweiser Sepp-Larch-Panoramaweg, der an den Alpinisten aus Weyer erinnert. Am Waldrand entlang erreicht man eine Forststraße. Achtung, hier heißt es aufpassen! Links steht eine kleine Jagdhütte. Direkt unterhalb dieser, bei einem bald endenden Forstweg, findet man ein großes Stoamandl. Hier beginnt ein Steig, der gut erkennbar, aber teilweise etwas verwachsen bis zu einem Hochsitz bergab führt. An diesem geht es nach links hinaus zu einer breiten Forststraße. Auf dieser abwärts kommt man nach etwa 1 km zu einer Kreuzung mit Beschilderung. Ein Waldsteig führt ▶

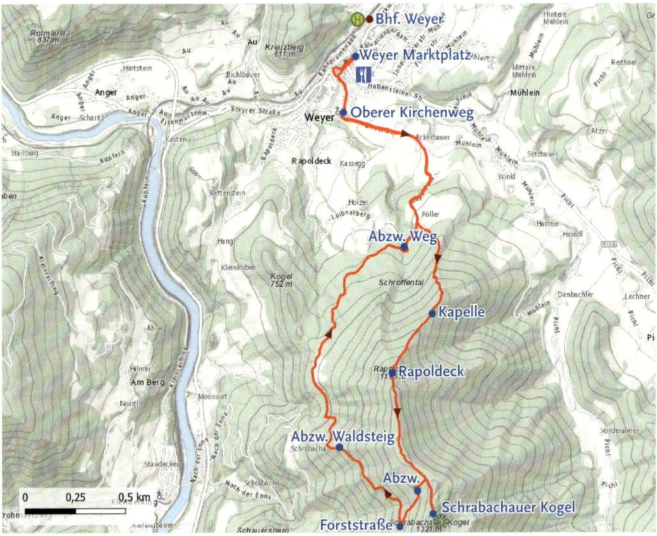

Gehzeit: 4–5 Stunden

Distanz: 14 km

Höhenmeter: 950; Marktplatz Weyer (400 m) –Kirche Weyer (440 m) – Wegteilung Pöller (630 m) – Rapoldeck (1195 m) – Schrabachauer Kogel (1321 m) – Abzw. Waldsteig (960 m) – Abzw. Pöller (600 m)

Internet: steyr-nationalpark.at

Gut zu wissen ...

Ausgangspunkt

Öffentliche Anreise mit dem Zug nach Weyer zum Bahnhof oder mit den Bussen des Verkehrsverbundes zur Hst. Marktplatz.

Charakteristik

Schöne Bergwanderung auf großteils beschilderten Wegen (Nr. 84, E21). Kondition, Trittsicherheit und gute Orientierung notwendig! Nach dem Schrabachauer Kogel keine Beschilderung, ein schmaler Steig beginnt unterhalb der Jagdhütte (Stoamandl). Man folgt diesem abwärts bis zur Forststraße. Bei Unsicherheit kann man auch wieder dem Anstiegsweg über das Rapoldeck ins Tal folgen. (GPX-Tracks!)

▶ teilweise steil abwärts und mündet wieder in eine Forststraße ein, auf der man zur Loibner Wiese weiterwandert. Sich immer Richtung Norden haltend erreicht man schließlich bei einer Kreuzung eine beschilderte Mountainbikeroute. Hier kurz nach links, dann zweigt der Sepp-Larch-Panoramaweg ein letztes Mal ab und fast eben erreicht man wieder die Kreuzung Pöller, wo sich der Kreis schließt. Am schon bekannten Weg geht es zurück hinab nach Weyer.

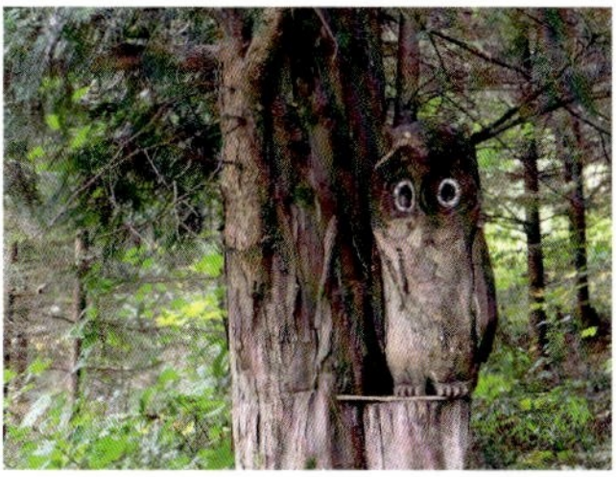

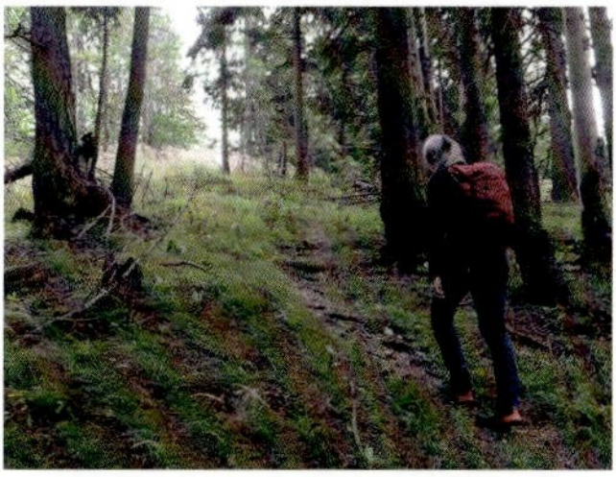

Einkehr

Zur Einkehr nach der Tour empfehlen wir das **Gasthaus Berger** in der Hollensteiner Straße. Ein einladender Gastgarten, eine gemütliche Gaststube, bodenständige Speisen mit hochwertigen Produkten und gepflegte Getränke lassen kaum Wünsche offen. Der Hund des Hauses mit dem sympathischen Namen Alois begrüßt die zahlreichen Stammgäste mit wedelndem Schwanz (binbanberger.at). Wer Lust auf Süßes oder kleine Snacks hat, ist in der **Café-Konditorei-Bäckerei Hohlrieder** am Marktplatz gut aufgehoben (hohlrieder.co.at).

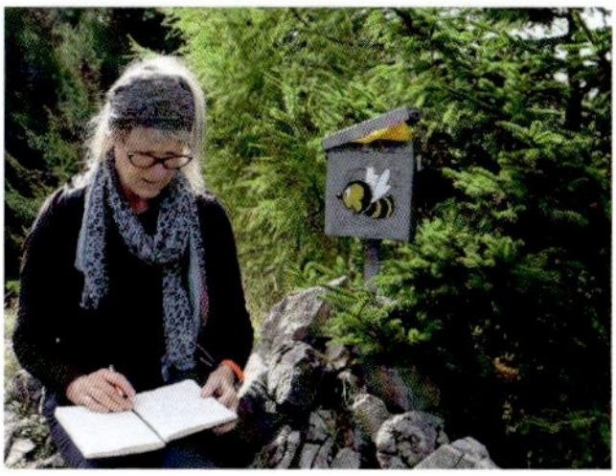

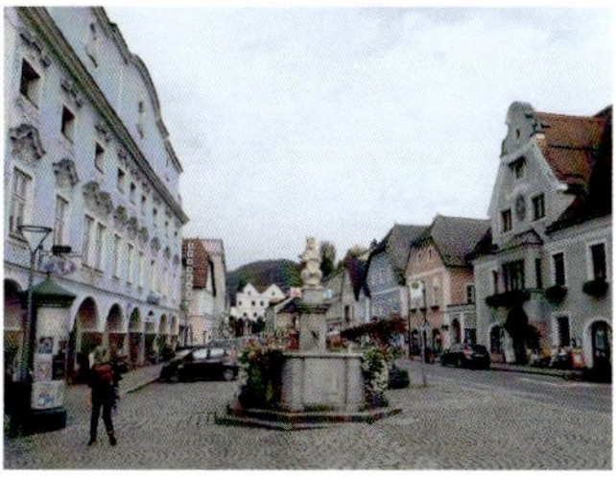

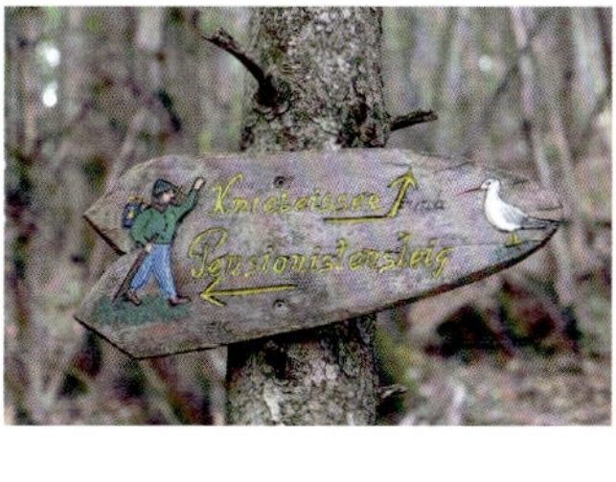

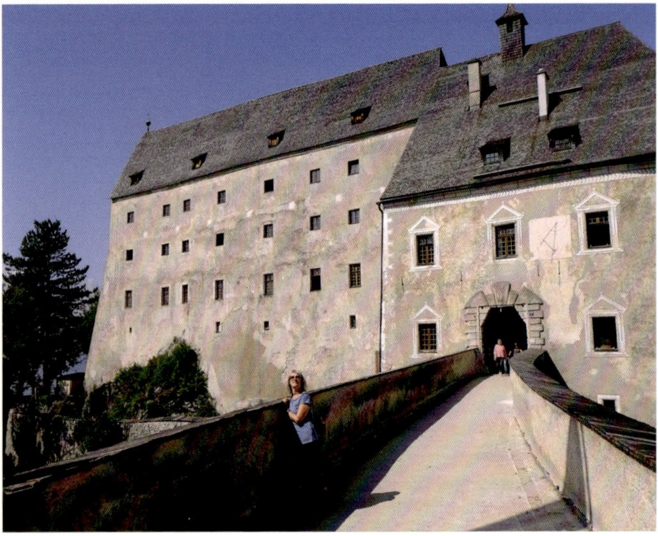

SCHLIERBACH – GRILLENPARZ – MICHELDORF 21

Höhenwege vom Stift zur Burg

Auf aussichtsreichen Höhenwegen führt diese Tour vom Stift Schlierbach zur Burg Altpernstein und hinab nach Micheldorf. Auf dem Weg stößt man auf Kultur, Geschichte und eine reichhaltige Natur.

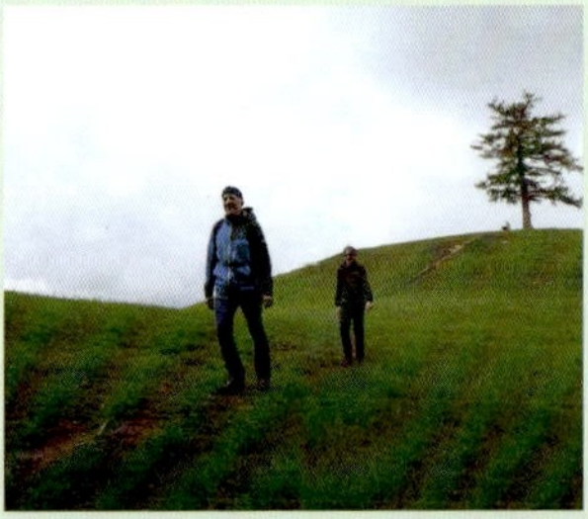

„Wandern mit Genuss“ ist das Motto im Oberen Kremstal und in der gleichnamigen Wanderbroschüre findet man interessante Wandervorschläge rund um dieses Tal. Wir haben uns von Schlierbach aus auf den Weg gemacht, der uns auf geschichtlichen und kulturellen Spuren mit Genuss bis Micheldorf geführt hat. Kultur und Genuss findet man schon am Ausgangspunkt:

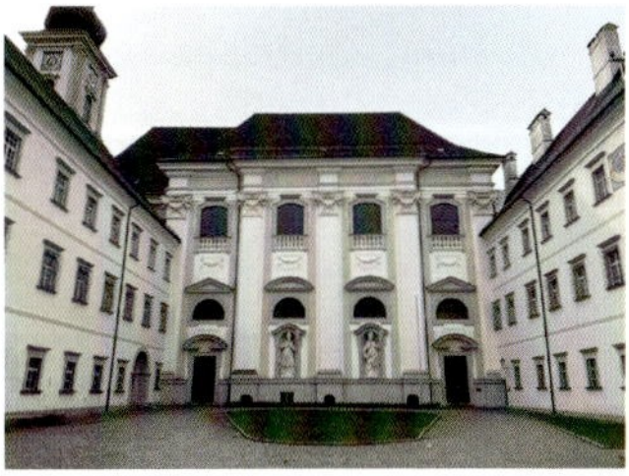

Die Anlage des Stiftes Schlierbach ist ein Hauptwerk des österreichischen Barocks. Schon im 10. Jahrhundert wurde hier eine Burg errichtet. Zisterzienserinnen übernahmen diese um 1355 und ab 1670 wurde der barocke Neubau von den Zisterziensern, die ab 1620 das Kloster neu besiedelten, begonnen. Eine Führung durch Stift und Käserei gibt einen interessanten Einblick, zu empfehlen ist auch ein Besuch im Panoramacafé mit kleinem Verkaufsladen. Von der Käserei aus geht man nun, vorbei an der Kalvarienberg-Kapelle, abwechselnd durch Wiesen und Wald bergauf. Ein aussichtsreicher Rastplatz ist die Schmickinger-Kapelle, bevor man zum letzten Anstieg auf den höchsten Punkt der Tour startet, die Wiesenkuppe des Grillenparz'. Eine einzelne Lärche mit Bank markiert den Gipfel. Der Rundblick über das Kremstal zur nahen Kremsmauer und in die Bergflanken des Sengsengebirges bis hinein ins Tote Gebirge ist eindrucksvoll.

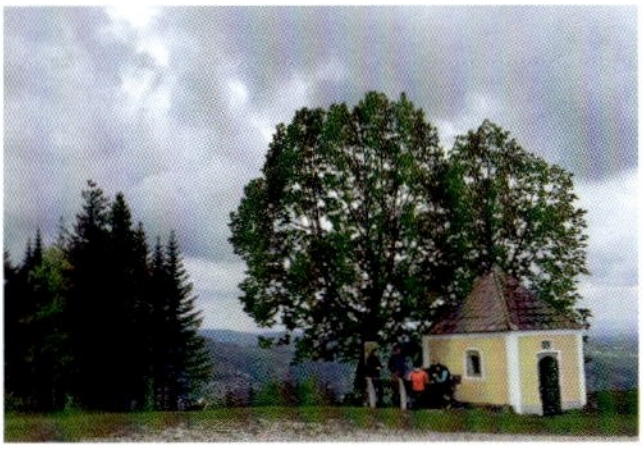

Danach wandert man hinab in die Ortschaft Oberndorf. Nach rechts abwärts zweigt der Rundweg „Dem Käse auf der Spur“ ab. Auf schönen Wegen teilweise im Wald, teilweise am Waldrand geht es bei dieser Runde zurück nach Schlierbach. Wir aber folgen weiter dem Weg Nr. 15, der vorbei am Habingerkreuz zur Jausenstation Ratschen führt und von dort zuletzt durch Wald hinüber zur Burg Altpernstein. Diese großartige Burganlage begeistert immer wieder aufs Neue und Wanderer, Radfahrer und Ausflügler genießen den Blick von der Terrasse und in den historischen Innenhof hinein. Von hier geht es am Weg Nr. 21 zuerst noch die Straße entlang, bald aber nach rechts abzweigend hinab Richtung Micheldorf. Einem Bach folgend erreicht man die ersten Häuser und bald auch das Sensenschmiedemuseum, wo man noch einen Blick zurück in die Geschichte der Region machen kann. Dazu passend ist die abschließende Einkehr im Gasthaus zum Schwarzen Grafen. Von dort erreicht man, den Hammerweg entlang, bald den Bahnhof Micheldorf.

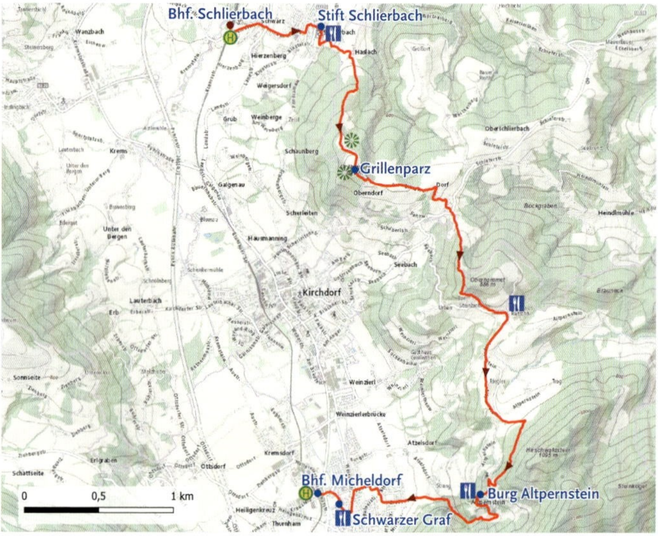

Gehzeit:	4–5 Stunden
Distanz:	15,4 km
Höhenmeter:	750; Bhf. Schlierbach (398 m) – Stift Schlierbach (478 m) – Grillenparz (842 m) – Burg Altpernstein (800 m) – Bhf. Micheldorf (450 m)
Internet:	oberes-kremstal.at, stift-schlierbach.at

Gut zu wissen ...

Ausgangspunkt

Die Anreise erfolgt mit dem Zug zum Bahnhof Schlierbach. Von hier folgt man der Straße hinauf zum Stift, wo die Beschilderung des Weges beginnt. Die Rückreise von Micheldorf erfolgt ebenfalls bequem mit der Bahn.

Charakteristik

Längere Höhenwanderung auf markierten Wegen ohne größere Schwierigkeiten. Kürzere Abschnitte auf Nebenstraßen. Vom Stift weg als Weg Nr. 15 beschildert und markiert. Ab der Burg Altpernstein folgt man dem Weg Nr. 21 hinab ins Ortszentrum von Micheldorf.

Einkehr
Nach dem **Panorama-Café im Stift** erreicht man als erste Station am Weg die Jausenstation **Ratschn**, warme Speisen nur nach vorheriger Anmeldung (Tel. 07582/63691). Die **Burg Taverne** der Burg Altpernstein lockt mit herrlicher Aussichtsterrasse. Zum Abschluss ist eine Einkehr im **Gasthaus zum Schwarzen Grafen** eine gute Wahl, Mo Ruhetag (schwarzergraf.at).

Stift Schlierbach
Die Geschichte des Stiftes reicht bis ins Jahr 1355 zurück. Damals besiedelten die Zisterzienserinnen die Burg von Schlierbach mit dem Auftrag, für das Seelenheil der Gründerfamilie Wallsee zu beten. Nach und nach wurde die Burg zu einem Kloster umgestaltet. Um 1620 kamen dann Zisterzienser aus dem Stift Rein bei Graz und brachten neues Leben in die alten Mauern. Die oberitalienische Künstlerfamilie Carlone unterstützte ab dem 17. Jahrhundert den Orden maßgeblich und so entstand das prachtvolle Ensemble des Stiftes. Sehenswert sind neben der Stiftskirche die Bibliothek, der Bernadisaal sowie die Schlierbacher Madonna. Neben dem Gymnasium und einer Glaserei gibt es auch den Klosterladen, wo man die bekannten Schlierbacher Käsespezialitäten kaufen kann. Zum genussvollen Ausklang nimmt man dann im **Panorama Café Platz** (stift-schlierbach.at).

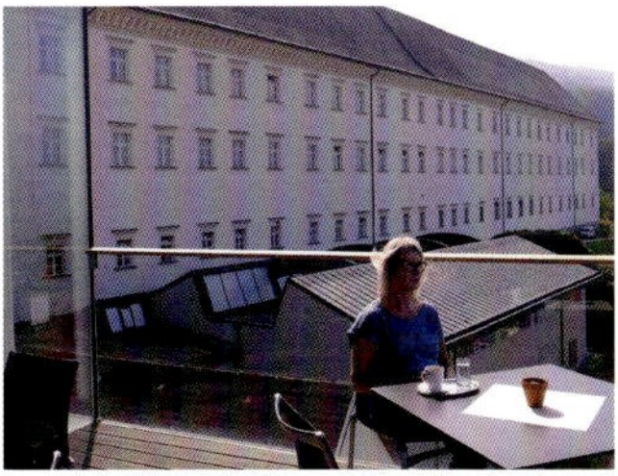

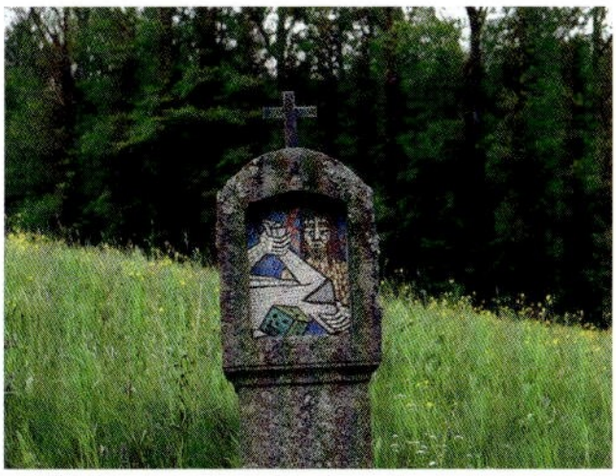

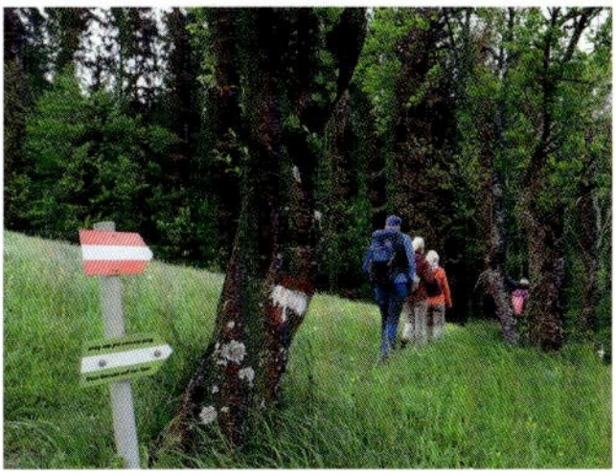

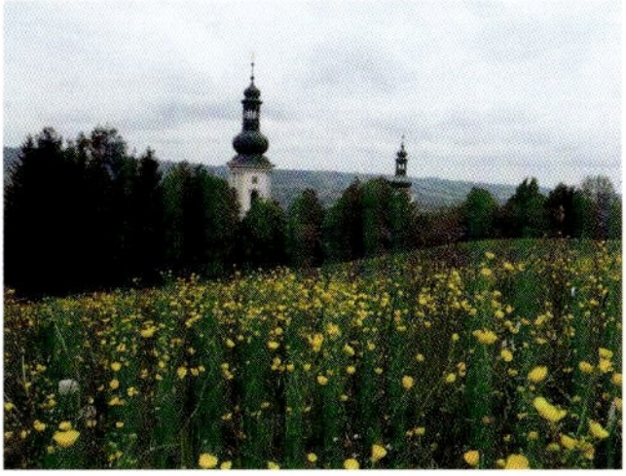

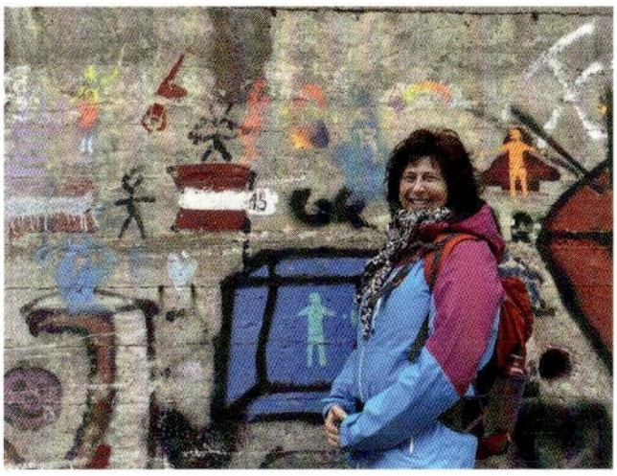

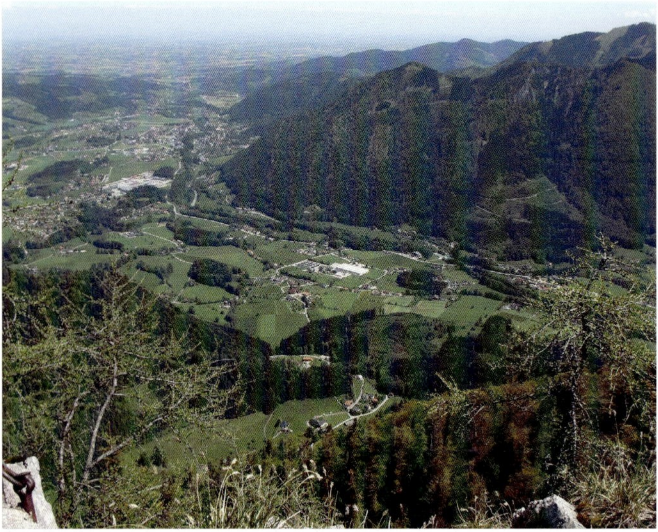

GRÜNAU – ZWILLINGSKOGEL

22

Narzissen in den Bergen

Wenn die Hochlagen noch mit Schnee bedeckt sind, findet man in den Vorbergen lohnende Ziele. Zwischen Almtal und Traunsee dominiert dann schon das frische Grün der Wälder.

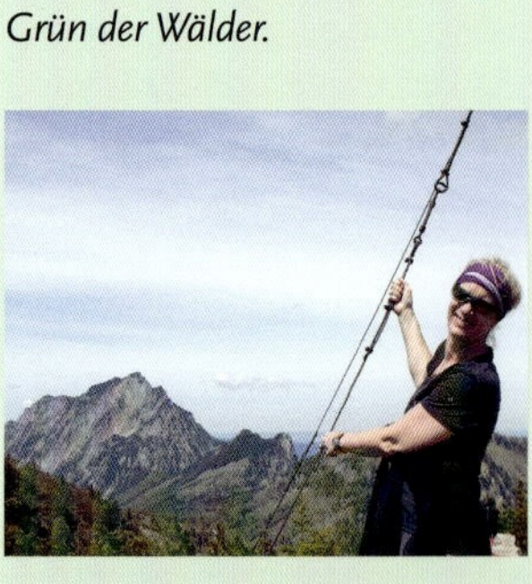

Schon bei der Anreise nach Grünau sticht der Zwillingskogel mit seinem Doppelgipfel ins Auge. Am Bahnhof in Grünau beginnt die Beschilderung. Man wandert das erste Stück die Gleise entlang, biegt dann nach links ab und folgt dem Weg Nr. 419, der vorbei an einem letzten Wiesenfleck in die Bergwälder Richtung Gipfel hinaufführt. Durch schönen Mischwald steigt man höher, bei einer Rast haben wir schon einen ersten Blick ins Tal.

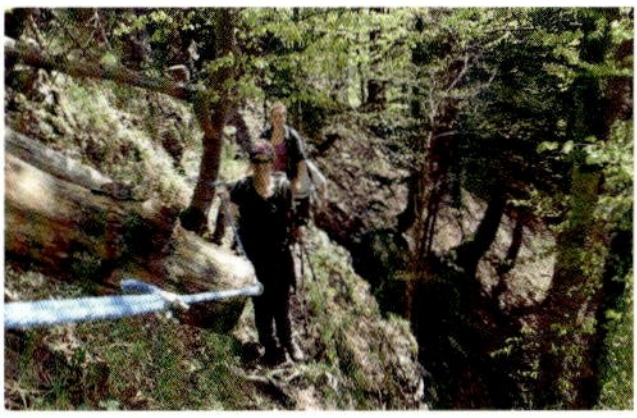

Ein Seil hilft über einige steilere felsige Wegabschnitte hinweg, dann folgt eine Querung mit einem weiteren kurzen Seil und man erreicht den Kamm mit steilen Wiesen- und Felshängen nach Nordosten. Dieser Weg ist mit Wurzeln gespickt und bald hat man den felsigen Gipfelaufbau erreicht.

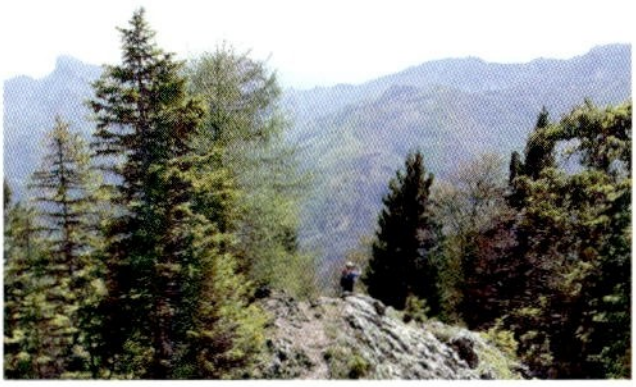

Zunächst quert man noch im Felsgelände unter dem ersten Gipfelfelsen, zuletzt steigt man nach rechts die letzten Meter zum Gipfelkreuz hinauf. Jetzt ist der Ausblick frei in alle Richtungen. Wie auf einer langen Kette aufgefädelt liegen die Gipfel des Toten Gebirges im Süden. Markant im Westen ist der Traunstein. Aber es ist Vorsicht geboten, denn steil brechen die Wände in Richtung Hauergraben ab. Segelflieger nutzen den Aufwind und winken von oben mit den Flügeln zu den Berggehern herab. Am Weiterweg steigt man zunächst in eine Senke ab, dann wieder leicht bergauf und folgt am breiten Kamm dem Weg hinab zum Durchgang. Steil sind die Abbrüche zur tief unten liegenden Forststraße, wo unser Abstiegsweg verläuft. Vom Durchgang, dem Kreuzungspunkt Richtung Traunsee, steigt man noch einige Höhenmeter den Kamm hinauf und erreicht schließlich den Abstieg Richtung Hauergraben. Der gut angelegte Weg kann bei Nässe etwas unangenehm werden. Ab der Forststraße wandert man entspannt durch den Hauergraben talauswärts. Wenn man während der Narzissenblüte unterwegs ist, liegt eine große Wiese voll mit leuchtenden weißen Blüten am Weg.

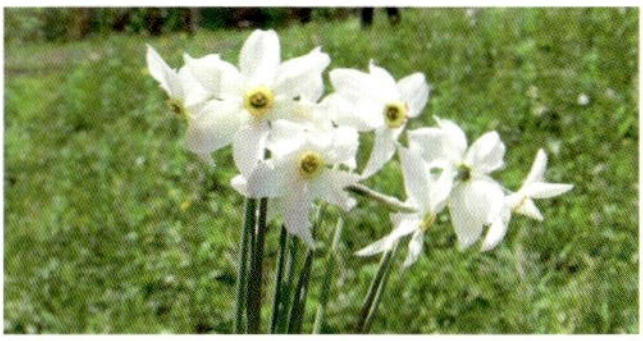

„Schützt die Narzisse!" wird auf einer etwas in die Jahre gekommenen Tafel appelliert, ein kleiner Strauß darf aber gepflückt werden. Die Forststraße geht über in einen asphaltierten Güterweg und man erreicht die ersten Häuser. Auf 580 Meter Seehöhe bei einem Haus am Waldrand erreicht man eine Wegteilung. Rechts geht es durch den Wald hinab in die Ortschaft Almegg und entlang der Straße ▶

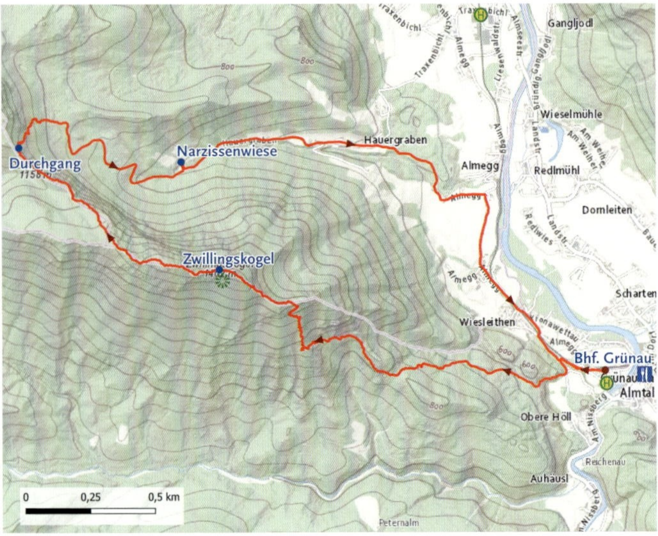

Gehzeit: 5–6 Stunden
Distanz: 14,5 km
Höhenmeter: 980; Grünau (528 m) – Zwillingskogel (1402 m) – Durchgang/ Abzw. Mairalm (1158 m) – Abzw. Grünau/Hauergraben (1185 m)
Internet: gruenau-almtal.at, traunsee.at

Gut zu wissen ...

Ausgangspunkt

Bequem mit dem Zug zum Bahnhof in Grünau. Beim Abstieg kann man für die Rückfahrt auch die Bahnstation Traxenbichl ansteuern.

Charakteristik

Nicht allzu schwierige Bergwanderung auf bestens markierten Steigen (Nr. 419 und 411). Im oberen Teil des Anstiegs kurze steilere Abschnitte, zwei Passagen mit Seilsicherungen. Trockene Wege und gute Profilsohlen erhöhen den Genuss. Alternative: Abstieg in Richtung Traunsee über die Mairalm und am Miesweg entlang des Sees zum GH Hois’n.

▶ zurück zum Ausgangspunkt. Wer der Asphaltstraße weiter folgt, kommt hinab zu einer Querstraße und nach links zur Bahnstation Traxenbichl.

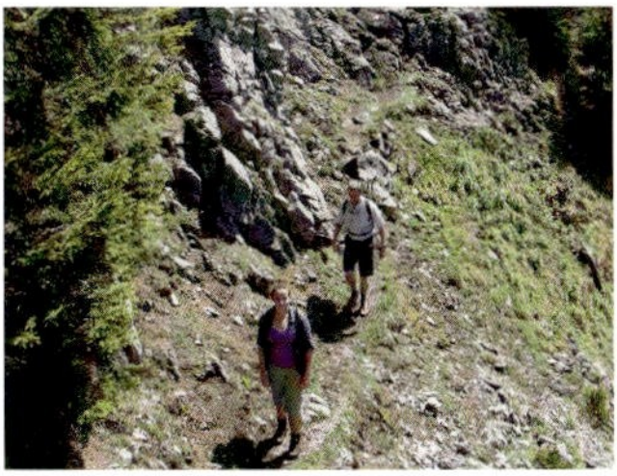

Einkehr
Mehrere gute Gasthäuser in Grünau. Wir waren immer sehr zufrieden mit der Bewirtung bei den **Almwirtinnen.** Vom Bahnhof Grünau erreicht man nach dem Parkplatz auf einem Steg über die Alm direkt den Gastgarten des Lokals (almwirtinnen.at).

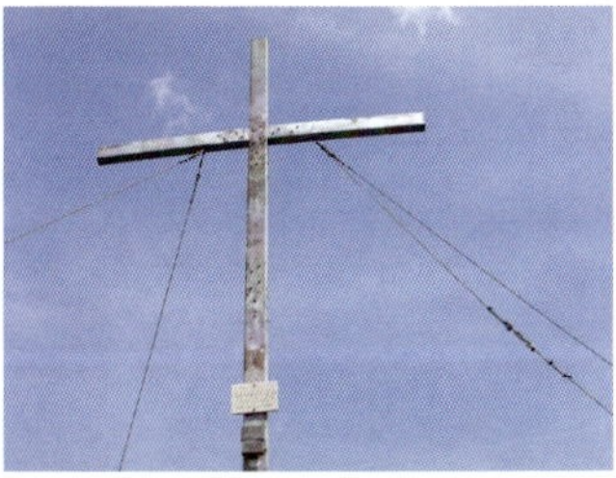

Originelle Markierungen
Die Wegmarkierungen auf den Zwillingskogel und auch auf andere Gipfel rund um Grünau und Scharnstein möchten wir hier besonders erwähnen. Mit Zusatzinfos zu Gehzeiten und Abzweigungen und auch motivierenden Zurufen wie „Nur mehr 20 Minuten“ haben die Wegwarte des Alpenvereins Wels hier beste Arbeit geleistet.

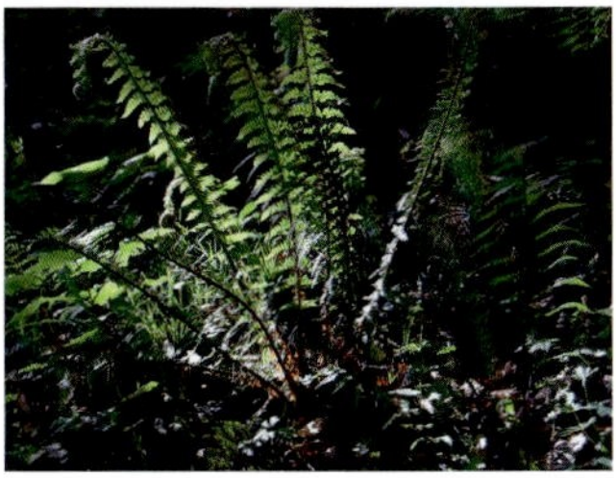

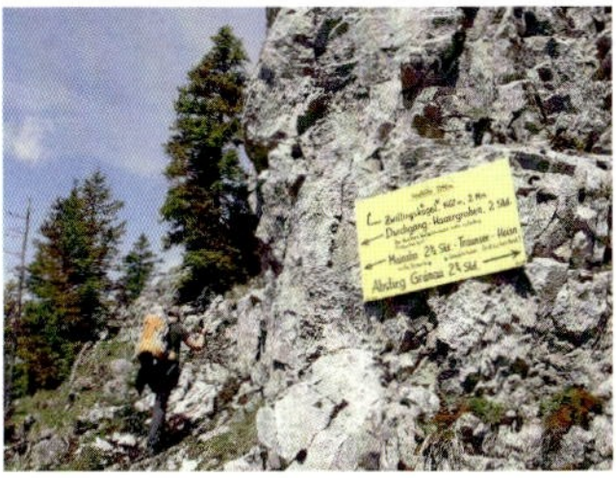

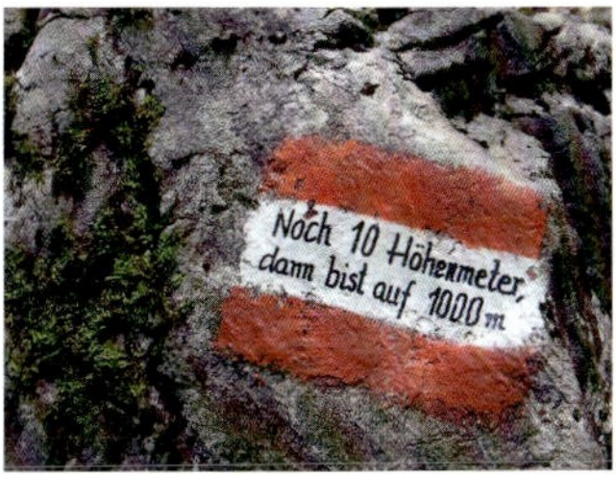

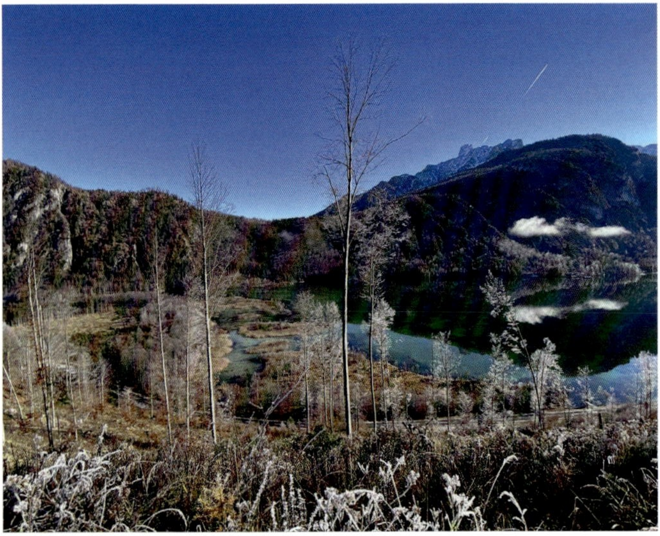

GRÜNAU – ALMSEE – AMEISSTEIN

23

Vom Winterbeginn zum Frühlingserwachen

Zu jeder Jahreszeit begeistert der Blick vom Almsee hinauf zu den Felsgipfeln des Toten Gebirges. Von November bis April kehrt Ruhe ein rund um den See. Dies fühlt sich an wie meditative Entschleunigung.

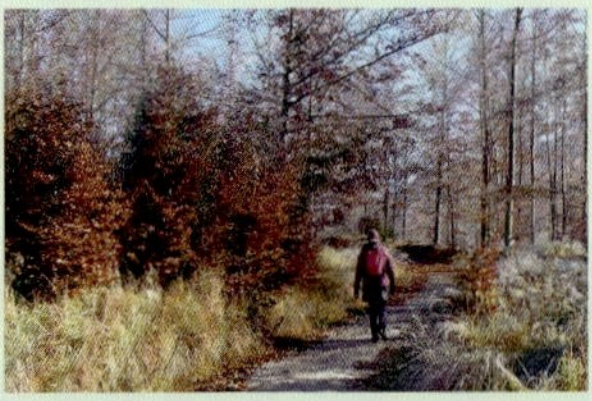

„Am Ursprung aller Sinne" ist das Motto des 52 Kilometer langen Almuferweges, der von Bad Wimsbach-Neydharting zum Almsee führt. Wir haben an einem schönen Märztag den letzten Teil von Grünau zum Almsee erwandert. Erste Frühlingsblüten begleiteten uns und wir erinnern uns an Ende November, da bewunderten wir Eiskristalle auf Bäumen und Gräsern bei einer Runde vom Almsee über den Ameisberg. Jede Jahreszeit hat ihren Reiz, in den Wintermonaten ist das die Stille rund um den See.

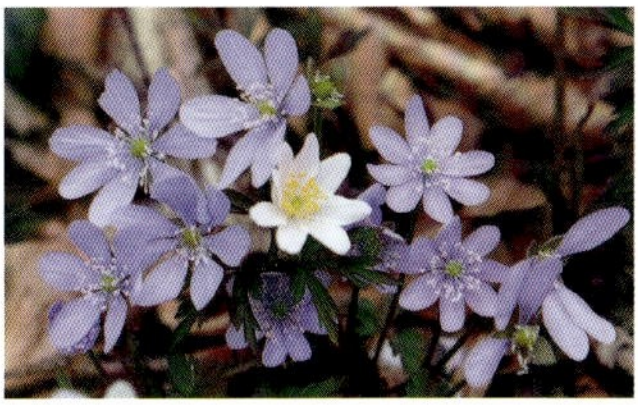

Von Grünau zum Almsee

Es ist der letzte Abschnitt des Almuferweges, der in Grünau beginnt und beim Seehaus am Almsee endet. Die Alm gibt die Richtung vor und einmal hoch über dem Fluss, dann wieder am Ufer entlang folgt man dem schönen, meist gekiesten Weg zunächst bis zum Cumberland Wildpark. Unterwegs findet man immer wieder große Fragezeichen aus Holz mit „Wussten Sie, dass ..."-Fragen, auf denen Interessantes zur Region erklärt wird. Auf einem Stein ist dem Verhaltensforscher Konrad Lorenz ein Denkmal für seine Erforschung der Graugänse gewidmet. Durch die Längenau schlängelt sich der Weg durch Buschwald weiter. Die Almwellenliege „Ferstlingblick" verleitet dazu, bei einer gemütlichen Rast im Liegen die Gipfel des Toten Gebirges zu bewundern.

In der Habernau, vorbei am Jagersimmerl, überquert man dann die Alm und erreicht auf Waldwegen in Schwarzenbrunn den Almsee. Weiter am Ufer entlang schlängelt sich der Steig, Rastbänke laden zu beschaulichen Pausen ein und durch das Feuchtgebiet am Seeanfang erreicht man schließlich das Seehaus.

Vom Almsee auf den Ameisstein

Vom Parkplatz beim Seehaus folgt man der Straße bis zum Deutschen Haus. Hier zeigen Wegweiser den Weg in Richtung Offensee an. Es geht aufwärts, bis man wieder flacheres Waldgelände bei einem Schlag erreicht. Hier zweigt ein gut erkennbarer Steig nach rechts ab.

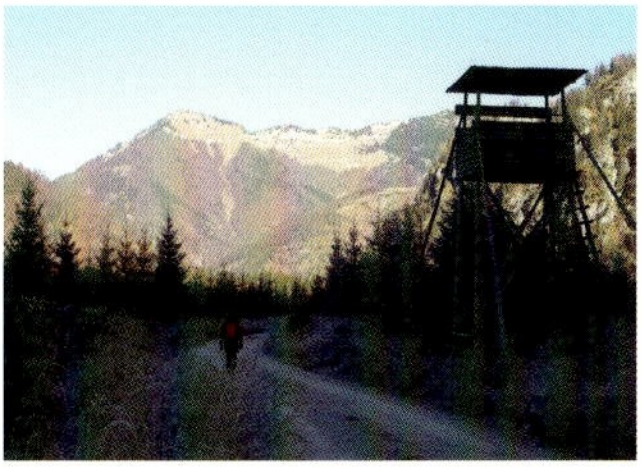

Man kann aber auch noch dem Weg bis zu einer Forststraße, in die der Steig auch einmündet, folgen. Hier verlässt man den markierten Wanderweg. Erst weiter auf der Forststraße zweigt man dann nach rechts zum letzten Anstieg hinauf zum Ameisstein ab. Schön sind erste Blicke hinab zum See, ehe man über einige Serpentinen das kleine Gipfelplateau mit dem Gipfelkreuz erreicht. Retour geht es wieder hinab bis zur Forststraße, der man bis zur nächsten Abzweigung zurück folgt. Sich rechts haltend geht es dann bergab und immer der Straße vom Talgrund ▶

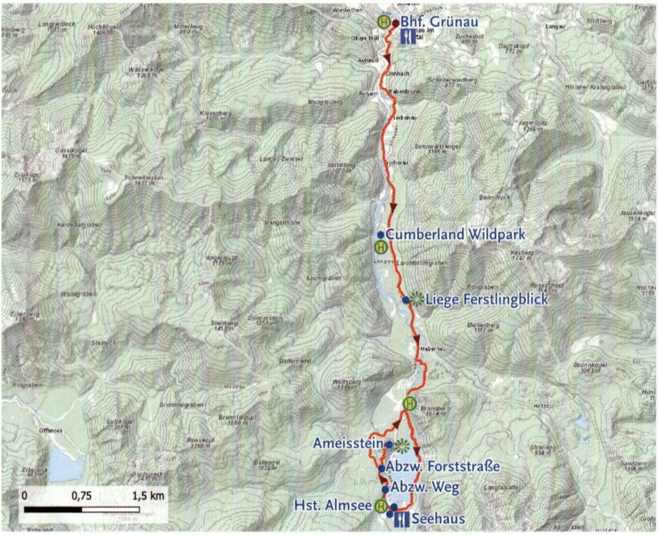

GRÜNAU – ALMSEE

Gehzeit: 4 Stunden
Distanz: 15 km
Höhenmeter: 200; Grünau (528 m) – Almsee (589 m)

ALMSEE – AMEISSTEIN

Gehzeit: 2–3 Stunden
Distanz: 9 km
Höhenmeter: 250; Almsee (589 m) – Ameisstein (776 m)
Internet: genuss-am-almfluss.at

Gut zu wissen ...

Ausgangspunkt

Grünau ist mit der Bahn und auch mit öffentlichen Bussen bestens erschlossen (Grünau im Almtal Bhf.). Auch zum Almsee und zurück zum Bahnhof gibt es gute Busverbindungen (Almsee GH Seehaus bzw. Almtal Schwarzenbrunn).

Charakteristik

Entspannte Wanderung auf breiten Wegen zwischen Grünau und dem Almsee, mit „Genuss am Almfluss“ beschildert. Keine Schilder auf den Ameisstein, aber leicht zu finden. Der letzte Anstieg zum Ameisstein ist etwas steiler.

▶ folgend erreicht man die Almseestraße und bald darauf Schwarzenbrunn am Ende des Almsees. Ab hier geht es idyllisch am See entlang zurück zum Ausgangspunkt.

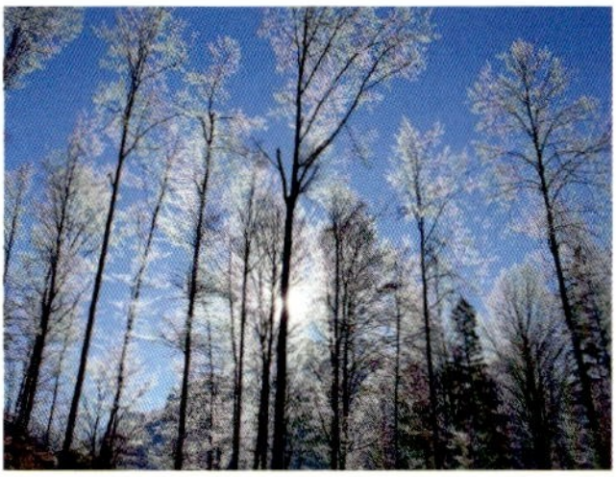

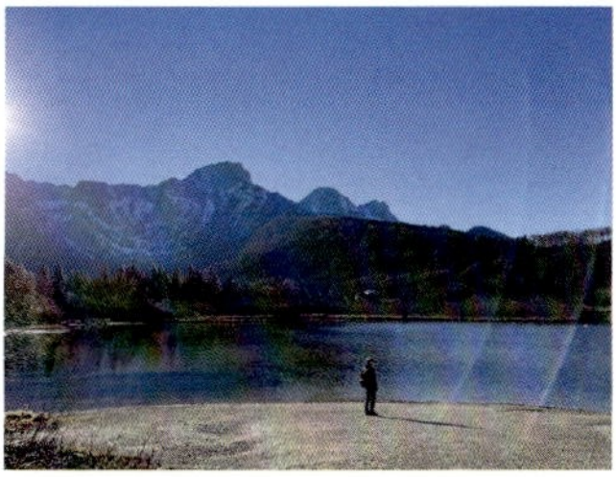

Einkehr

Am Almsee findet man am Ende der Wege mit dem **Seehaus** eine gute Einkehrstation mit Gastgarten. Geöffnet von Mitte April bis November (gasthof-seehaus.at). Immer wieder gerne kehren wir bei den **Almwirtinnen** in Grünau ein. Gemütlich und innovativ präsentiert sich das Lokal mit einem kleinen Gastgarten direkt an der Alm, das vom Parkplatz am Bahnhof Grünau über einen Steg erreichbar ist (almwirtinnen.at).

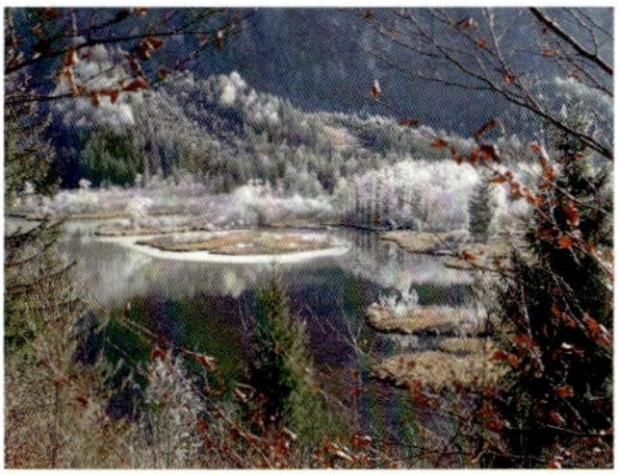

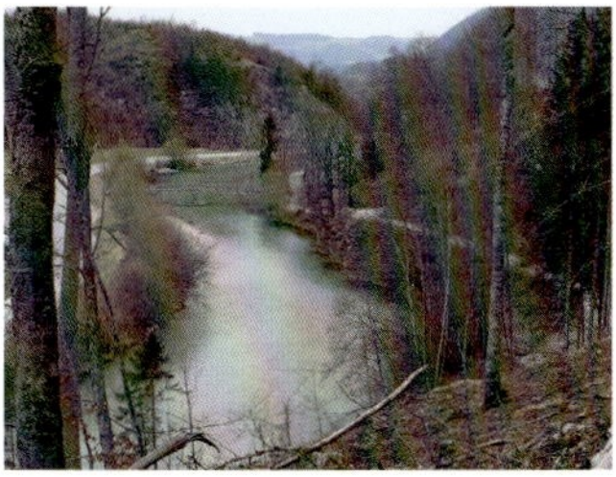

Genuss am Almfluss

Vom Almspitz, der Mündung der Alm in die Traun, bis zum Echoplatzerl am Almsee sind bei diesem Weitwanderweg insgesamt 52 Kilometer zu erwandern. Der Weg ist in 5 Etappen eingeteilt, kann aber je nach Lust und Kondition auch in 2 bis 3 Tagen absolviert werden. Die Attraktionen entlang des Weges sind zahlreich: Almspitz, Natura-2000-Gebiet der Laudachmündung, Brauerei im Schloss Eggenberg, Schaukraftwerk Kronawetter, Kneippanlage, Tiefseilgarten am Aktivrastplatz Scharnstein, Museum Geyerhammer, Cumberland Wildpark und last, but not least, der großartige Blick hinauf ins Tote Gebirge am Almsee. Weitere interessante Plätze wollen ebenfalls entdeckt werden (traunsee-almtal.salzkammergut.at).

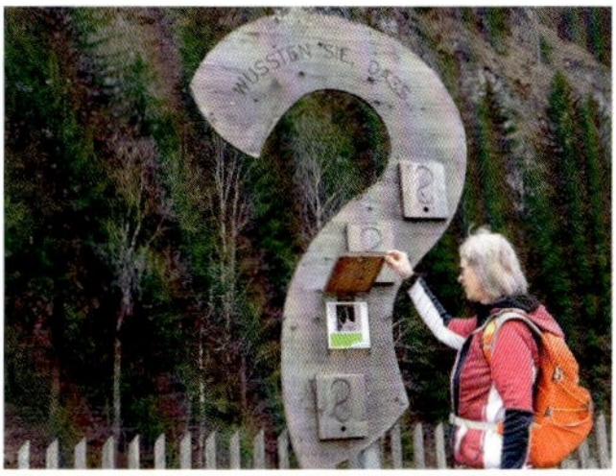

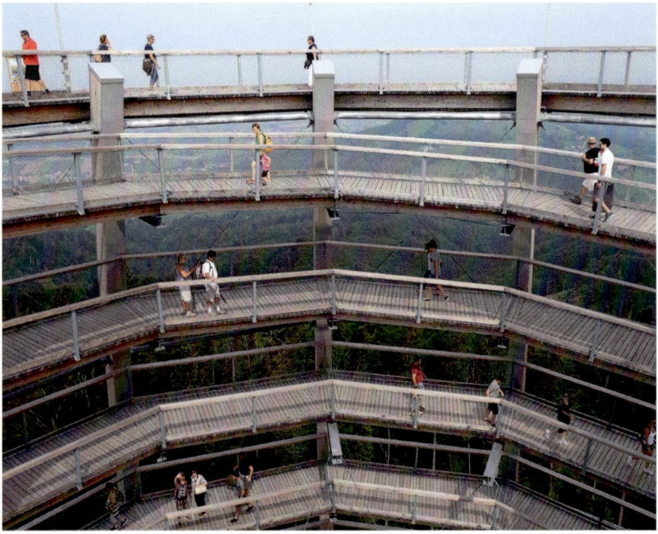

GMUNDEN – GRÜNBERG – RADMOOS – HOIS'N 24

Über den Grünberg zum Traunsee

Ob mit der Seilbahn oder zu Fuß hinauf, am Grünberg warten der Baumwipfelpfad mit dem Aussichtsturm, die Sommerrodelbahn, eine gute Einkehrstation und eine traumhafte Aussicht.

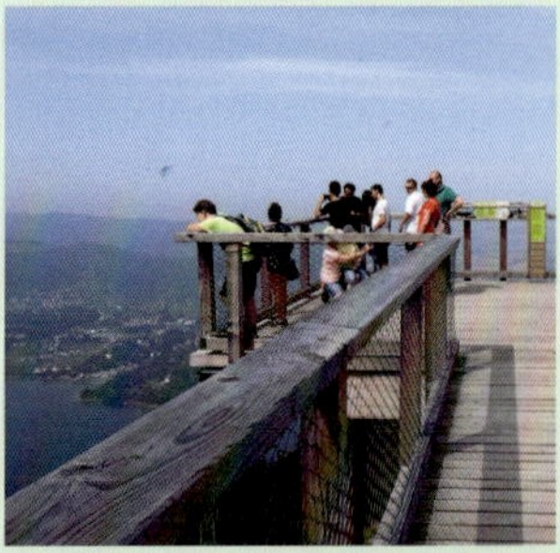

Zugkräftig sind die Attraktionen, die entsprechend viele Besucher auf den Hausberg der Gmundner locken. Wer es kräfteschonend angehen will, der schwebt mit der modernisierten Seilbahn auf den Berg. Wer sich hingegen langsam und beschaulich annähern will, der steigt mit eigener Muskelkraft auf einem der Wege hinauf. Oben angekommen wird man an schönen Wochenenden nicht alleine sein. Aber sowohl hoch oben in den Baumwipfeln als auch im Gasthaus Grünbergalm läuft alles bestens organisiert ab. Wir sind am Ortnersteig und weiter oben am Traunmüllersteig aufgestiegen und haben für den Abstieg den Weg hinab zum Hois'nwirt gewählt.

Vom Parkplatz der Grünbergseilbahn folgt man der Beschilderung über den Ackerweg zunächst durch Siedlungen.

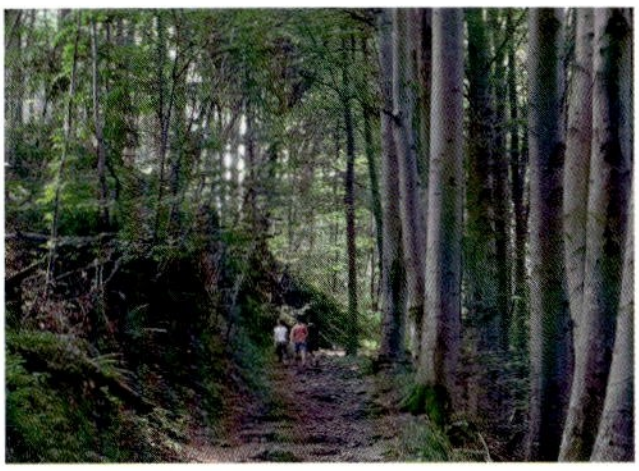

Bald geht es hinein in schattige Buchenwälder und auf einem breiten Wurzelweg kommt man hinauf zum Mitterweg. Man kann von hier geradeaus weiter am Ortnersteig aufsteigen. Wir sind nach rechts ein Stück dem Mitterweg gefolgt, bis links der Traunmüllersteig zum Grünberg abzweigt. Schön führt dieser in einigen Serpentinen höher und unter einem der Stege des Baumwipfelpfades erreicht man den Gipfel mit der Grünbergalm.

Direkt daneben liegt auch die Bergstation der Seilbahn mit dem Grünberg-Flitzer, einer Sommerrodelbahn, sowie der Aussichtsturm des Baumwipfelpfades. Nach der Einkehr, einem Blick auf Gmunden und nachdem wir uns über die breiten Wendelwege auf den Turm hinaufgeschraubt und über die 1000-Meter-Marke erhoben haben, folgen wir dem Weg hinab Richtung Kreuzung im Radmoos. Ein kleiner netter Umweg führt hinauf zum Hochgschirr, einem kleinen Gipfel mit schönen Ausblicken ins Alpenvorland.

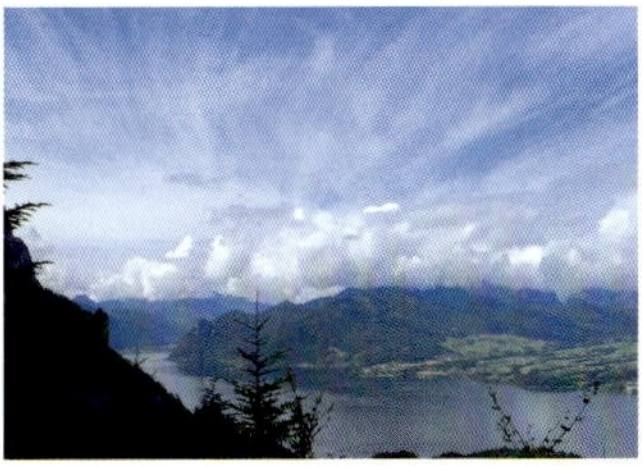

Vom Radmoos folgt man dann den Wegweisern hinab bis zur Schiffstation Hois'n. Im unteren Abschnitt quert man das Hangrutschgelände des Gschliefgrabens, das durch aufwändige Entwässerungsarbeiten stabilisiert werden konnte und schon wieder mit üppigen Sträuchern begrünt ist. Von hier ist es nicht mehr weit bis zum See mit der Schiffsanlegestelle, die direkt vor dem Gasthaus Hois'n liegt. Für den Weg zurück zum Ausgangspunkt haben wir das Schiff gewählt und genießen an Bord noch einmal den Blick über den See und zu den Gipfeln, die gegen Süden hin wie in Scherenschnitten fast unwirklich ineinanderfließen. Man kann sich wohl nie sattsehen an dieser einzigartigen Szenerie!

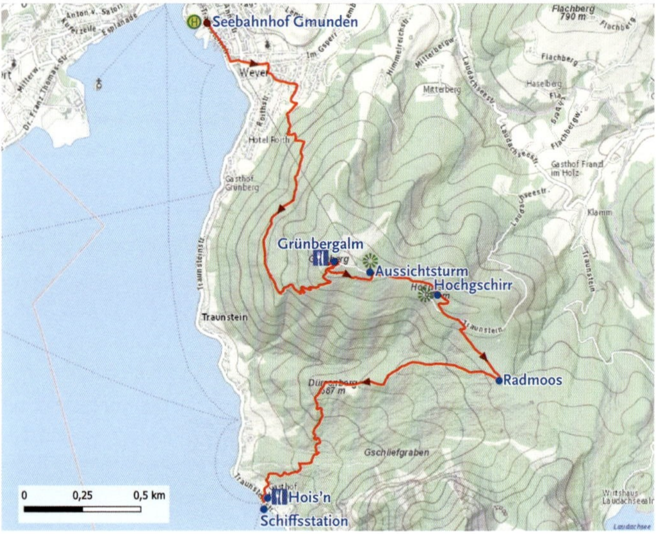

Gehzeit:	3 Stunden, für den Baumwipfelpfad zusätzlich mindestens 1 Stunde
Distanz:	10,9 km
Höhenmeter:	600; Parkplatz Grünbergseilbahn (443 m) – Grünberg (984 m) – Aussichtsturm (1004 m) – Hochgschirr (981 m) – Abzw. Radmoos (860 m) – Hois’nwirt (440 m)
Internet:	traunsee.at, gruenberg.info, traunseeschifffahrt.at

Gut zu wissen ...

Ausgangspunkt

Mit der Bahn zum Bahnhof Gmunden, weiter mit der Traunsee-Tram zur Hst. Gmunden/Seebahnhof. Von dort zum Parkplatz der Grünbergseilbahn, wo die Wegbeschilderung beginnt. Zurück vom Hois’n mit Schiff (traunseeschifffahrt.at), Wanderbus (Sa, So, Feiertage; Tel 0699 7183507) oder Traunsee-Taxi.

Charakteristik

Leichte Wanderung auf beschilderten Wegen, bei der man von der Stadt erstaunlich schnell in ruhige Waldzonen eintaucht. Es gibt einige Varianten für den Aufstieg. Wer sich den ganzen Tag Zeit nimmt, kann aus dem Radmoos auch noch den lohnenden Abstecher zum Laudachsee machen.

Salzkammergut-Shuttle-Service/ Traunsee-Taxi

„Anrufen, Einsteigen, Losfahren!" Das ist das Motto des Salzkammergut-Shuttle-Services, der täglich in der Traunseeregion Ausflugsziele und Startpunkte zu Berg- und Wandertouren anfährt. Umweltfreundlich und zu fairen Preisen von 7 bis 22 Uhr. Anmeldung eine Stunde vor Fahrtantritt notwendig (salzkammergutshuttle.at, O-Taxi-App, Tel. 050422422).

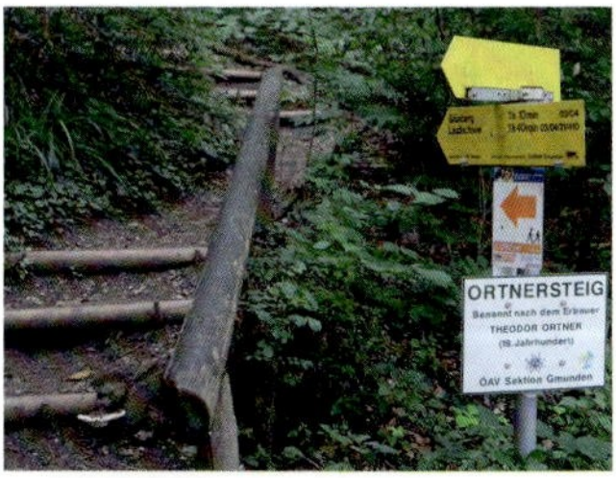

Einkehr

Die **Grünbergalm** bietet eine große Terrasse, auf der man mit regionalen Spezialitäten verwöhnt wird (gruenbergalm.at). Das Ende der Tour lässt man idealerweise auf der Seeblickterrasse beim **Hois'nwirt** ausklingen (hoisnwirt.at).

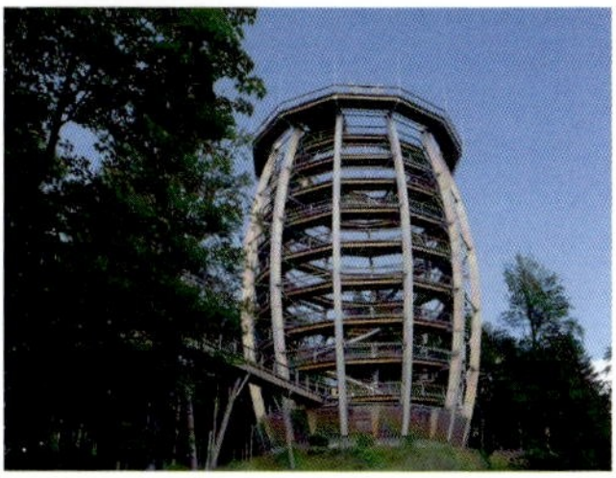

Baumwipfelpfad Salzkammergut

Atemberaubende Blicke in alle Richtungen hat man vom 39 Meter hohen Turm des Baumwipfelpfades am Gipfel des Grünbergs. Der Turm ist der Höhepunkt des Weges, der sich über und neben den Wipfeln der Bäume in bis zu 21 Metern Höhe vorbei an Informations- und Erlebnisstationen entlangschlängelt. Eine Stunde sollte man für den Rundgang einplanen (treetop-walks.com/salzkammergut).

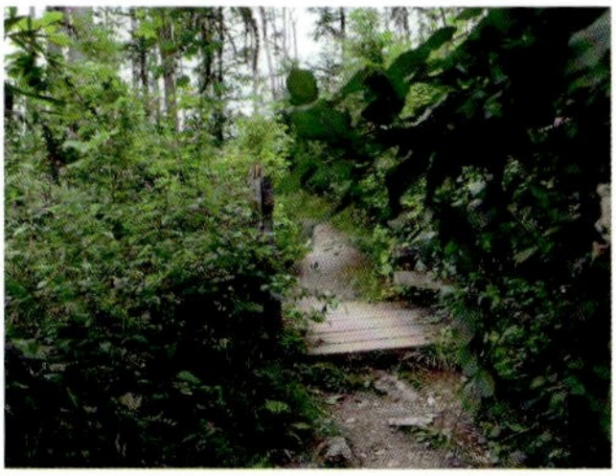

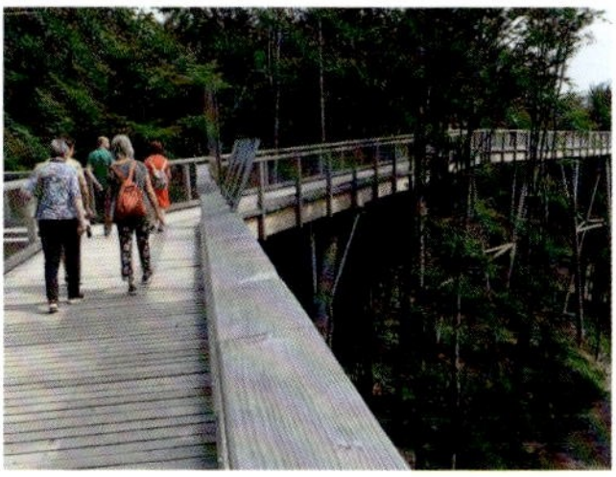

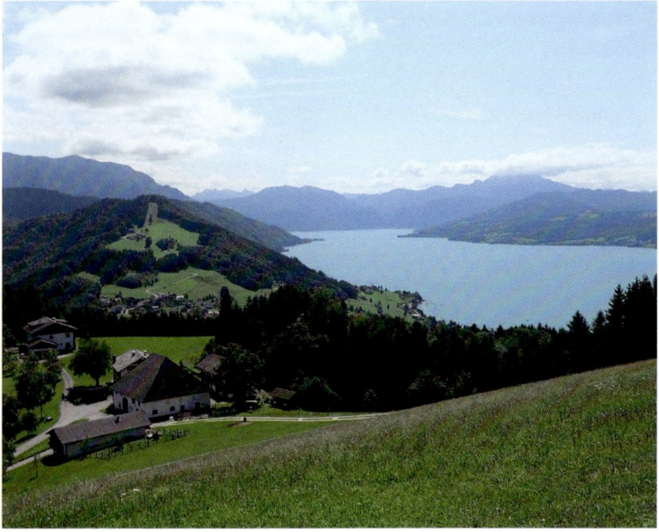

ALTMÜNSTER – JOSEFWEG

25

„Aufbrechen, um bei mir anzukommen“

Unterwegs sein auf Pilgerwegen – das bedeutet: aus dem Alltag ausbrechen, sich auf das Wesentliche besinnen und im Gehen zur inneren Ruhe kommen. Wir waren am Josefweg unterwegs.

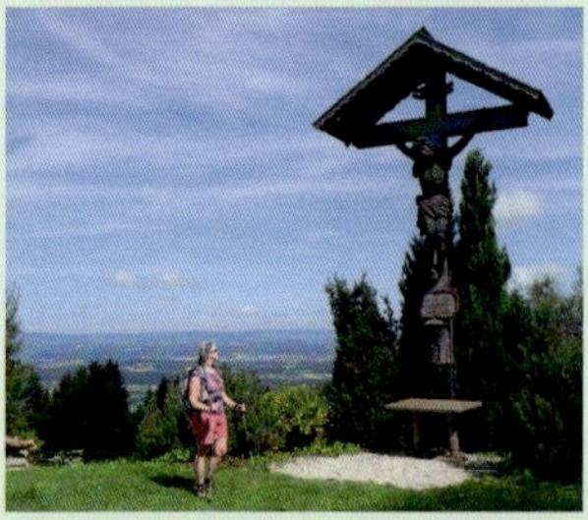

Eine interessante Entstehungsgeschichte führte zur Eröffnung dieses Pilgerweges am 19. März 2017, dem Josefitag. Maria Heitzinger aus Altmünster kam bei ihrer Projektarbeit zur Pilgerbegleiterin auf die Idee, als Andenken an ihren früh verstorbenen Ehemann Josef diesen Weg zu initiieren. Es gab noch keinen Josefweg, aber in fast jeder Kirche findet man einen Josef-Altar. Dieser dreitägige Rundweg führt durch den Naturpark Attersee-Traunsee von Altmünster am Traunsee nach Weyregg am Attersee und über Neukirchen wieder zurück nach Altmünster. Acht spirituelle Impulse und Fragen zum Leben regen entlang der Strecke zum Innehalten an. Zahlreich sind auch Kirchen und Kapellen am Weg. Von schönen Aussichtspunkten hat man herrliche Blicke zu den umliegenden Berggipfeln und über die waldreiche Landschaft.

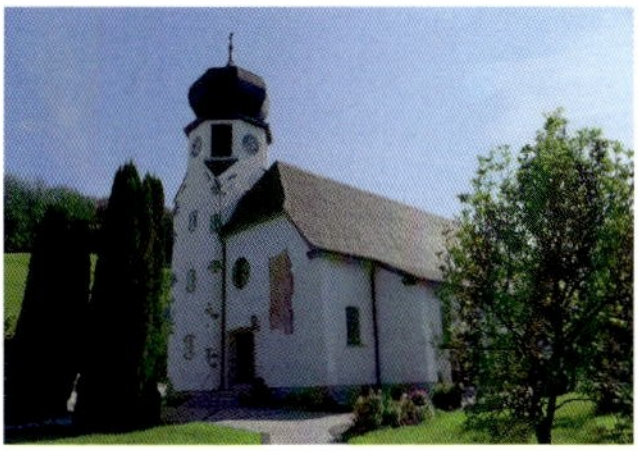

Der Josefweg startet in Altmünster, wo in der Pfarrkirche am Seitenaltar ein Bild des Hl. Josef zu sehen ist. Entlang des wildromantischen Stücklbaches folgt man dem Weg hinauf auf den Grasberg. Man steigt in die Reindlmühl ab und erreicht die dem Hl. Josef geweihte Kirche. Von dort geht es bald hinein in das Wessenaurachtal. In einer Linkskurve beginnt der Anstieg in ziemlich direkter Wegführung hinauf zum breiten Rücken des Hongar mit dem Gasthaus Schwarz nahe dem großen Hongarkreuz.

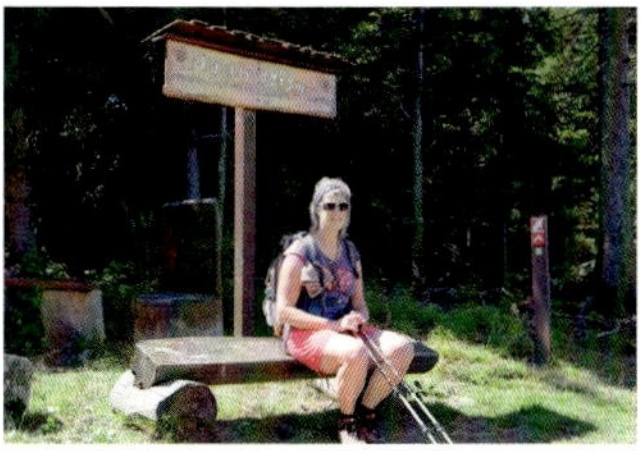

Weiter folgt man dem Kammweg und erreicht durch Wald den Alpenberg mit Kreuz und Rastbänken. Sanft bergab mit schönen Blicken ins Höllengebirge steuert man die Abzweigung zur Kreuzingalm an. Geradeaus führt der Weg weiter und auf einen Wiesenrücken hinauf, ehe man aus dem Wald hinaus die mit Lärchenholzschindeln gedeckte Gahberg-Kapelle erreicht. Es gibt jährlich mehrere Wallfahrten zur herrlich gelegenen Kapelle. Weiter geht es an der Sternwarte vorbei noch die Straße entlang. Nach einem kurzen Waldstück verlässt man diese, geht geradeaus und folgt den Schildern Weyregg-Brandsteig. Es geht bergab mit schönen Blicken zum Attersee. Durch die Ortschaft Brand und auf einem steileren Waldweg erreicht man schließlich Weyregg mit dem Gasthaus Landeroith direkt am See. Über die Jubiläumsallee und den Wasserroasweg geht es weiter zum Gasthof Bramosen in der Alexenau. Bald geht es wieder bergauf, zuerst auf einem Weg, der aber bald unter dem Waldrücken des Bramosen in eine Forststraße mündet. Meditatives Gehen ist angesagt, das passt gut zu einem Pilgerweg, aber es zieht sich … ▶

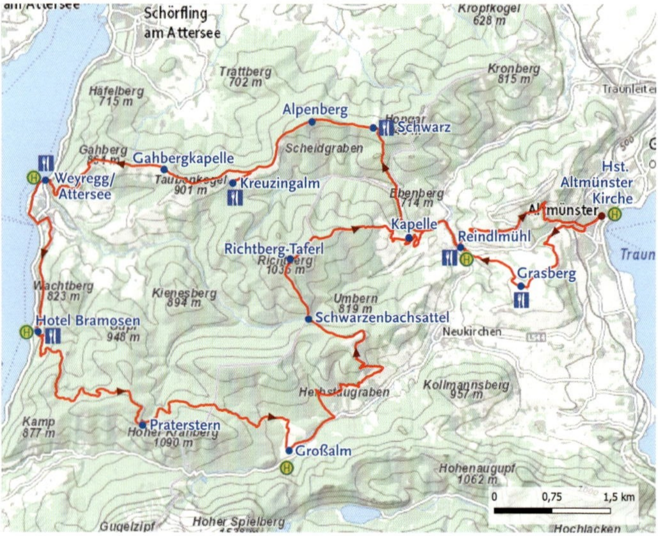

Gehzeit: 18–20 Stunden in 3 Tagen (Altmünster – Weyregg – Großalm/ Neukirchen – Altmünster)

Distanz: 65 km

Höhenmeter: 2800; 1. Tag: Altmünster (442 m) – Grasberg (733 m) – Reindlmühl (528 m) – Alpenberg (973 m) – Weyregg/Attersee (482 m). 2. Tag: Weyregg – Praterstern (907 m) – Großalm (645 m) oder Neukirchen (566 m). 3. Tag: Großalm – Richtberg (1036 m) – Reindlmühl (528 m) – Abzw. Gmundnerberg (720 m) – Altmünster)

Internet: josefweg-salzkammergut.at, attersee-attergau.at, pilgerwege.at

Gut zu wissen ...

Ausgangspunkt

Altmünster erreicht man bequem mit Bahn oder Bus. Für Teilstrecken in der Traunseeregion nutzt man am besten den Salzkammergut-Shuttle-Service/ das Traunsee-Taxi. Anmeldung eine Stunde vor Fahrtantritt notwendig (salzkammergutshuttle.at, O-Taxi-App, Tel. 050422422).

Charakteristik

Der Streckenverlauf folgt markierten Wanderwegen, Forststraßen und Nebenstraßen. Zur Orientierung findet man zahlreiche Schilder oder Aufkleber mit dem Josefweg-Logo. Es gibt keine technischen Schwierigkeiten, aber etwas Ausdauer ist schon notwendig.

▶ Man passiert die Kreuzung Praterstern und weiter auf Forststraßen kommt man zur Großalm oder folgt dem Weg bis Neukirchen. Die letzte Etappe beginnt mit einer Forststraße, in die man von der Ortschaft Peißing her einbiegt. Zuerst fast eben, dann ansteigend und zuletzt auf einem Waldweg kommt man zum Parkplatz beim ehemaligen Wildpark Hochkreut. Geradeaus führt der Weg an den hier beginnenden Kreuzweg-Stationen vorbei, zunächst hinab zum Schwarzenbachsattel und von dort hinauf zur Richtberg-Taferl-Kapelle. Der Abstieg führt entlang des zweiten Kreuzweges durch den Wald hinab zur Spalmoos-Kapelle. Auf der Straße geht es dann mit einem Abstecher zur Rumpling-Kapelle hinab ins Tal. Bald darauf ist man wieder in der Reindlmühl angelangt. Mit einem Anstieg beginnt der letzte Abschnitt, der hinaufführt in Richtung Gmundner-berg. Noch bevor die Hügelkuppe erreicht wird, finalisiert man am Weg Nr. 8 nach Altmünster die Pilgerwanderung am Josefweg.

Einkehr und Übernachtung

Die ersten Gasthöfe findet man mit dem **Reschenwirt** (reschenwirt.at) am Grasberg und mit dem **Kirchenwirt** in der Reindlmühl. Es folgen der **Almgasthof Schwarz** am Hongar (hongar.at) und am weiteren Weg etwas abseits die **Kreuzing-Alm.** In Weyregg gibt es neben dem Gasthof **Landeroith** (landeroith.at) auch das Hotel **Bramosen** (hotel-bramosen.at) für die erste Übernachtung. Der ehemalige Gasthof **Großalm** (grossalm.at) eignet sich als Übernachtungsstation am Ende des 2. Tages oder man geht noch weiter bis Neukirchen zur **Pension Fanni** (pension-fanni.at, mit Café).

Wallfahrtskapelle Richtberg-Taferl

Der Name Taferl geht zurück auf ein hölzernes Taferl mit dem Reliefbild der Muttergottes an einer Fichte am Richtberg. Der Name Richtberg könnte auf eine Hinrichtungsstätte hinweisen. Jedenfalls ranken sich einige Legenden und Sagen rund um die Kapelle. Schon 1862 wurde eine bescheidene Kapelle errichtet, die 1880 ausgebaut und schließlich 1888 auf die heutige Größe erweitert wurde.

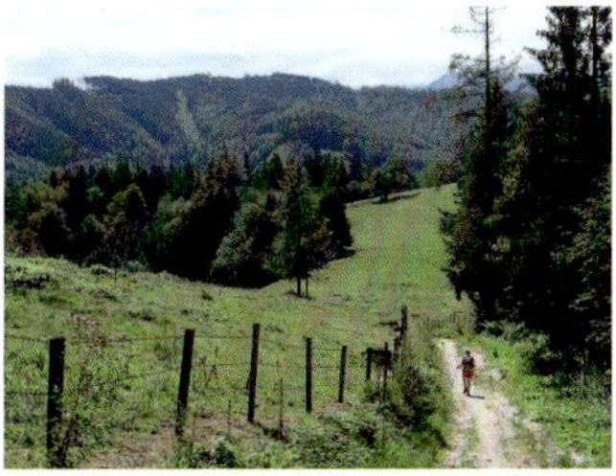

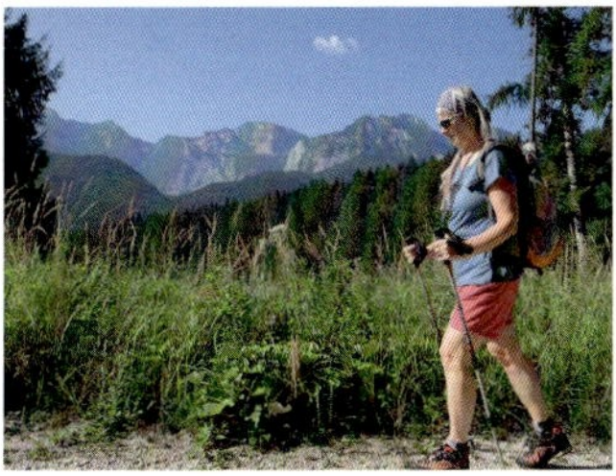

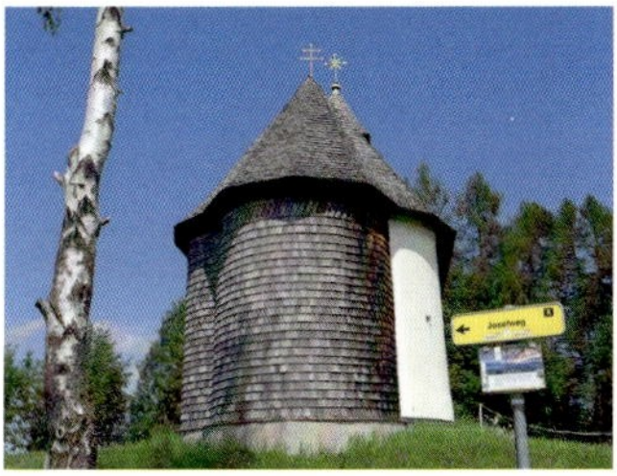

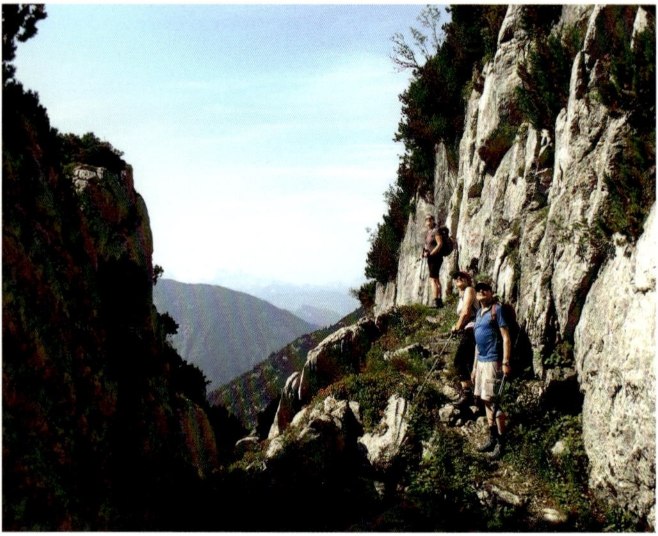

EBENSEE – FEUERKOGEL/KAISERWEG

26

Vom Feuerkogel zum Kaiserweg

Ein schöner Weg führt von Ebensee auf den Feuerkogel. Nach einem Gipfelabstecher zum Helmeskogel quert man hoch über dem Tal auf dem einsamen Kaiserweg hinüber zur Spitzalm.

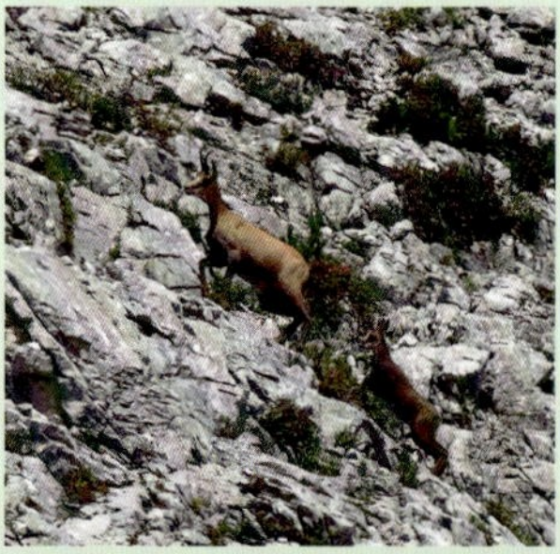

Bei der Bahnhaltestelle Landungsplatz nach dem Ortszentrum von Ebensee beginnen wir diese Bergwanderung. Wer es gemütlich angehen will, startet am Nachmittag, übernachtet auf einer der gastlichen Hütten am Feuerkogel und macht eine Eineinhalb-Tage-Tour daraus. Von der Brücke über den Langbathbach folgt man der Beschilderung, erst in die kleine Fußgängerzone, dann über Stiegen zum Kreuzweg.

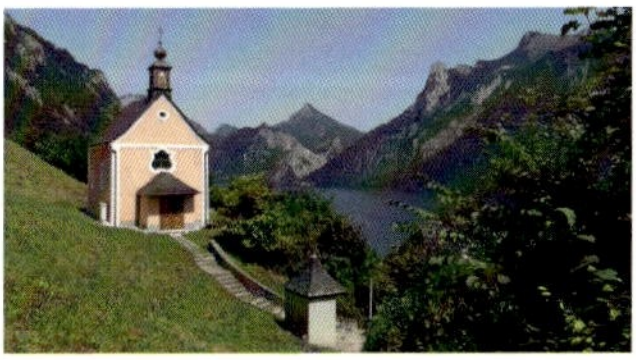

Dieser führt hinauf zur Kalvarienberg-Kapelle mit einem schönen Ausblick auf den Traunsee. Gut angelegt führt der Europaweg höher, Goassa-Lackn, Saxenbuacha und Hohe Rast sind beschilderte Wegpunkte. Man erreicht die Talstation der Gsoll-Kabinenbahn, die nur im Winter in Betrieb ist, und steigt teilweise entlang der Skipiste höher. So gelangt man zum ehemaligen Naturfreundehaus, das nach einer Renovierung zur Kranabethhütte wurde. Die schöne Terrasse verlockt zu einer ersten Einkehr. Von hier gibt es zwei Möglichkeiten für den Weiterweg: hinauf zur Bergstation der Seilbahn und vorbei an den Hütten und Berggasthöfen Richtung Helmeskogel oder den direkten Weg, der in den breiten Weg zum Helmeskogel einmündet. Eine gemauerte Aussichtskanzel mit Blick hinab nach Ebensee und in die umliegenden Berge entpuppt sich als idealer Ausguck.

Von hier ist auch der Wegverlauf des etwa 150 Höhenmeter tiefer liegenden Kaiserweges gut einzusehen. Zurück am Weg findet man auch die etwas versteckte Abzweigung hinab zum Kaiserweg. Durch Latschengassen steigt man teilweise etwas mühsam unterm Helmeskogel hinab in eine schluchtähnliche Felsformation.

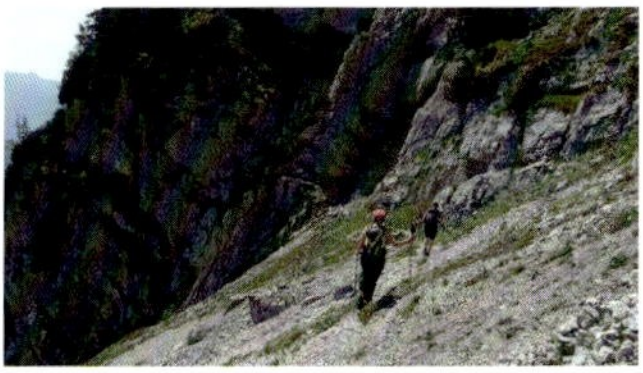

Der Blick ins Tal zwischen Ebensee und Bad Ischl dominiert den Weg, der Steig schlängelt sich auf einer Höhe von etwa 1400 Meter hinüber bis zur Felsbarriere der Ofenhöhe. Diese kleine Hürde ist zu überwinden.

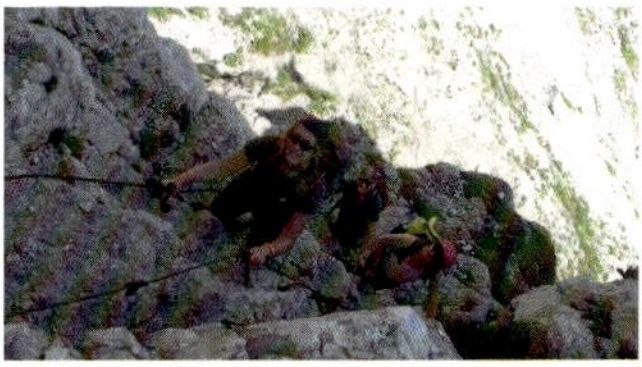

Der kurze, steile Überstieg ist mit Seilen gesichert und sollte daher kein Problem bereiten. Weiter führt der Weg teilweise durch schütteren Bergwald zu kleinen Almwiesen und der Jagdhütte auf der Spitzalm – ein schöner Rastplatz. In Serpentinen steigt man dann durch Waldschläge am markierten Weg ab, erreicht eine Forststraße und wandert auf dieser gemütlich hinaus nach Langwies. Von hier geht es über die Traun zur Bahnstation Steinkogel oder am schön angelegten Soleleitungsweg zurück nach Ebensee.

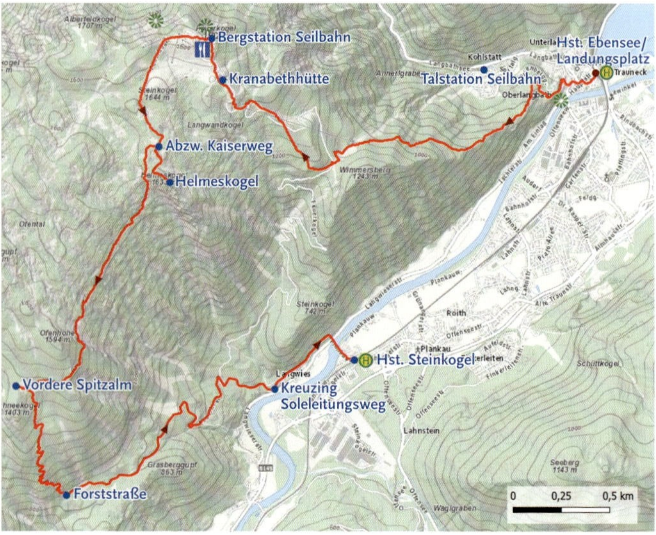

Gehzeit:	6–7 Stunden
Distanz:	20 km
Höhenmeter:	1300; Ebensee (426 m) – Feuerkogel (1592 m) – Helmeskogel (1633 m) – Spitzalm (1381 m) – Langwies (430 m)
Internet:	ebensee.at

Gut zu wissen ...

Ausgangspunkt

Mit der Bahn (oder auch mit dem Bus) zur Bahnstation Ebensee/Landungsplatz. Nicht weit vom Endpunkt der Tour in Langwies befindet sich die Bahnstation Ebensee/Steinkogel.

Charakteristik

Der Anstieg am Edelweiß-Europaweg auf den Feuerkogel ist bestens markiert. Von dort auf guten Wegen zum Helmeskogel. Der Kaiserweg, ein felsiger Bergpfad, erfordert Trittsicherheit. Eine kurze seilversicherte Felsbarriere ist bei der Ofenhöhe zu überwinden. Alternative: Mit der Seilbahn auf den Feuerkogel hinaufschweben und so den Großteil der Höhenmeter kräftesparend absolvieren.

Einkehr und Übernachtung

Mehrere gute Gasthöfe und Hütten laden am Feuerkogel zur Einkehr und Übernachtung ein. Von der Berghütte mit Kirche, dem Gasthof mit zünftiger Bratlpartie bis zum Berggasthof mit eigenem Weinkeller ist alles zu finden. Es stehen zur Auswahl: die **Kranabethhütte** (kranabethhuette-feuerkogel.at), die **Christophorushütte** mit Kapelle, gern genutzt für Berghochzeiten (feuerkogel.rocks), das **Feuerkogelhaus** mit Angeboten für Geburtstagsfeste und Feiern (feuerkogel.com) und der **Berggasthof Edelweiß** für kulinarische Feinspitze und Weinkenner (feuerkogel.at).

Feuerkogel-Seilbahn

Bereits im Juni 1927 wurde die damals als „kühnste Seilbahn Europas" bezeichnete Bergbahn eröffnet. Mit nur einer Stütze werden die insgesamt 1100 Höhenmeter überwunden. Initiiert wurde sie vom Ebenseer Rudolf Ippisch, der es mit viel Überzeugungskraft schaffte, die Finanzierung zu sichern. Im Winter gleitet man hinauf zum Skifahren, Schneeschuhwandern und Tourengehen, im Sommer zu Wanderungen und Bergtouren (feuerkogel.net).

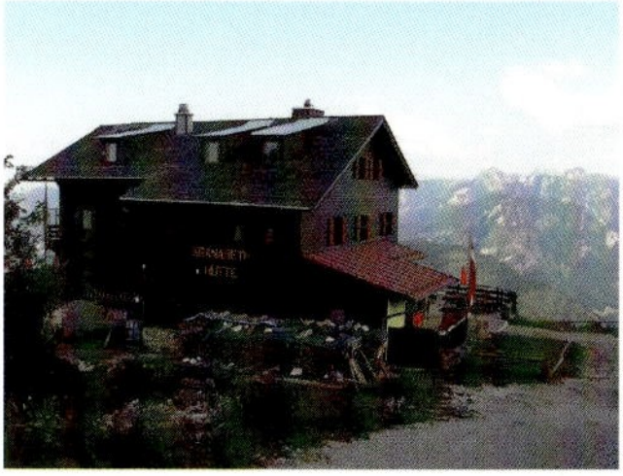

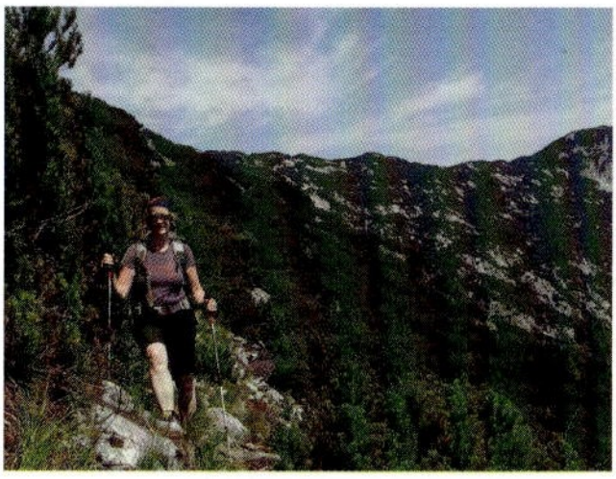

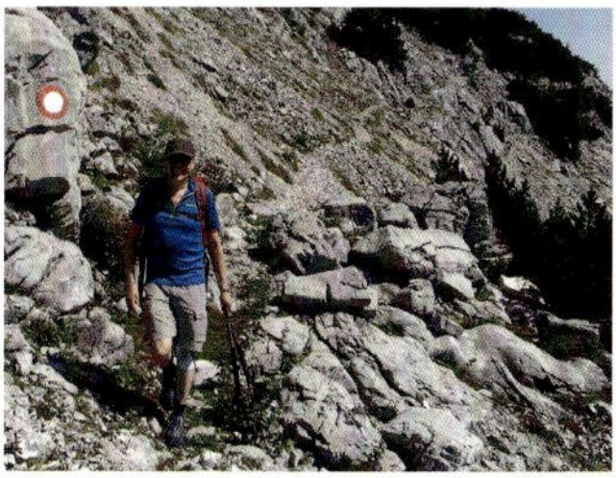

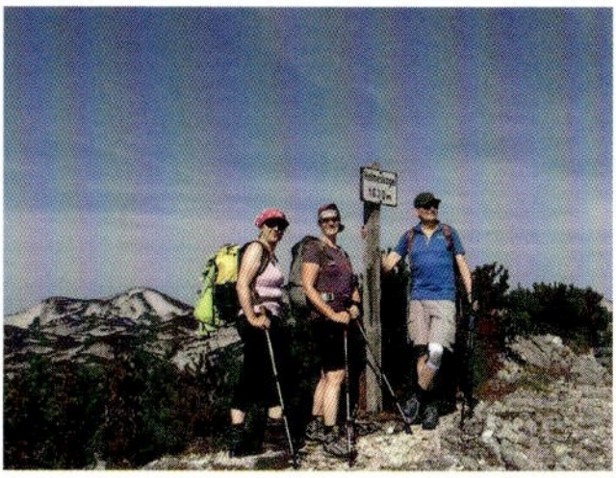

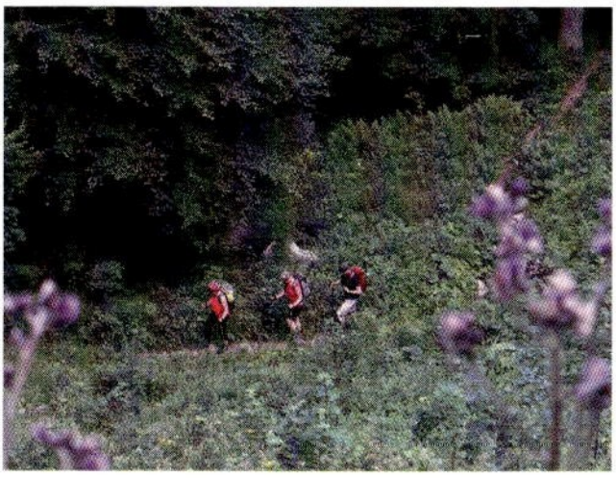

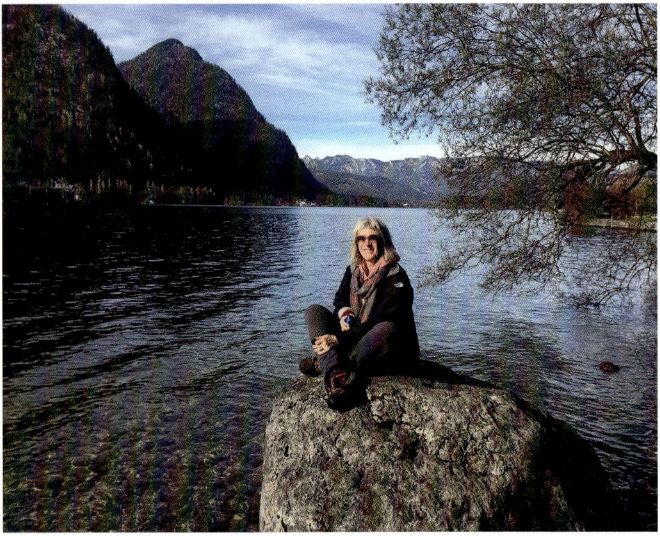

EBENSEE – BAD ISCHL – BAD GOISERN – HALLSTATT

27

Am Soleleitungsweg zum Hallstättersee

Seit 1607 gibt es im Salzkammergut die älteste Pipeline der Welt. Sie transportiert Salzlauge vom Salzberg in Hallstatt zur Saline in Ebensee. Wir folgen dem Soleleitungsweg bis Steeg und dem Ostuferweg bis Hallstatt.

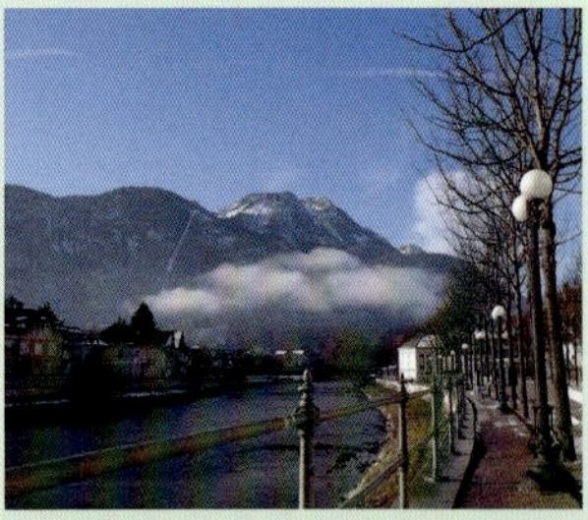

Die hier vorgestellten Abschnitte des Soleleitungsweges haben zu allen Jahreszeiten ihren Reiz. Wir haben den Weg bei unterschiedlichen Verhältnissen erkundet.

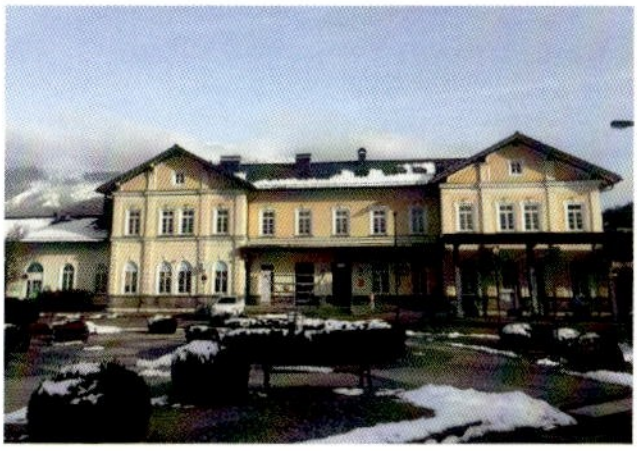

Am Soleleitungsweg von Ebensee nach Bad Ischl

An der Bahnstation Ebensee Landungsplatz startet man, überquert den Langbathbach und biegt ins alte Ebensee ein. Hier findet man die erste Beschilderung zum Soleleitungsweg und bald darauf weist eine Tafel auf eine Wegsperre mit Umleitung hin. Ein baufälliges Gebäude ist der Grund. Nach der Umgehung folgt man weiter dem Weg, der schön angelegt teilweise am Waldrand entlangführt. Schautafeln geben Einblicke in die Geschichte, ein Blick geht hinab zur Traun mit The.Riverwave, einer künstlichen Surfwelle. Weiter geht es bis nach Langwies. Hier verlässt man die Soleleitung, die nun nicht mehr durchgängig begehbar ist und überquert die Traun. Am nördlichen Ufer setzt sich die Route bis Mitterweißenbach fort. Wieder über eine Brücke führt der Weg entlang der Straße weiter bis zum Kalkwerk. Man kann aber auch nördlich der Traun bleiben und einem Wirtschaftsweg bis zum Kalkwerk folgen. Ab der Brücke geht es dann auf Asphalt hinein in die Kaiserstadt, wo bald der Bahnhof Bad Ischl erreicht ist.

Von Bad Ischl nach Steeg

Wir folgen vom Bahnhof Bad Ischl den Wegen entlang der Traun, teilweise auch durch Parkanlagen flussaufwärts aus der Stadt hinaus. Vorbei am Kaiser-Franz-Josef-Jagdstandbild geht es den Schildern des Soleleitungsweges folgend in Richtung Bad Goisern unter den Waldhängen der Katrin vorbei bis nach Lauffen. Bald darauf ist eine Entscheidung zu treffen: Einkehr beim Weissenbachwirt oder doch erst am Ende der Etappe beim Steegwirt? Abwechslungsreich ist der Weiterweg ab Weissenbach. Schön sind die Blicke über Bad Goisern zur Ewigen Wand. Nach Gschwand geht es noch einmal in Waldregionen hinauf, ehe Tafeln den Abstieg nach Steeg weisen. So erreicht man den Hallstättersee und über die Brücke den Steegwirt. Nicht weit davon ist die Bahnhaltestelle Steeg-Gosau.

Am Ostuferweg nach Hallstatt

Der Soleleitungsweg ist derzeit zwischen Steeg und Hallstatt wegen Steinschlaggefahr gesperrt, soll in den nächsten Jahren aber wieder begehbar gemacht werden. Eine schöne Alternative ist der Ostuferwanderweg entlang des Hallstättersees. Mit Blick zum Dachstein wandert man Hallstatt entgegen. Mit dem Anstieg zum Arikogel kann man auch einen kleinen Gipfel mitnehmen. Start ist bei der Bahnhaltestelle Steeg-Gosau. Man überquert die Bundesstraße und die Bahngleise und biegt nach rechts in einen ▶

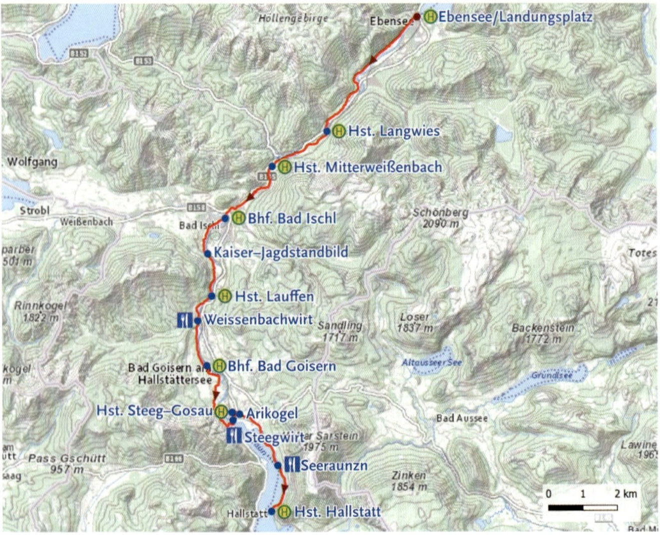

EBENSEE – BAD ISCHL

Gehzeit: 4–5 Stunden
Distanz: 18,7 km
Höhenmeter: 130; Ebensee (430 m) – Langwies (445 m) – Bad Ischl (470 m)

BAD ISCHL – STEEG

Gehzeit: 4 Stunden
Distanz: 15,8 km
Höhenmeter: 100; Bad Ischl (470 m) – Lauffen (480 m) – Abzw. nach Steeg (534 m) – Steeg (513 m)

STEEG – OSTUFERWEG HALLSTATT

Gehzeit: 2–3 Stunden
Distanz: 8,3 km
Höhenmeter: 100; Steeg (513 m) – Arikogel (578 m) – Hst. Hallstatt (520 m)
Internet: dachstein.salzkammergut.at

Gut zu wissen ...

Ausgangspunkt

Ebensee, Bad Ischl, Steeg-Gosau und Hallstatt sind regelmäßig und bequem mit den Zügen der ÖBB und den Bussen des OÖ Verkehrsverbundes zu erreichen.

Charakteristik

Abwechslungsreiche Wanderungen auf beschilderten Wegen, die meist auch im Winter problemlos zu begehen sind. Es gibt nur wenige Steigungen, außer beim Abstecher mit dem kurzen steileren Anstieg zum Arikogel. Gutes Schuhwerk ist jedenfalls zu empfehlen.

▶ Wanderweg ein, der in die Straße unterm Arikogel einmündet. Hier entweder nach links und bald auf einem Steig hinauf zum Arikogel oder weiter am Ostuferweg unter dem Berg weiter der Straße folgen. Der Weg über den Arikogel mündet in Untersee wieder in den Ostuferweg ein. Obersee und der Gasthof Seeraunzn, der im Winter geschlossen ist, sind die nächsten Stationen. Am letzten Abschnitt führt der Weg auf Stegen über dem Wasser entlang bis zur Bahnhaltestelle Hallstatt. Von hier mit dem Schiff nach Hallstatt, zu Fuß weiter nach Obertraun oder mit dem Zug zurück, man hat die Qual der Wahl ...

Einkehr
Es gibt zahlreiche Gasthäuser und Cafés in Ebensee und Bad Ischl. Am Weg der zweiten Etappe, kurz vor Bad Goisern, liegt der **Weissenbachwirt** (weissenbachwirt.at). In Steeg lädt der **Steegwirt** (steegwirt.at) zur Einkehr. Ein kurzer Abstecher führt in Au zur **Konditorei Maislinger** (keltenbrot.at).

Soleleitung
Schon 1595 wurde mit dem Bau der Soleleitung begonnen und 1607 wurde die 40 Kilometer lange Rohrleitung in Betrieb genommen. Sie führt vom Hallstätter Salzberg nach Bad Ischl und weiter zur Saline in Ebensee. Dabei wurde vor allem das natürliche Gefälle genutzt. Eine besondere Herausforderung war dabei die Überbrückung des Gosaubachtales. Ursprünglich war die Soleleitung aus etwa 13.000 bis zu vier Meter langen Holzrohren zusammengesetzt. Diese wurden durch Kunststoffrohre ersetzt, durch die die Sole heute fließt.

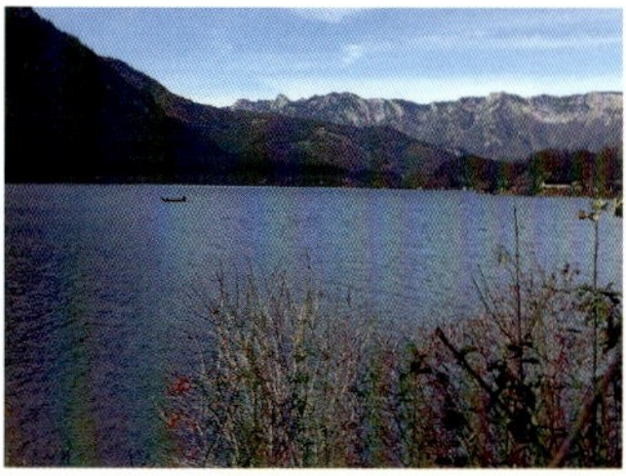

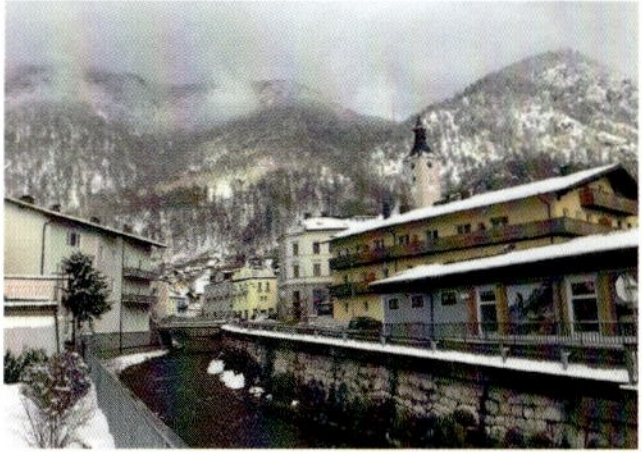

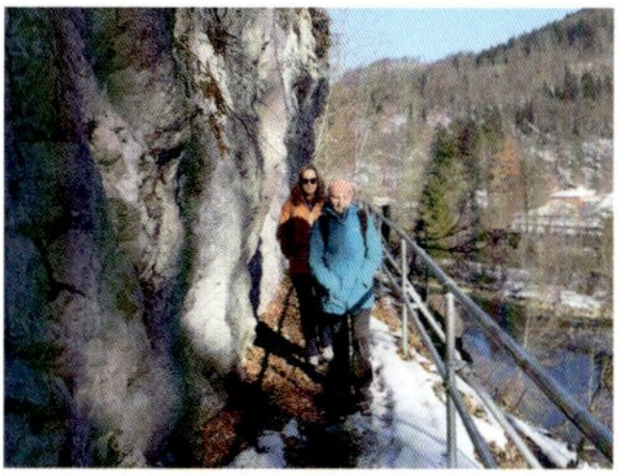

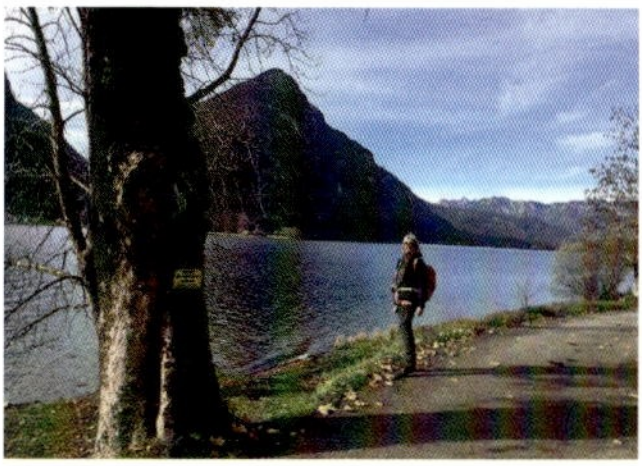

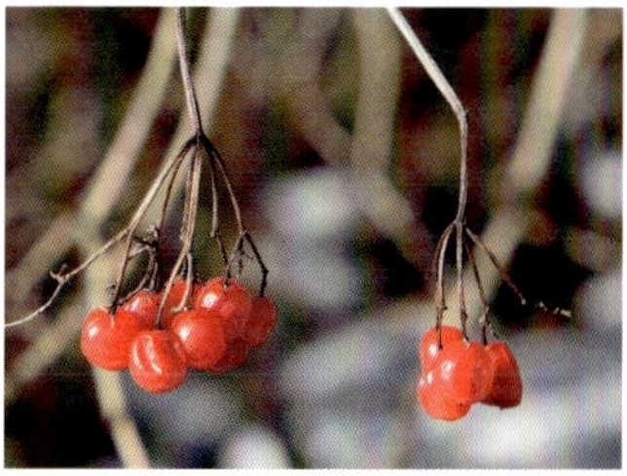

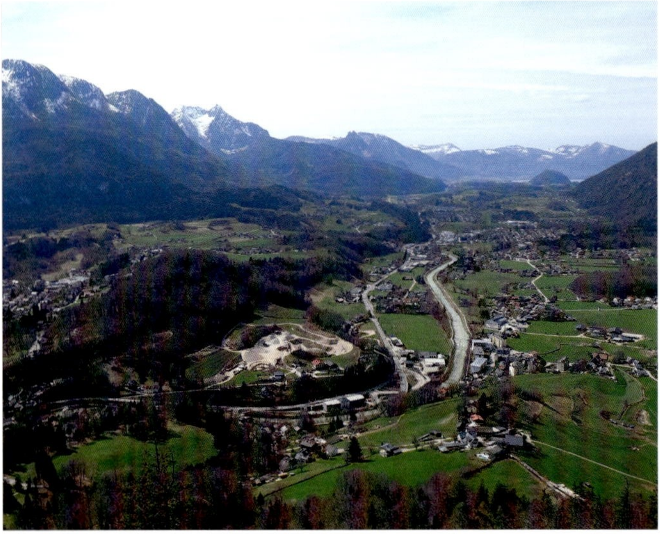

BAD ISCHL – STADTBERGE 28

Über die Stadtberge von Bad Ischl

Katrin, Zimnitz und Hohe Schrott heißen die Berge rund um Bad Ischl. Für eine Wanderung lohnen sich auch die stadtnahen Erhebungen. Jainzenberg, Kalvarienberg und Siriuskogl haben wir auf einer Runde verbunden.

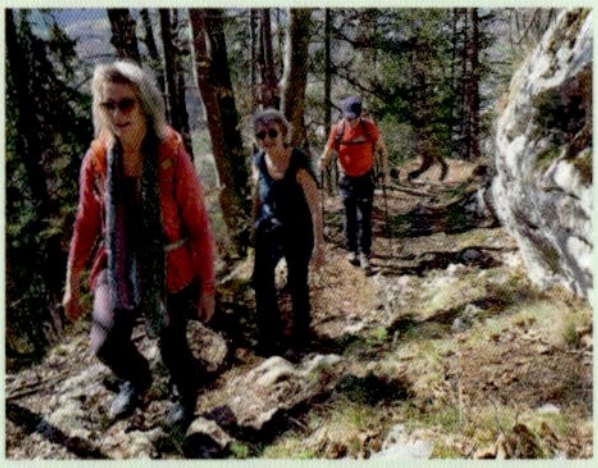

„Neues entdecken" ist das Motto der ausgedehnten Runde über die Bad Ischl unmittelbar umgebenden Bergkuppen, wie zum Beispiel den Hohenzoller Wasserfall oder den langgestreckten Waldrücken des Kalvarienberges. Wenn man das auch noch mit genussvoller Einkehr verbindet, dann steht einem abwechslungsreichen Tag in der „Kulturhauptstadt 2024" nichts mehr im Wege!

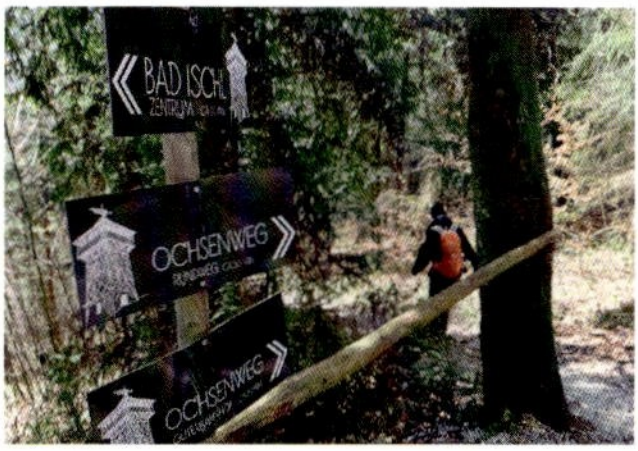

Hohenzoller Wasserfall und Jainzenberg

Vom Bahnhof in Bad Ischl folgt man, vorbei an der Therme, der Bahnhofstraße, schwenkt noch vor der Trinkhalle in die Kaiser-Franz-Josef-Straße ein und erreicht so die links abzweigende Straße Am Rechensteg. Bald nach dem Freibad überquert man am Rechensteg die Ischl und folgt ab hier den Schildern „Rund um den Jainzenberg". Auf der Jainzendorfstraße wandert man bergauf bis zu einer Wegkreuzung bei einem Bauernhaus. Geradeaus führt der Weg über Wiesen abwärts in die Jainzen-Siedlung. Die Beschilderung bringt uns hinauf zum Hohenzoller Wasserfall. Unaufhaltsam schießt hier das Wasser senkrecht über glatt geschliffene Felsen herab. Ein eindrucksvolles Schauspiel! Nicht weit davon lädt am Waldrand eine Bank ein, den Dachstein zu bewundern. Zurück bei den Häusern wendet man sich nach links, wandert die Straße aufwärts, bis eine Abzweigung in die Waldhänge unter dem Jainzenberg weist. Auf breiten Forstwegen wird der Berg halb umrundet (Weg Nr. 13). Dann geht es am Bergrücken entlang durch Wald höher, bis das Ausblicksplatzerl am Jainzenberg erreicht ist. Auf einem breiten Serpentinenweg wandert man dann abwärts. Man mündet in die Jainzendorfstraße ein, der man kurz aufwärts und ab dem Bauernhof wieder hinab in die Stadt folgt. Über eine Straßenbrücke überquert man wieder die Ischl und auf Stiegen, zwei Straßen überquerend, erreicht man den Kalvarienbergweg.

Kalvarienberg und Siriuskogl

Geradeaus geht es bald über Treppen hinauf zur Kalvarienbergkirche. Auf halbem Weg dorthin zweigt der Elisabeth-Waldweg (Nr. 12) ab, der in etwa 1,5 Stunden den Kalvarienberg umrundet. Wir aber folgen nach einem Blick in die Kirche dem etwas oberhalb nach links beginnenden Bauernfeldweg, der bald in den Wald hineinführt. Hier geht man geradeaus und dann leicht nach links wandert man durch schöne Waldpassagen nördlich unter dem Bergrücken entlang.

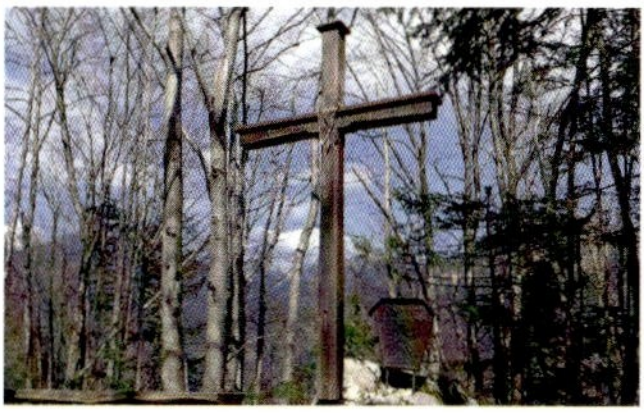

Schließlich zweigt der Weg links ab, der das Gipfelkreuz auf der höchsten ▶

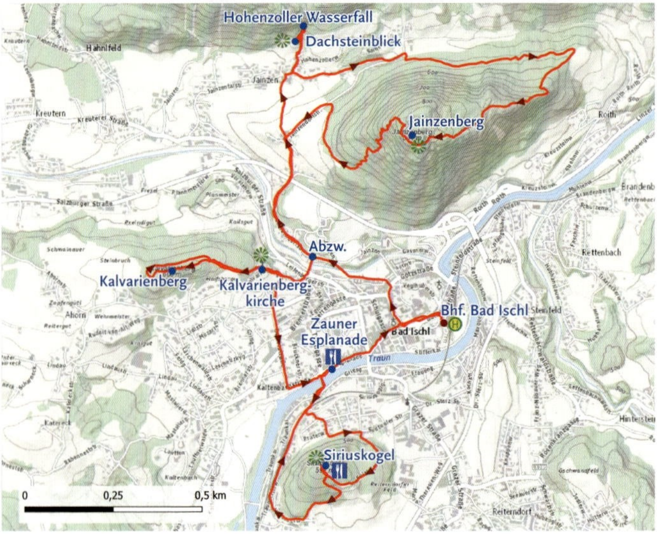

Gehzeit: 4–5 Stunden
Distanz: 15 km
Höhenmeter: 750; Bad Ischl (470 m) – Hohenzoller Wasserfall (540 m) – Jainzenberg (834 m) – Brücke (465 m) – Kalvarienberg (606 m) – Richard-Tauber-Steg (470 m) – Siriuskogl (599 m)
Internet: badischl.salzkammergut.at

Gut zu wissen ...

Ausgangspunkt
Der Bahnhof Bad Ischl ist regelmäßig und bequem mit den Zügen der ÖBB und den Bussen des OÖ Verkehrsverbundes zu erreichen.

Charakteristik
Abwechslungsreiche Wanderungen auf großteils beschilderten Wegen und Bergpfaden. Etwas Ausdauer notwendig. Man kann die Runde auch teilen. Tolle Ausblicke vom Jainzenberg und vom Siriuskogl. Gutes Schuhwerk ist zu empfehlen.

▶ Kuppe des bewaldeten Kalvarienberges ansteuert. Geradeaus wandert man durch den Wald abwärts und erreicht so wieder den Weg zurück zur Kirche. Auf halbem Weg von der Kirche hinab schwenkt man dann nach rechts, kommt zum Parkplatz und wandert hinab zur Bauerstraße. Geradeaus, vorbei am Herz-Reha-Zentrum, erreicht man den Park am Traunufer und nach links den Richard-Tauber-Steg. Ein Gipfel fehlt noch auf unserer Runde! Wir wechseln auf das südliche Ufer der Traun, folgen, uns rechts haltend, kurz dem Traunkai, dann links dem Traunreiterweg, überqueren die Bahngleise und entlang der Andreas-Hofer-Straße erreicht man den Beginn des Sinneswunderweges auf den Siriuskogl. Bei den Stationen entlang des gekiesten Anstiegs kann man in die Welt der fünf Sinne eintauchen. Den Blick vom Aussichtsturm und die Einkehr im Gasthaus mit Ausblicksterrasse hat man sich jedenfalls verdient. Ab hier geht es nur mehr bergab. Über den Ochsenweg kommt man hinab zum Güterbahnhof und weiter entlang der Straße wieder zum Richard-Tauber-Steg. Über die Esplanade erreicht man das Zentrum in der Pfarrgasse und vorbei an der Trinkhalle wieder den Bahnhof.

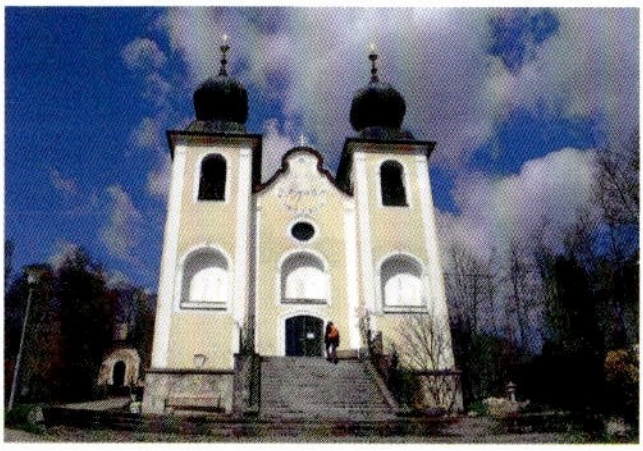

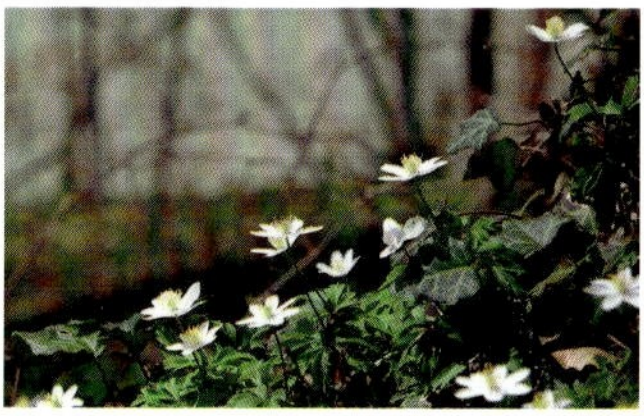

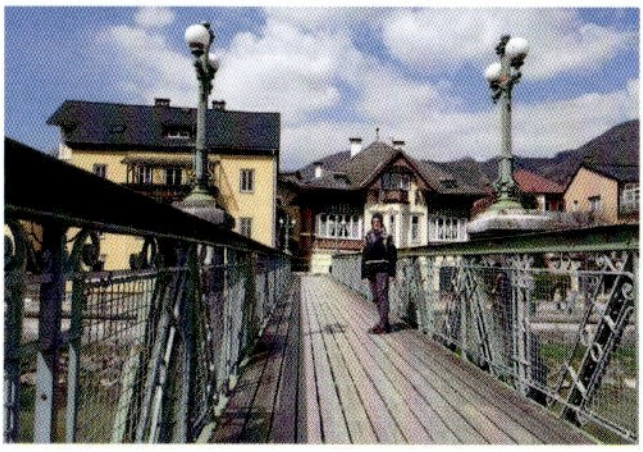

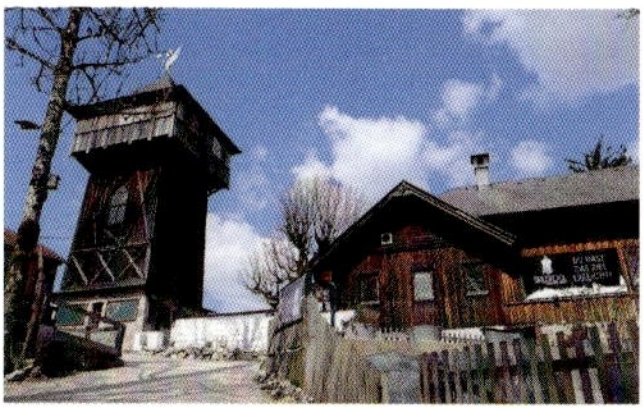

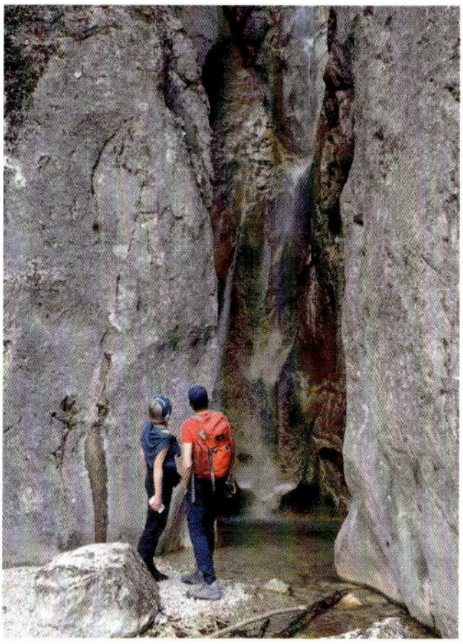

Einkehr

Es gibt gute Gasthäuser und Cafés in Bad Ischl. Ideal für eine Zwischeneinkehr liegt das **Café-Restaurant Zauner** auf der Esplanade (zauner.at).Das **Gasthaus am Siriuskogl** bietet Blicke über die Stadt und regionale und originelle Speisen (siriuskogl.at).

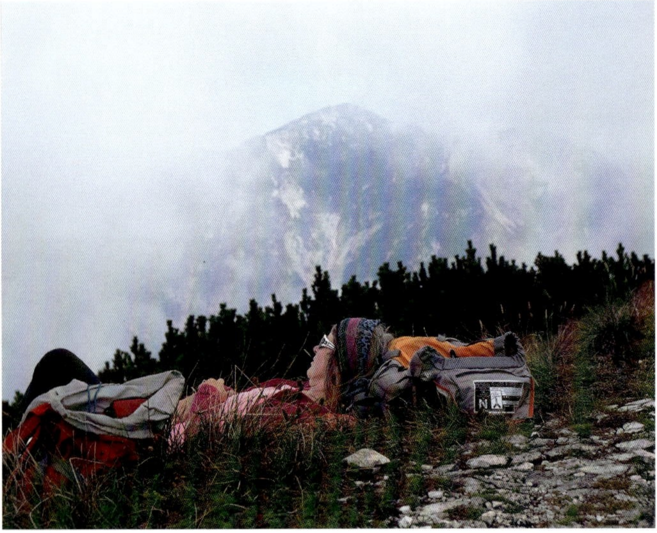

BAD ISCHL/PFANDL – ZIMNITZ

29

Ausblick auf die Kaiserstadt

Markant und unübersehbar steht die Zimnitz über Pfandl bei Bad Ischl. Der Anstieg hinauf und weiter über den Gipfelkamm verlangt etwas Kondition auf den teilweise steilen Wegen.

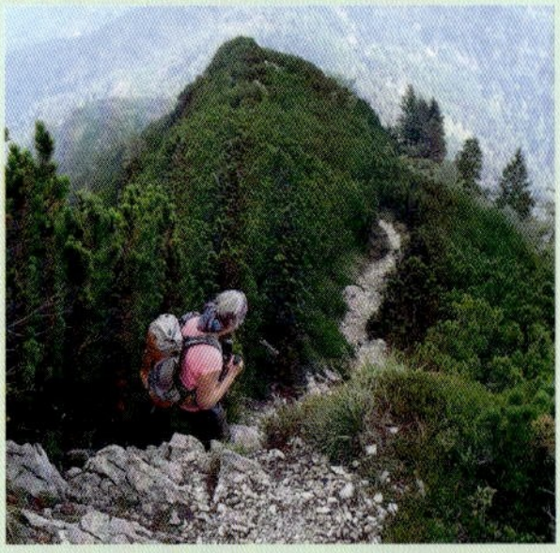

Sagen und Geschichten ranken sich um den sowohl als Zimnitz als auch als Leonsberg bekannten Bergkamm, der unübersehbar im Dreieck zwischen Bad Ischl, Wolfgangsee und Attersee thront. Der Name Zimnitz kommt aus dem slawischen und bedeutet Kälte. Die Eiskapelle hoch oben unter dem Gartenzinken weist noch auf jene Zeit hin, als bis in den Sommer hinein Eis und Schnee dominierten. Das ist längst vorbei, geblieben ist der Name. Weite und Enge Zimnitz entwässern die steilen Flanken und münden bei Pfandl in die Ischl.

Wir sind dem Weg Nr. 814 in direktem Anstieg hinauf zum Gartenzinken gefolgt. Diesen erreicht man von Pfandl aus entlang der Zimnitzstraße. Und es geht zügig nach oben. Kehre für Kehre schlängelt sich der Steig höher, beim Walkerskogel laden Tisch und Bank zu einer Rast mit Ausblick auf Bad Ischl ein. Felsig und steil führt der Weg dann weiter auf den Gartenzinken. Erste Blicke zur Leonsbergalm, eine der größten Almen im Salzkammergut, werden frei. Von hier ist es in leichtem Auf und Ab noch eine knappe Stunde am Kamm entlang zum Gipfel der Zimnitz.

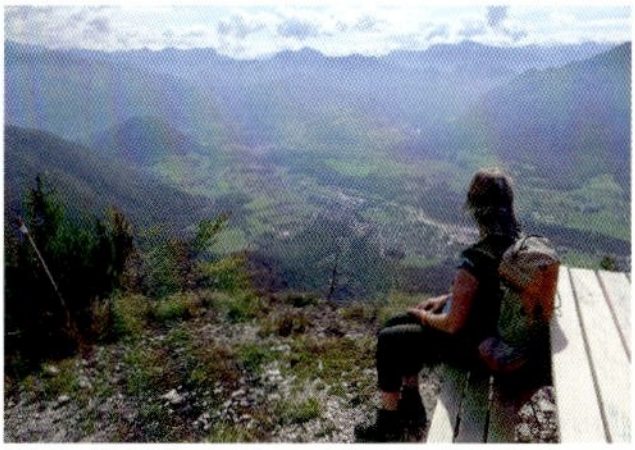

Eine längere Rast ist mehr als verdient und der Ausblick in die Runde ist großartig. Der Blick schweift über die Berge des Salzkammergutes bis zum Dachstein. Tief unten liegt der Kurort Bad Ischl. Im Nordosten präsentiert sich das Höllengebirge in seiner ganzen beachtlichen Ausdehnung. „Freue dich an der Berge Zauber; halte Wege und Almen sauber“ steht auf einer Tafel am Gipfelkreuz. Der Abstieg führt von einer Kreuzung kurz nach dem Gipfel nach rechts einen teilweise steilen Kamm abwärts.

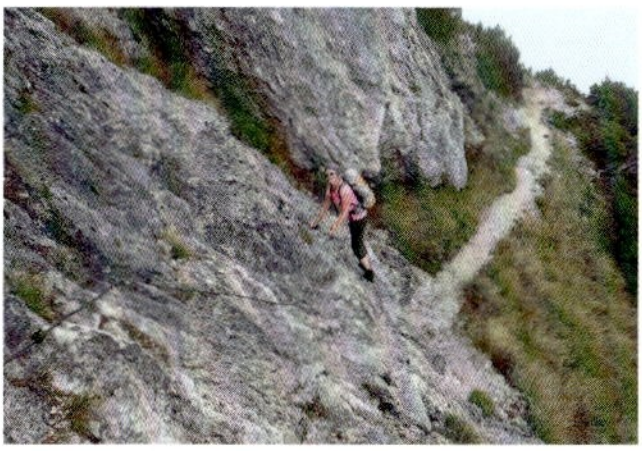

Eine kurze felsige Passage wird mithilfe eines Seiles problemlos überwunden und durch Latschen kommt man hinab in einen Sattel nahe der Schüttalm-Jagdhütte. Hier taucht man in schönen Hochwald ein. Kurze Wegabschnitte mussten nach Windwürfen verlegt werden und nach einigen steileren Passagen kommt man hinab ins Tal der Engen Zimnitz. Eine wilde Landschaft, teilweise die Folge von Stürmen und Starkregen.

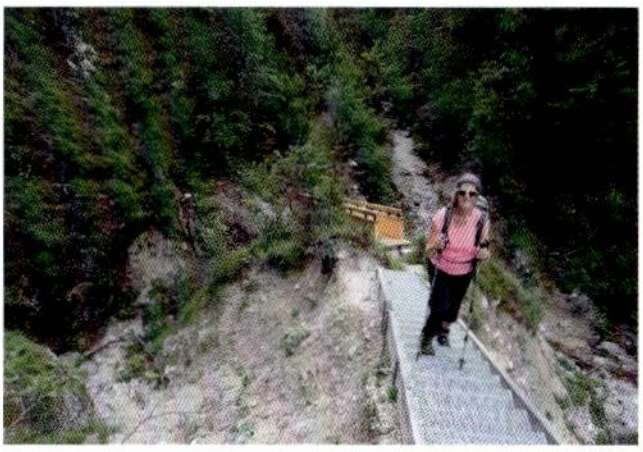

Auch eine neue Brücke musste errichtet werden, um eine kleine Schlucht zu überqueren. Hier erreicht man die ▶

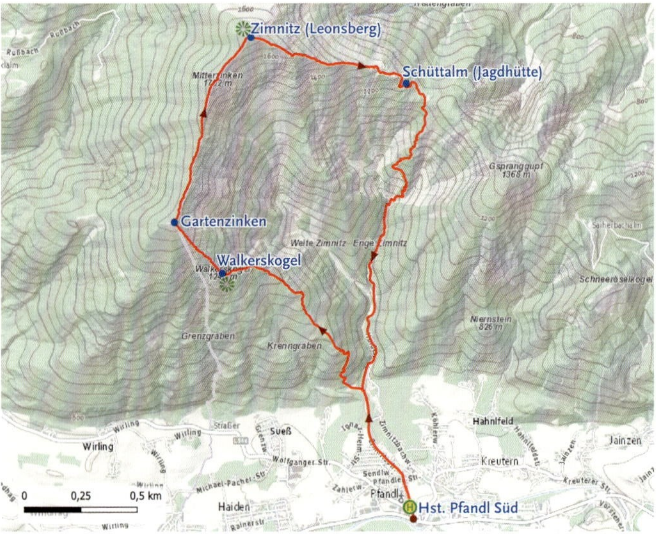

Gehzeit:	6–7 Stunden
Distanz:	12,5 km
Höhenmeter:	1350; Hst. Pfandl Süd (490 m) – Walkerskogel (1243 m) – Gartenzinken (1557 m) – Zimnitz (1745 m) – Schüttalm (1166 m)
Internet:	salzkammergut.at

Gut zu wissen ...

Ausgangspunkt

Pfandl erreicht man regelmäßig mit dem Bus vom Bahnhof in Bad Ischl (Hst. Bad Ischl/Pfandl Süd). Man folgt der Zimnitzstraße (hinter der Kirche und am Friedhof vorbei) zum Talschluss. Vor dem Parkplatz beginnt der Anstieg zum Gartenzinken. Zurück von Pfandl wieder mit dem Bus oder man folgt nach dem Abstieg den Schildern nach Bad Ischl.

Charakteristik

Anregende, längere Bergtour auf markierten Wegen mit einigen steileren Abschnitten beim Anstieg. Trittsicherheit und Erfahrung auf felsigen Steigen erfordert auch der Abstieg hinab bis zur Schüttalm-Jagdhütte, der mit einer kurzen, seilgesicherten Stelle, dem Gaishörndl, aufwartet.

▶ Forststraße und bequem geht es hinaus Richtung Ausgangspunkt in Pfandl. Am Weg kommt man noch an der Trefferwand, aus der unaufhörlich Wasser trieft, vorbei. Eine kleine mit Blumen geschmückte Madonnenstatue soll den hier hausenden Zimnitzgeist besänftigen.

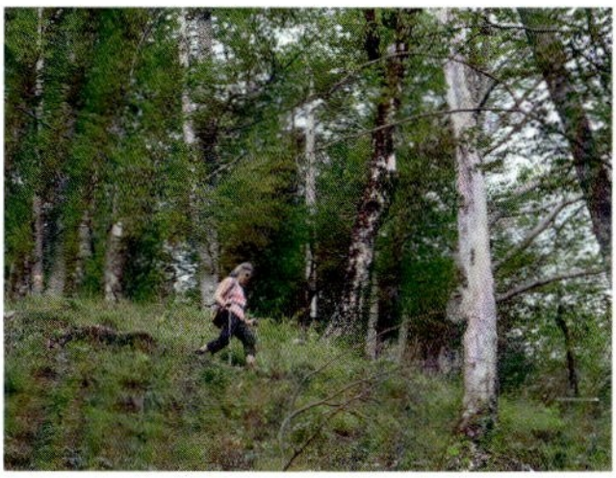

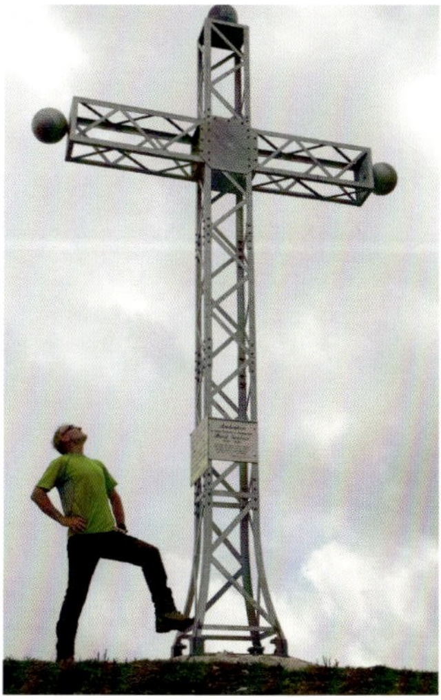

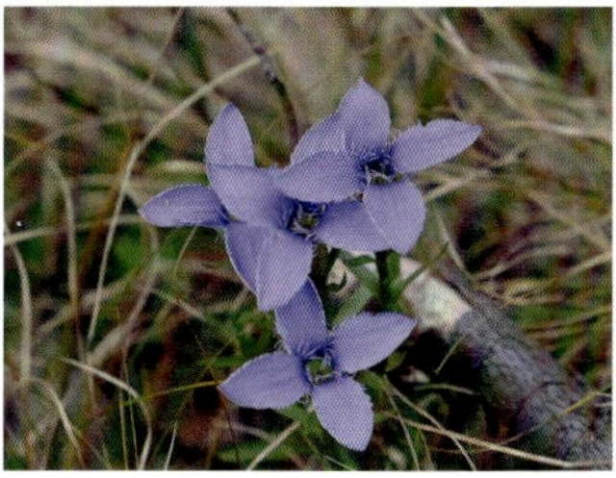

Einkehr

Es gibt viele gute Gastronomiebetriebe in und um Bad Ischl. Zurück in Bad Ischl hat man die Qual der Wahl ...

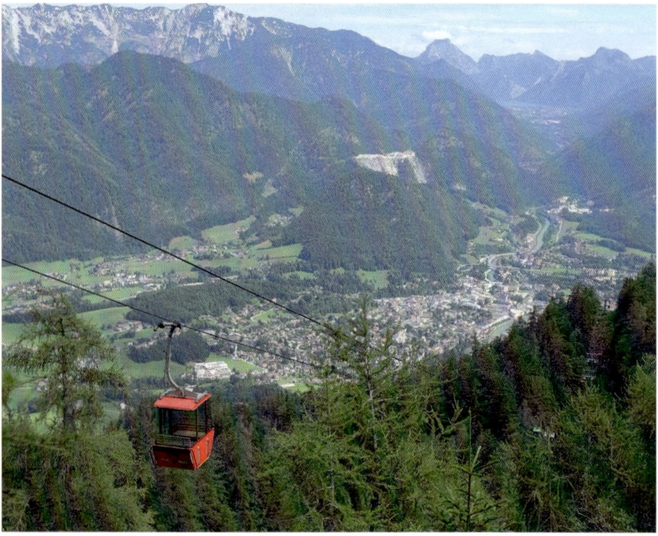

BAD ISCHL – KATRIN/4-GIPFEL-RUNDE 30

4-Gipfel-Runde im Katergebirge

Hoch über Bad Ischl führen beschilderte Wege zu grandiosen Aussichtspunkten über das Salzkammergut. Vier Gipfel erreicht man auf schönen Bergpfaden und genießt den Ausblick auf sieben Seen.

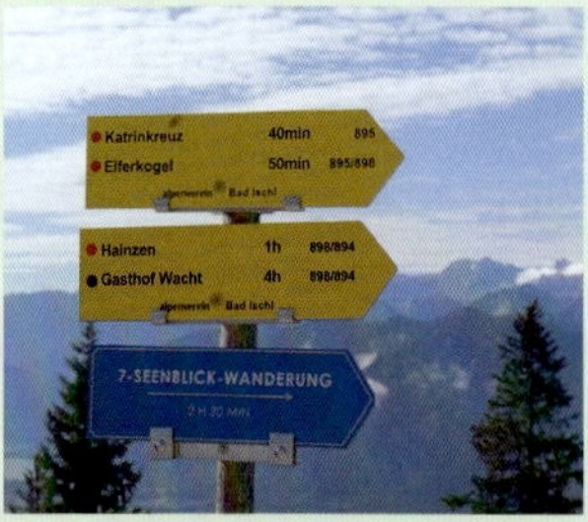

Schon seit 1959 bringt die Katrin-Seilbahn Touristen und Bergwanderer nach oben. Inzwischen lockt der Katrin-Klettersteig auch Felsgeher/innen zu einem Ausflug auf den Ischler Hausberg. Über drei Gipfel führt die 7-Seenblick-Wanderung auf einer nicht allzu anstrengenden Runde in aussichtsreiche Höhen. Anschließend sollte man auch noch den Erlebnisweg unter die Sohlen nehmen und kann dann mit dem Feuerkögerl noch einen weiteren Gipfelerfolg im Tourenbuch vermerken. Wenn die Hochsaison vorbei ist, wird es wieder ruhiger auf der Katrin, ein guter Zeitpunkt, um dorthin aufzubrechen.

Die **7-Seenblick-Wanderung**, eine grandiose Ausblicksrunde, beginnt bei der Bergstation der Seilbahn. Man folgt der Beschilderung der Seenblick-Wanderung und erreicht bald den Dreiländerblick: Steiermark, Salzburg, Oberösterreich und über allem dominiert der Dachstein hoch über dem Hallstättersee. Jetzt folgt der anspruchsvollste Teil der Wanderung: Auf felsigen Pfaden geht es auf kurzen, seilgesicherten Abschnitten die Bergflanke entlang und dann hinauf aufs Plateau, wo man bald darauf den Hainzengipfel erreicht. Wolfgangsee, Fuschlsee, Nussensee und Schwarzensee sind hier im Blickfeld der Seensuchenden. Nach dem Traunsee fehlt noch einer auf die sieben: Es ist der bayrische Tachinger See nahe Salzburg, der nur bei besten Bedingungen zu sehen ist. Auch die zahlreichen Berggipfel, die sich hier in der Runde präsentieren, wollen erkannt und bestimmt werden. Dann wandert man durch Latschengassen übers Plateau hinüber zum Elferkogel und von dort weiter zum Gipfel der Katrin mit dem mächtigen, in der Nacht beleuchteten und weithin sichtbaren Kaiser-Franz-Josef-Kreuz. Hier endet auch der Katrin-Klettersteig. Der Blick schweift hinab nach Bad Ischl und über das Trauntal hinaus zum Traunsee mit dem unverkennbaren Traunstein. Auf einem breiten Panoramaweg geht es in Serpentinen dann hinab zurück zur Bergstation.

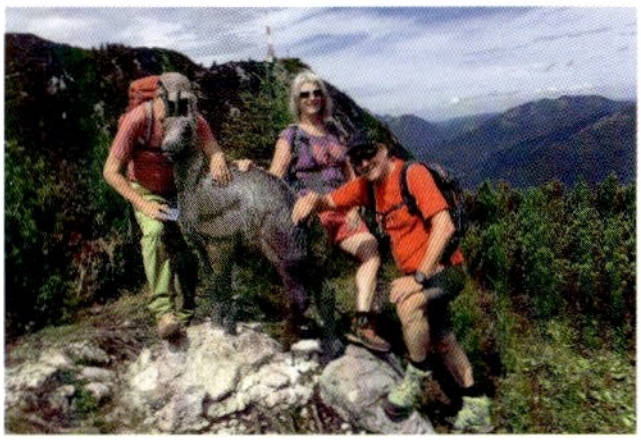

„Auf den Spuren der Gams“ führt ein 2,9 km langer **Erlebnisweg**, der vor allem für Kinder gestaltet wurde, von der Bergstation ausgehend zum Aussichtspunkt Trauntalblick und vorbei an einer großen geschnitzten Holzgams am Feuerkögerl durch Latschengassen wieder hinab zur Katrinalm. Von dort machen wir noch einen Abstecher zu Kaisers Ansitz, ehe der Weg bei der Bergstation wieder endet.

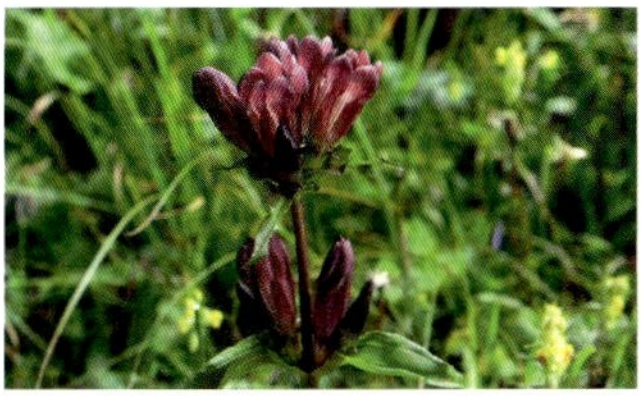

Begleitet wird dieser Themenweg von insgesamt 12 Stationen mit ▶

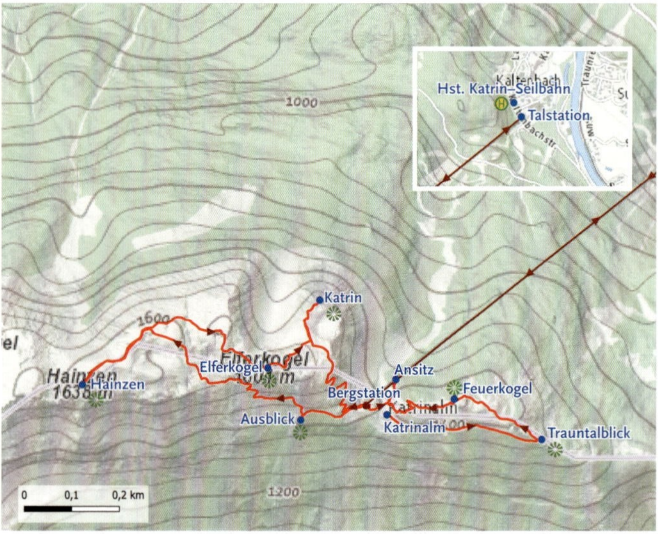

7-SEENBLICK-WANDERUNG UND ERLEBNISWEG

Gehzeit:	3–4 Stunden
Distanz:	6,1 km
Höhenmeter:	400; Bergstation (1416 m) – Katringipfel (1542 m) – Elferkogel (1601 m) – Hainzen (1638 m) – Katrin-Almhütte (1393 m) – Feuerkögerl (1460 m)
Internet:	badischl.salzkammergut.at

Gut zu wissen ...

Ausgangspunkt

Vom Bahnhof in Bad Ischl mit regelmäßigen Stadtbussen zur Talstation der Katrin-Seilbahn (Hst. Katrin-Seilbahn). In Vierergondeln gleitet man sommers wie winters über den Bäumen hinauf auf den Berg (katrinseilbahn.com).

Charakteristik

Die zwei Rundwege zu den Gipfeln sind bestens beschildert. Beim Anstieg zum Hainzen gibt es felsige Passagen mit kurzen Seilsicherungen. Trittsicherheit ist hier von Vorteil. Es gibt aber keine besonderen Schwierigkeiten. Immer wieder gibt es Rastbänke oder Aussichtspunkte mit Panoramakarten. Von den Gipfeln herrliche Ausblicke.

▶ Schautafeln zu den Themen Tiere, Pflanzen, Geologie, Naturschutz, Gletscher, Bergwald und Klima. Eine kurzweilige Erlebniswanderung mit Themen rund um den Erholungsraum Berg.

Einkehr

Es gibt zwei gute Einkehrstationen am Berg. Der **Katrin-Berggasthof** ist direkt an die Bergstation angebaut. Dem Wirt Alex Eder ist Qualität wichtig. Mit frischen Zutaten, wenn möglich aus der Region, werden die Gäste verwöhnt (katrin-berggasthof.at). Etwas unterhalb liegt die **Katrin-Almhütte**, die von Florian Schimpl bewirtschaftet wird. Jausen und regionale Gerichte werden serviert. Auch der Weinkühlschrank ist mit feinen Tropfen gefüllt (katrin-almhuette.at).

Stecknadeln der Erinnerung

Ein Kunstprojekt mit einer Spazierroute (und zwei Radrouten) widmet sich im Rahmen des Kulturhauptstadtjahres 2024 der NS-Zeit und erinnert an Schicksale ehemaliger jüdischer Bewohner/innen von Bad Ischl.
Über eine Distanz von 2,6 km findet man entlang der Route in Form von überdimensionierten roten Stecknadelköpfen, die aufgeklappt werden können, wahre historische Begebenheiten. Über QR-Codes bekommt man weitere Infos und Videos. Infobroschüren gibt es in der Touristinfo in der Trinkhalle (http://www.bad-ischl.ooe.gv.at/Stecknadeln_der_Erinnerung).

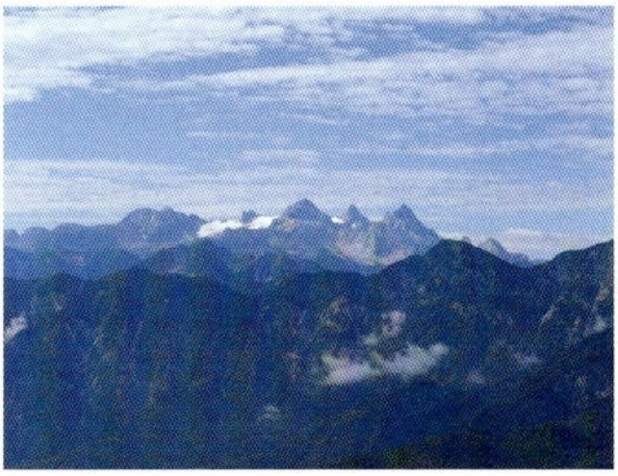

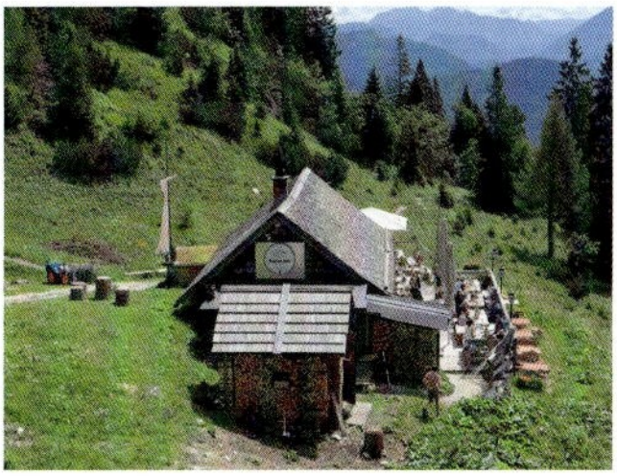

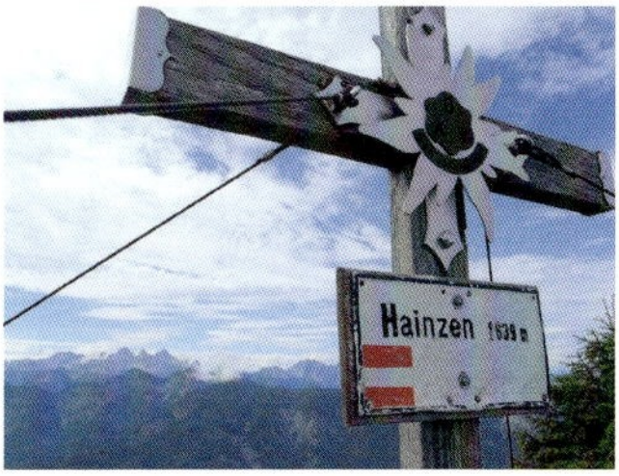

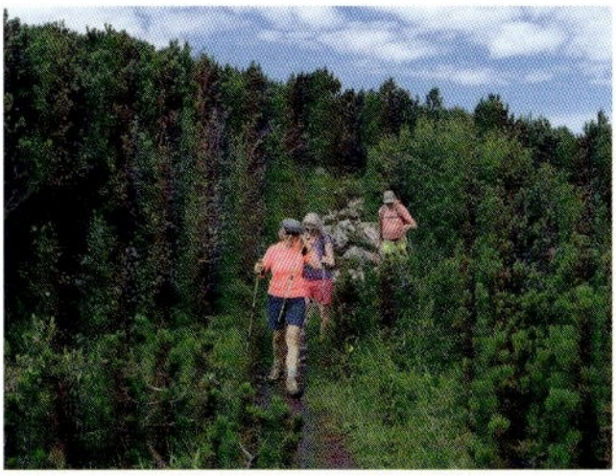

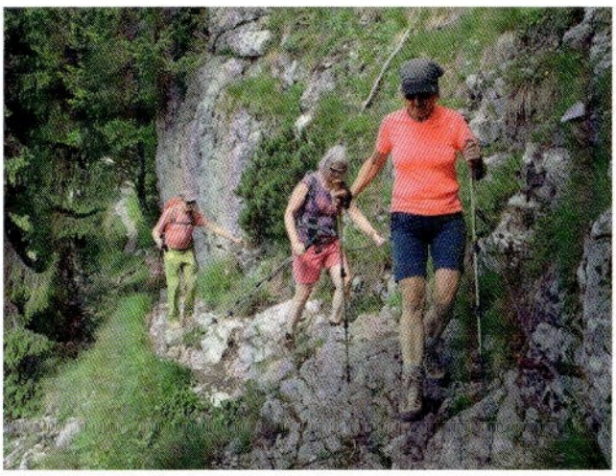

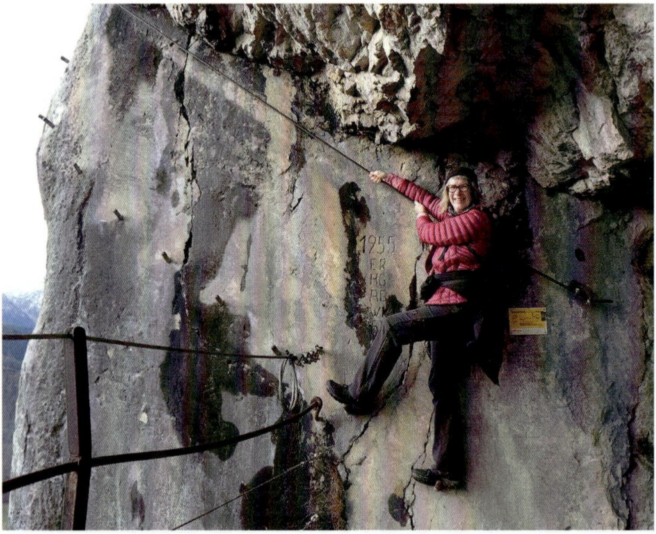

BAD GOISERN – EWIGE WAND – PREDIGSTUHL 31

Auf den Predigstuhl und zur Rathlucken-Hütte

Von Bad Goisern aus erblickt man schon das Gipfelziel dieser Runde, den hoch über der Ewigen Wand liegenden Predigstuhl. Unvergleichlich ist der Blick von dort oben über den Hallstättersee zum Dachstein.

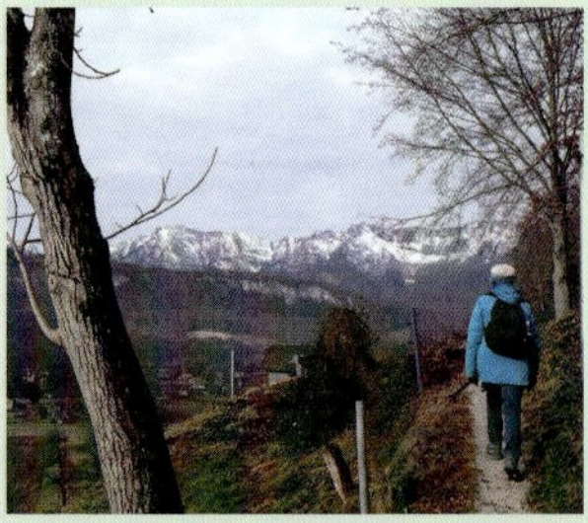

Wenn der Schnee nur in höheren Regionen liegt, kann man auch in den Wintermonaten die Wanderschuhe schnüren und neue Touren erkunden. So wie diese Runde von Bad Goisern auf den Predigstuhl. Wenn dann auch noch eine gastliche Hütte zur Einkehr am Weg liegt, ist der Berggenuss perfekt!

Vom Bahnhof in Bad Goisern folgt man der Bahnhofstraße bis zum Marktplatz und über den Rudolf-von-Alt-Weg erreicht man die Bundesstraße. Diese wird überquert und geradeaus weiter auf einem Gehweg kommt man zwischen Häusern zur Josef-Putz-Straße. An dieser entlang bis zum Hörmannsbergweg, einer Siedlungsstraße, in die man einbiegt. Nach etwa 50 Metern zeigt eine Tafel den Weiterweg nach links an. Man folgt dem Wegweiser Feuerbachweg und Vivea. Schön angelegt wandert man mit Blicken auf Goisern zuletzt durch die Feuerbachgasse und über den Höllgrabenbach bis zum Gesundheitshotel Vivea.

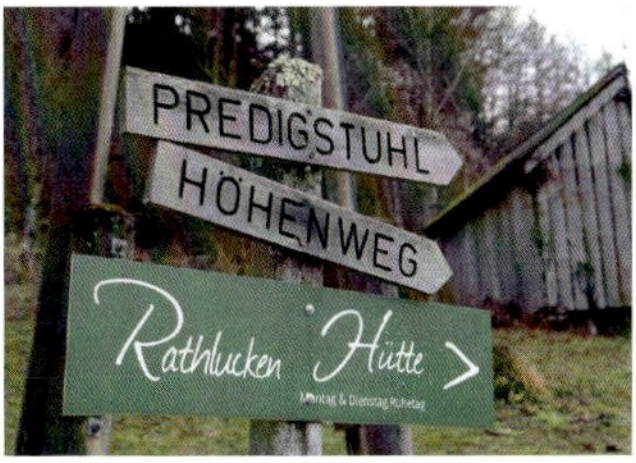

Ab hier geht es durch den Mühlgraben aufwärts immer in Richtung Höhenweg/Ewige Wand. Man erreicht den Wald und einige Kehren höher den Höhenweg, der von geschnitzten Sagenfiguren begleitet wird. Den Abstecher zu den in den Felsen gesprengten Wegabschnitten mit den Tunnels in der Ewigen Wand sollte man sich nicht entgehen lassen. Dann geht es zurück zur Abzweigung und auf einem breiten Weg aufwärts bis zu einer Forststraße, von der bald darauf der Radsteig abzweigt. Es wird zunehmend steiler, die Blicke werden freier und nach einem gesicherten, aber wenig schwierigen Steilaufschwung hat man den Weg Nr. 245, der hoch über der Ewigen Wand heraufführt, erreicht.

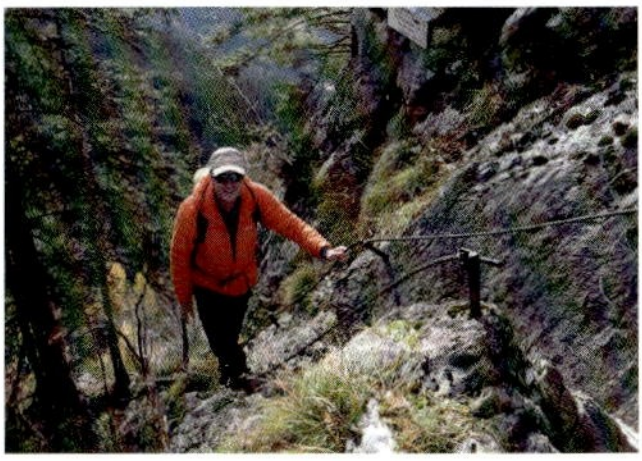

Auf diesem geht es weiter bis zum letzten steilen Abschnitt zum Gipfel. Kurze Seilsicherungen erleichtern den Anstieg über Felsen. Oben angekommen weitet sich der Blick. Tief unten der Hallstättersee mit Dachstein, umrahmt von den umliegenden Bergen. Der Abstieg führt auf teilweise steilen Serpentinen durch Wald nach Osten hinab zu einer Forststraße, auf der man nach rechts das Lesehotel – das ehemalige Hotel Predigstuhl – erreicht. Von dort geht es über einen Wiesenweg auf der ehemaligen Skipiste hinab bis zur Rathlucken Hütte. Für den weiteren Abstieg folgt man dem Weg, der von der Hütte weg direkt in schöne Waldregionen hineinführt. Fast eben verläuft der Weg zum Bauernhof Himmelbauer. Direkt oberhalb am Haus vorbei führt der Weg erst über Wiesen, dann durch Wald abwärts, bis man ▶

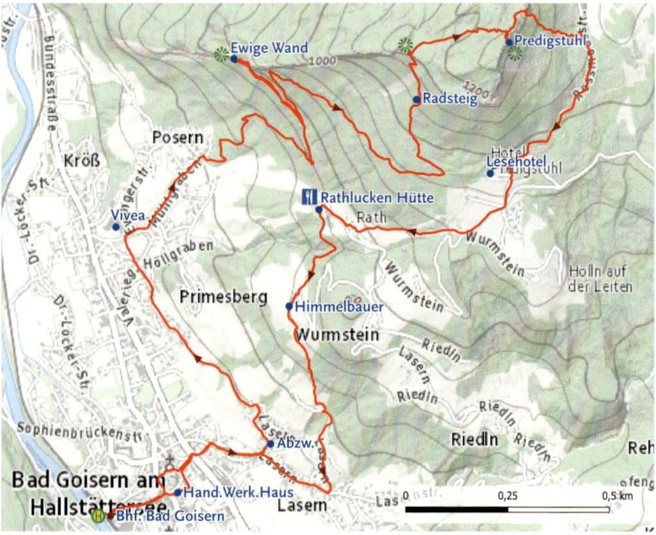

Gehzeit:	4–5 Stunden
Distanz:	14 km
Höhenmeter:	900; Bad Goisern (502 m) – Ewige Wand (800 m) – Predigstuhl (1278 m) – Lesehotel (973 m) – Rathlucken Hütte (780 m) – Bhf. Bad Goisern (502 m)
Internet:	dachstein.salzkammergut.at

Gut zu wissen ...

Ausgangspunkt

Den Ausgangspunkt am Bahnhof in Bad Goisern erreicht man bequem mit den regelmäßig verkehrenden Zügen der Salzkammergutstrecke und auch mit den Bussen des OÖ Verkehrsverbundes.

Charakteristik

Abwechslungsreiche Wanderung auf beschilderten Waldwegen und Wiesensteigen. Am Radsteig gibt es eine mit Seilen gut gesicherte Steilstufe. Kurze Seilsicherungen auch auf den letzten Metern zum Gipfel. Der Abstieg zur Forststraße ist etwas steiler. Bei Nässe und Schnee sind Wanderstöcke zu empfehlen.

▶ bei einem Wildgehege ein Haus und unterhalb davon die Bartlergasse erreicht. Ab hier geht es auf Asphalt weiter abwärts zur Lasernstraße, die in die Josef-Putz-Straße einmündet. Am schon bekannten Weg erreicht man beim Hand.Werk.Haus wieder das Zentrum von Bad Goisern.

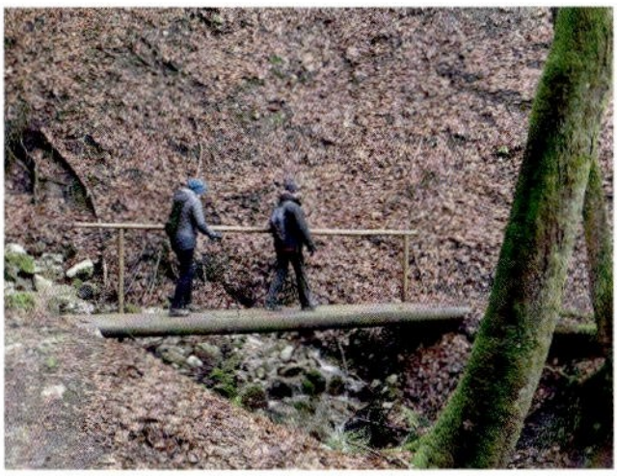

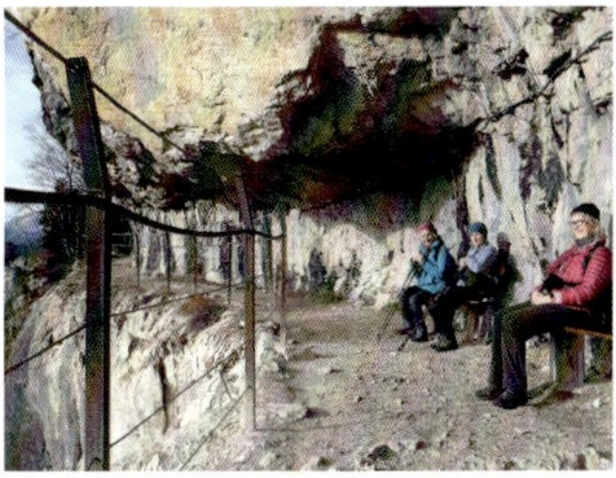

Einkehr
Nach dem Abstieg vom Gipfel sollte man eine Einkehr auf der **Rathlucken Hütte** einplanen. Saisonale Gerichte mit Pfiff werden in der gemütlichen Stube serviert (rathlucka-huette.at). In Bad Goisern gibt es zahlreiche Gastronomiebetriebe. Unser Tipp: Im **CaféLaden** an der Marktstraße warten selbstgemachte Köstlichkeiten (cafe-goisern.at). Verwöhnt mit allerlei Süßem und Saurem wird man auch in der **Café-Bäckerei Maislinger** (keltenbrot.at).

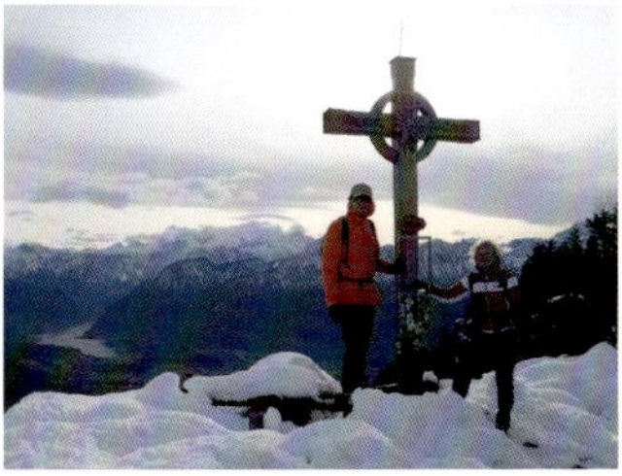

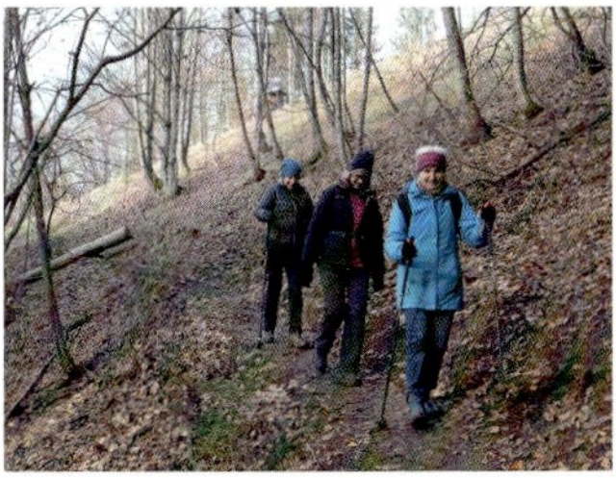

Hand.Werk.Haus
Seit 2009 gibt es dieses Zentrum für handwerkliche Gegenwartskultur am Marktplatz von Bad Goisern. Der Verein Hand.Werk.Haus, eine Gruppe von Spitzenhandwerkern aus dem Salzkammergut, adaptierte das rund 200 Jahre alte Forsthaus beim Schloss Neuwildenstein und schuf ein zeitgemäßes Gebäude, das Tradition und Moderne gekonnt verbindet. Es ist heute ein Treffpunkt für Handwerk, Veranstaltungen und Workshops. Im Haus findet man auch eine permanente Schau der Mitgliedsbetriebe sowie ein Geschäft mit vielen hochwertigen Produkten. Geöffnet Mo bis Sa (handwerkhaus.at).

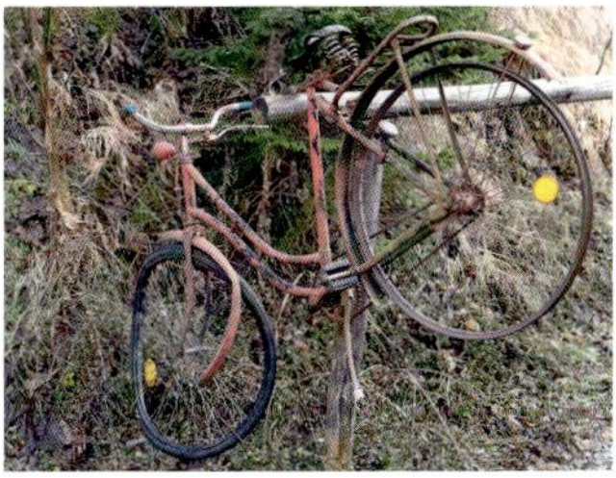

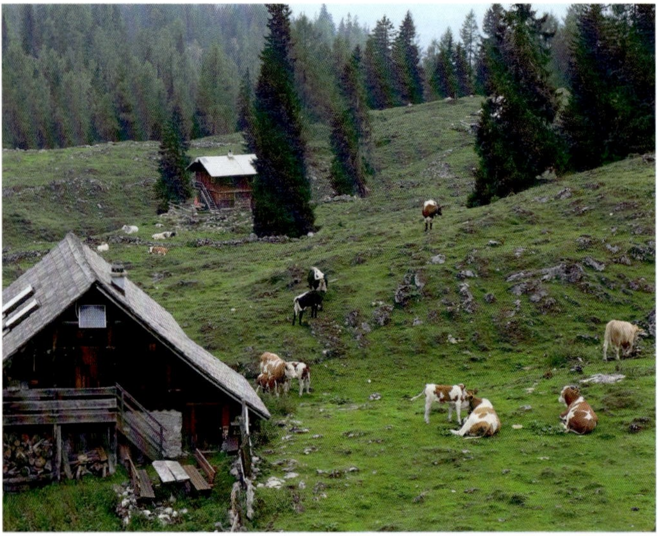

BAD GOISERN – GOISERERHÜTTE

32

Einsame Wege zur Goisererhütte

Zwei längere Wege zur Goisererhütte haben wir zu einer selten begangenen Rundtour verbunden. Wildromantisch ist dabei der Weg über die Hohe Knallalm zur Chorinsky-Klause und hinaus nach Weißenbach.

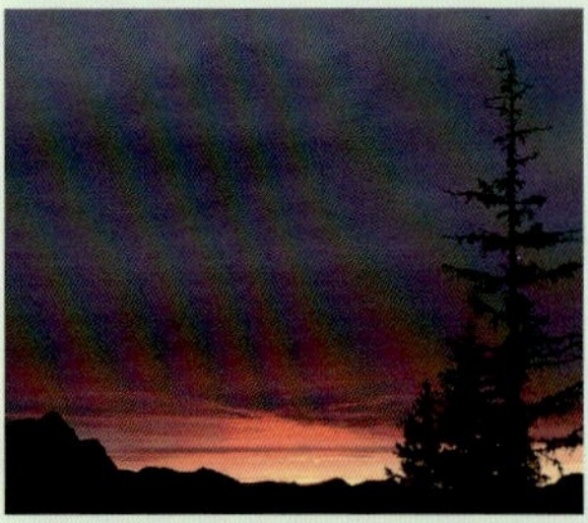

Die Goisererhütte ist ein lohnendes Ziel, sowohl für eine Tagestour als auch für eine längere Bergtour mit Übernachtung. Die klassischen Wege führen von Bad Goisern über die Trockentannalm und von Gosau über die Igelmoosalm zur Hütte. Es gibt auch einen Weg vom ehemaligen Gasthaus Hochmuth aus, der kürzeste der Zustiege. Wir haben diesen verlängert, sind in Weißenbach bei Bad Goisern gestartet und zunächst dem Weg zur Jochwand gefolgt.

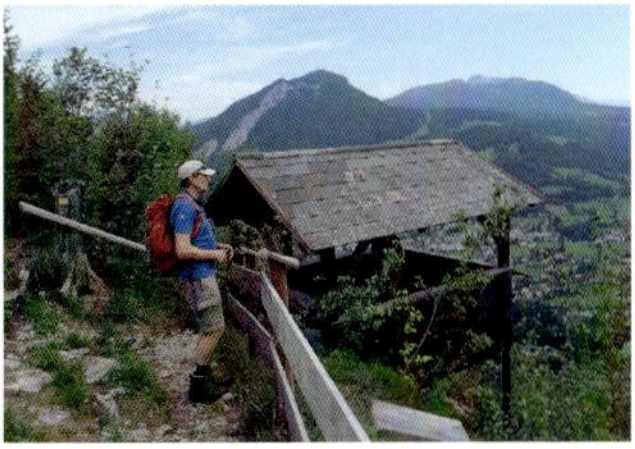

Dieser schlängelt sich durch Wald hinauf und oberhalb der steilen Felsabbrüche entlang erreicht man eine Aussichtskanzel mit schönen Blicken über Bad Goisern und auf den Hallstättersee. Auf der Straße geht es zunächst weiter hinauf zum Hochmuth. Ab hier folgt man dem Weg, der durch Wald mit einigen steileren Passagen schnell höher führt. Ab der Pramesbergerrast, einer Unterstandshütte, wird es flacher und immer leicht steigend erreicht der Steig unter dem Kniekogel die Schartenalm und bald darauf die Hütte. Wer hier übernachtet, hat Zeit, den Sonnwendkogel, der nach einem kurzen Anstieg von der Hütte erreicht wird, zu besteigen. Von dort oben präsentieren sich die umliegenden Berge von den Kalmbergen über das Gamsfeld bis zum Dachstein im besten Licht. Steil sind die Abbrüche hinab zum tief unten liegenden Bad Goisern. Auch die Kalmooskirche, eine Höhle, die ein geheimer Treffpunkt von Protestanten während ihrer Verfolgung um 1600 war, liegt nahe der Hütte.

Als direkten Abstieg kann man den klassischen Weg über die Trockentannalm wählen und den Bahnhof in Bad Goisern ansteuern. Wir aber folgen dem meist einsamen Abstieg am Weg Nr. 42, zuerst bis zur Wiesalm. Von dort geht es weiter zum Rußbergsattel. Dabei hält man sich bei den Abzweigungen rechts und folgt dem markierten, teils wildromantischen Weg.

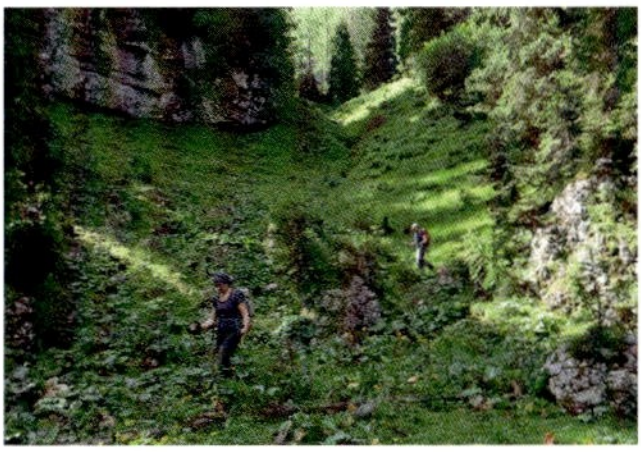

Ab dem Rußbergsattel begrenzen steile Felswände die schluchtähnliche Passage hinab zur Hohen Knallalm, ein schöner, sonniger Rastplatz mit Blicken zu Katergebirge sowie Bergwerks- und Rettenkogel. Von hier windet sich der einsame Weg nach Norden hinab an den Bergflanken entlang mit einigen Geröllpassagen zur Niederen Knallalm. Ein Graben wird überquert und man erreicht eine Forststraße, von der der teilweise verwachsene Weg weiter unten wieder abzweigt und beim Knallbach den Beginn der Talstraße erreicht und ▶

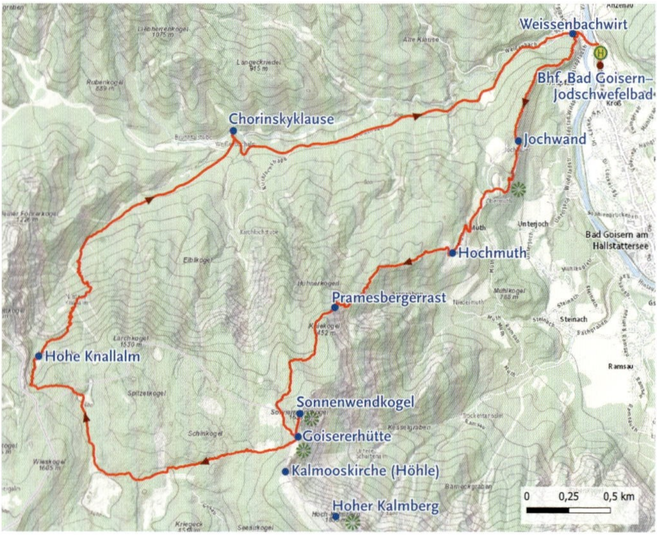

Gehzeit:	8–9 Stunden
Distanz:	25 km
Höhenmeter:	1400; Weißenbach (495 m) – Jochwand (790 m) – Hochmuth (898 m) – Goisererhütte (1592 m) – Sonnwendkogel (1638 m) – Wiesalm (1400 m) – Rußbergtörl (1460 m) – Hohe Knallalm (1301 m) – Chorinsky-Klause (625 m)
Internet:	www.salzkammergut.at

Gut zu wissen ...

Ausgangspunkt

Die Anreise mit der Bahn führt zur Bahnhaltestelle Bad Goisern-Jodschwefelbad, wo es auch eine Bushaltestelle gibt. Direkt vorm nahe gelegenen Weissenbachwirt beginnt der Anstieg, der auf den ersten Metern noch mit dem Soleleitungsweg ident ist und bald nach rechts abzweigt.

Charakteristik

Schöne Bergtour auf markierten Wegen mit einigen steileren Abschnitten vor der Pramesbergerrast. Trittsicherheit und Erfahrung auf teilweise ruppigen Steigen erfordert der Abstieg über die Hohe Knallalm, der durchgehend markiert, aber wenig begangen und teilweise etwas verwachsen ist.

▶ bald darauf die Chorinsky-Klause. Die massiv gebaute Klause trotzt auch bei Unwetter Urgewalten aus Wasser, Erdreich und Bäumen. Von hier folgt man 5 Kilometer der leicht abfallenden Forststraße nach Weißenbach.

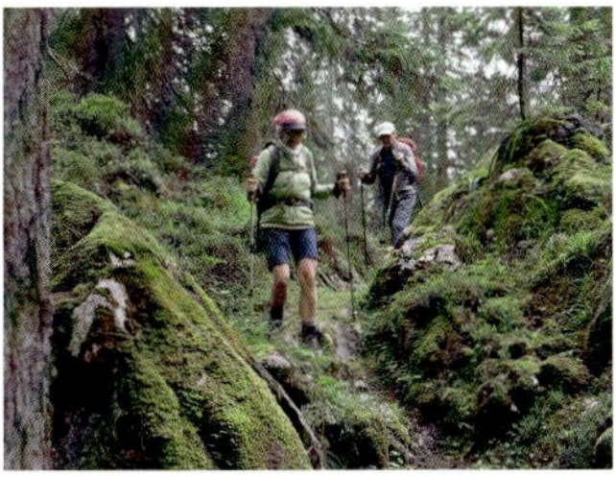

Einkehr und Übernachtung

Die **Goisererhütte** ist eine einladende kleine Berghütte, die 2013 im Zuge eines Umbaus vorbildlich renoviert wurde. Erbaut wurde die Hütte nahe der Schartenalm bereits 1933. Das freundliche Team versorgt die Berggeher bestens und man fühlt sich rundherum wohl. Übernachtungsplätze für 28 Personen (goisererhuette.at). Der **Weissenbachwirt** ist 2017 von Erwin Lechner regelrecht wachgeküsst worden. Er verwöhnt hier seine Gäste mit Hausmannskost. „Achtung Erwin" steht auf einer Tafel, weil er oftmals die Straße zwischen Gastgarten und Gasthaus quert. Also: Obacht auf den Wirt! (weissenbachwirt.at)

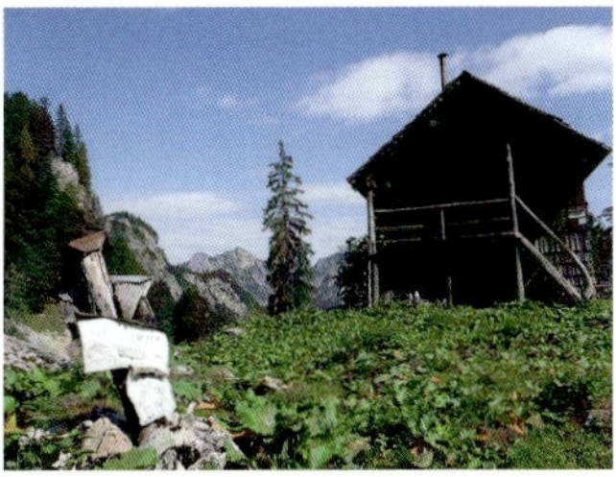

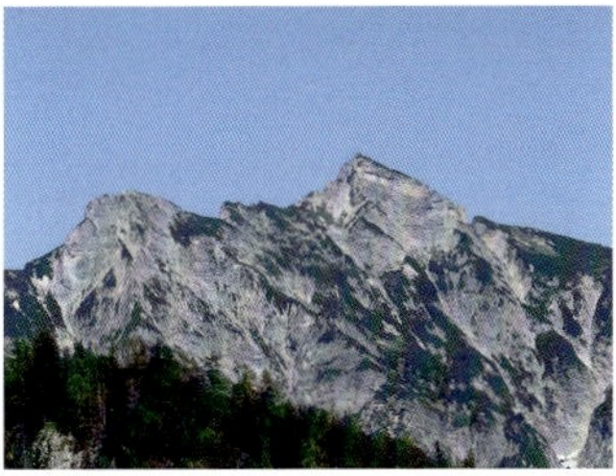

Chorinsky-Klause

Schon seit 1526 gibt es am Weißenbach hölzerne Klausen zur Holztrift. Die heute bestehende Klause wurde um 1819 fertiggestellt. Es ist ein massiver Bau aus Kalksteinquadern. Die Anlage steht als technisches Denkmal unter Schutz.

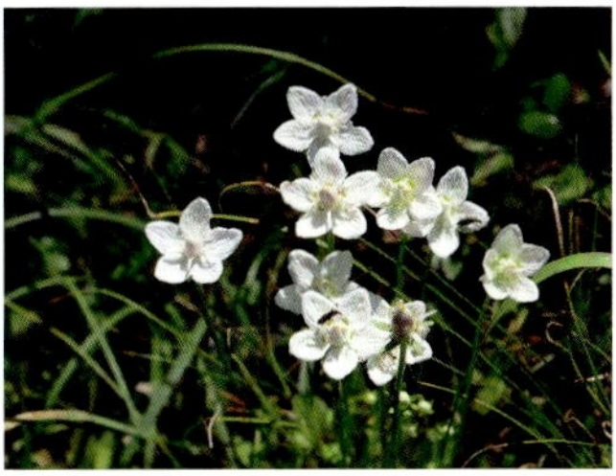

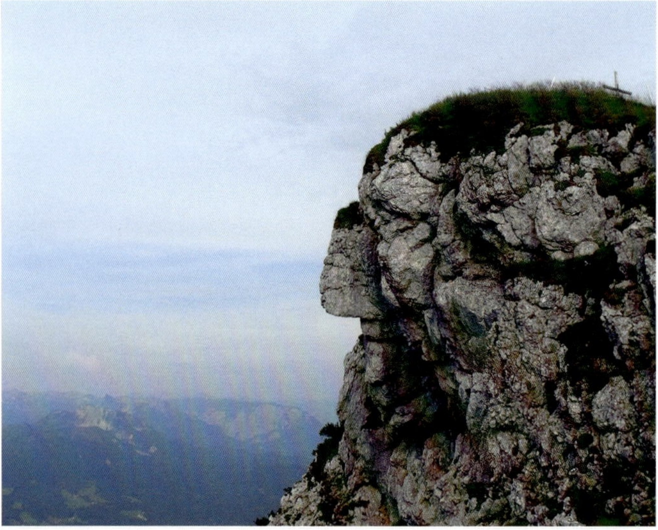

BAD GOISERN – KALMBERGE

33

Kalmberge-Überschreitung zur Goisererhütte

Von Bad Goisern führt ein wenig begangener Weg in die Tiefe Scharte. Von dort schlängelt sich der Steig hinauf auf die beiden Kalmberggipfel und weiter zum verdienten Hüttenziel, der Goisererhütte.

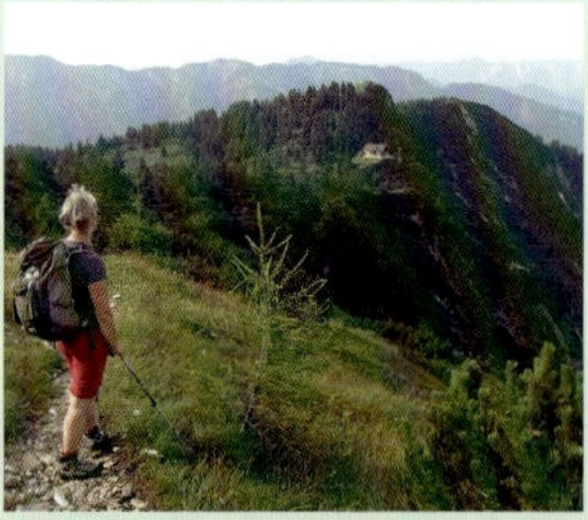

Die Überschreitung der Kalmberge ist eine anregende Bergtour, die ausdauernde Bergwanderer in einem Tag machen. Wir haben die Genussvariante gewählt, sind erst nach Mittag gestartet und haben die Nacht auf der gemütlichen Goisererhütte verbracht. Vom Bahnhof in Bad Goisern folgt man dem mit der Nr. 888 beschilderten Weg zuerst über die Traun und weiter entlang des Ramsaubaches, vorbei am Jodlersteg hinauf bis zu einem Parkplatz. Man taucht in die Wälder ein und bald zweigt der Weg nach links in Richtung Tiefe Scharte ab. Erst gemächlich, dann zunehmend steiler steigt man durch Wald höher. Einige umgestürzte Bäume zwingen zu Umgehungen, bald erreicht man eine Schotterrinne, die mit einem Seil gesichert durchquert wird und nach weiteren Serpentinen hat man die Scharte erreicht.

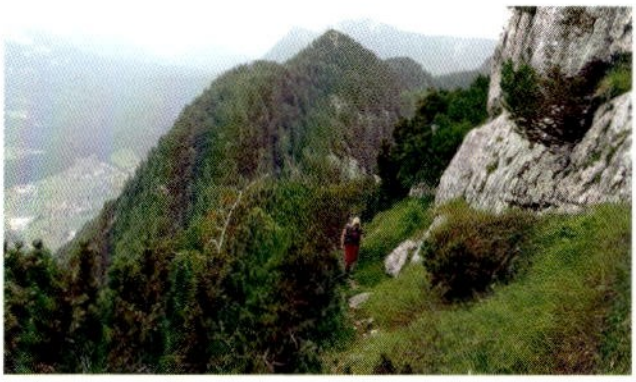

Ein teilweise felsiger Steig führt hinauf zum Brenntenkogel und weiter über steile Felspassagen, wo auch die Hände zum Höhersteigen notwendig sind, erreicht man den Niederen Kalmberg. Herrlich sind die Blicke über das Ramsaugebirge zum Dachstein und auch das Hüttenziel ist schon zu sehen. Entspannt geht es weiter, zunächst hinab in eine Senke und dann die letzten etwa 100 Höhenmeter hinauf zum höchsten Punkt der Tour, den Hohen Kalmberg. Eine Bank lädt zu einer ausgiebigen Rast ein und der Weg zur Goisererhütte ist nicht mehr allzu weit. Ein Blick zurück gilt dem hier gut zu sehenden „Kalmberg-Indianer“, die markanten Felsen gaben ihm diesen Namen.

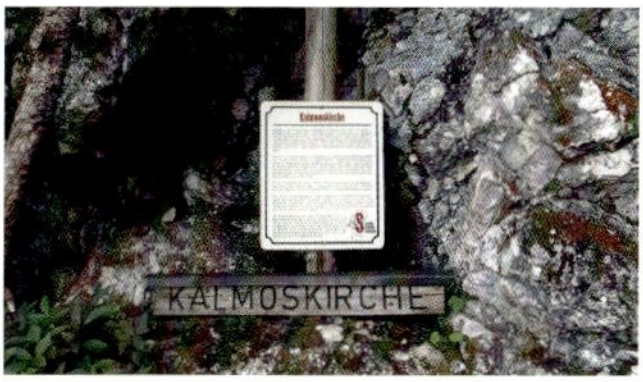

Einen kurzen Abstecher sollte man noch zur Kalmooskirche machen. Der Weg zweigt nicht weit von der Hütte nach rechts ab und in wenigen Minuten erreicht man die Höhle, die 150 Jahre lang, bis 1781 verfolgten Protestanten des Salzkammergutes als geheimer Treffpunkt diente. Bald darauf sitzt man auf der Terrasse der herrlich gelegenen Goisererhütte und genießt das gute Essen und den Blick zurück auf die Kalmberge. Am nächsten Morgen steigen wir am Weg Nr. 880 ab. Vorbei an der Dichtlerinquelle führt der schön angelegte Hüttenzustieg über die Untere Schartenalm hinab zur Trockentannalm. Auf der Forststraße erreicht man dann den schon bekannten Anstiegsweg. Als Variante kann man ab dem Ramsaubach auch in den Karl-Pilz-Rundwanderweg einbiegen und erreicht so die auf einem schönen Hochplateau liegende Ortschaft Ramsau. Von dort nach links zum Waldweg und hinab zur Straße, entlang der man wieder den Bahnhof in Bad Goisern ansteuert.

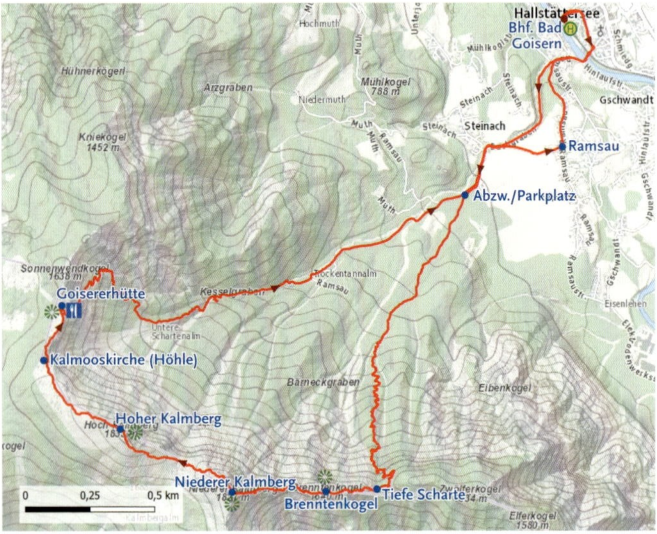

Gehzeit:	6–7 Stunden
Distanz:	18 km
Höhenmeter:	1650; Bahnhof Bad Goisern (502 m) – Parkplatz Ramsau (620 m) – Tiefe Scharte (1477 m) – Brenntenkogel (1640 m) – Niederer Kalmberg (1827 m) – Hoher Kalmberg (1833 m) – Goisererhütte (1592 m)
Internet:	salzkammergut.at

Gut zu wissen ...

Ausgangspunkt

Vom Bahnhof in Bad Goisern ist der Weg Richtung Goisererhütte und Kalmberge beschildert. Abstiegsalternative: Weg Nr. 884 von der Schartenalm über die Pramesbergerrast und die Hochmuth. Von dort weiter am Weg über die Jochwand hinab zum Bahnhof Bad Goisern-Jodschwefelbad.

Charakteristik

Teilweise steile Bergtour auf markierten Wegen, die Trittsicherheit erfordern. Anstieg am Weg Nr. 888 mit einigen kurz ausgesetzten und seilgesicherten Stellen im Bereich zwischen Niederer Scharte und Niederem Kalmberg. Unschwieriger Abstieg am Weg Nr. 880.

Einkehr und Übernachtung

Die **Goisererhütte** ist eine einladende Berghütte, die bereits 1933 nahe der Schartenalm erbaut wurde. Sie ist auch vom Tal aus gut zu sehen und liegt wie ein Ansitz oberhalb einer Senke am Kalmbergkamm. Das Team um Max Verwagner versorgt die Berggeherinnen mit bester Qualität und man fühlt sich rundherum wohl. Übernachtungsplätze gibt es für 28 Personen (goisererhuette.at).

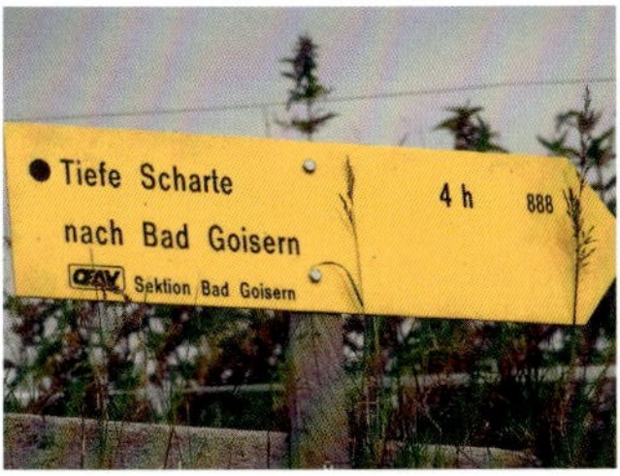

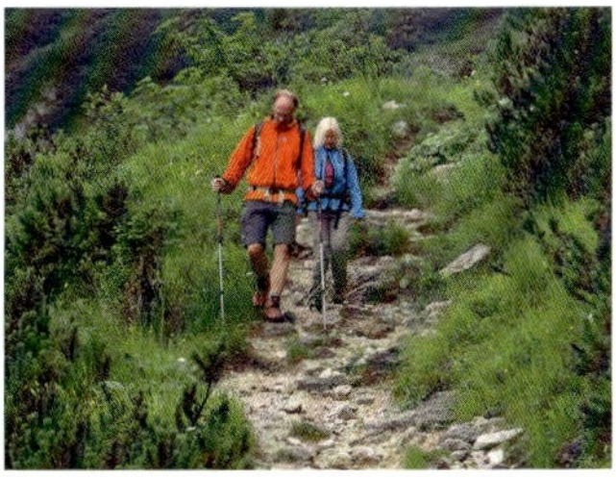

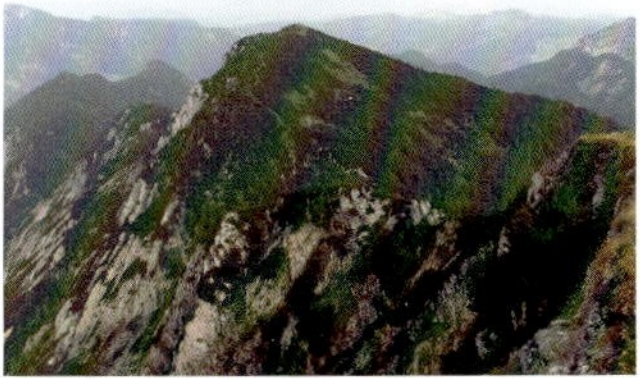

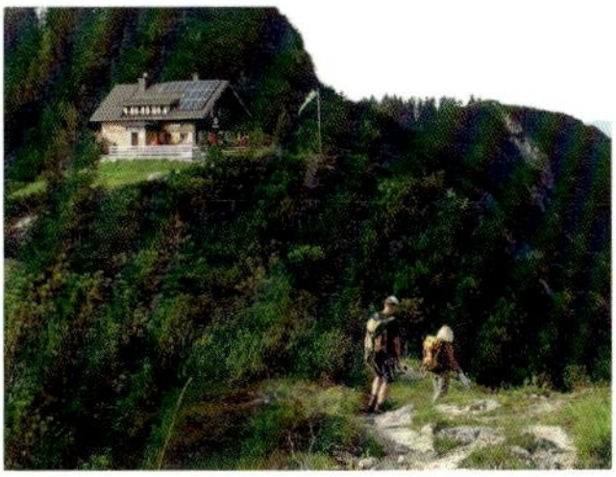

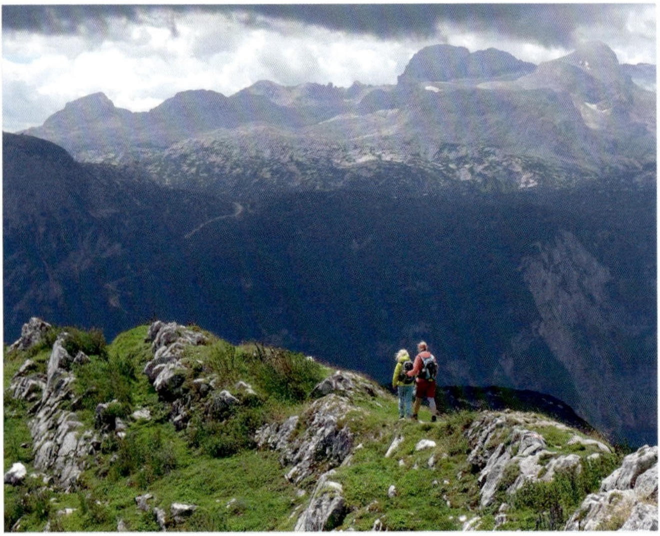

PÖTSCHENPASS – SARSTEIN-ÜBERSCHREITUNG 34

Über den Hohen Sarstein nach Obertraun

Der zum Greifen nahe Dachstein und der Ausblick über die Berge und Seen des Salzkammergutes machen den besonderen Reiz dieser etwas längeren Bergwanderung aus. Ideal für eine erste Rast liegt die gastliche Sarsteinalm.

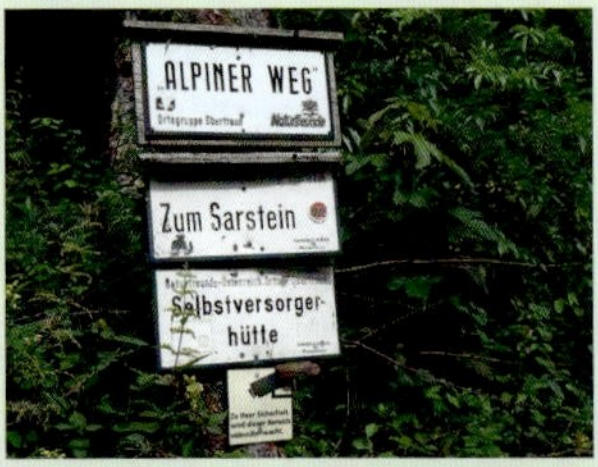

Als mächtiger Bergstock begrenzt der Sarstein den Hallstättersee auf seiner Ostseite. Es gibt mehrere Möglichkeiten, den Gipfel zu besteigen. Eine führt von der Pötschenkehre am Weg durch den Rotenggraben zur Sarsteinalm, eine andere vom Pötschenpass nach oben. Wer den Dachstein immer im Blick haben will, macht am besten die Überschreitung bis hinab nach Obertraun. Von der Bushaltestelle bei der Pötschenhöhe folgt man den Schildern zunächst durch flache Waldregionen und erreicht in einem Rechtsbogen den Beginn der felsigen Passagen.

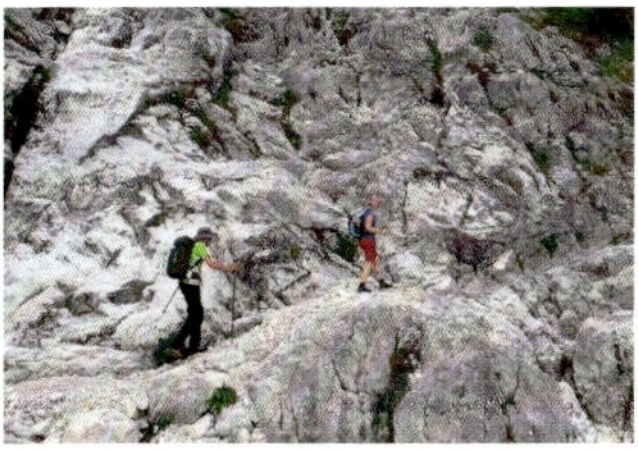

Es wird zunehmend steiler. Heikle Abschnitte sind mit Seilen gesichert, es gibt aber keine technischen Schwierigkeiten auf den Felsbändern. Schnell kommt man unter den Wänden des Niederen Sarsteins höher. Die Gipfel von Sandling und Loser tauchen über den Wäldern auf. Weiter oben wird es flacher, grüner und über einen kleinen Sattel erreicht man schließlich die gemütliche, in einer kleinen Senke liegende Sarstein-Almhütte. Ein idealer Rastplatz für einen Kaffee und ein Plauscherl mit der freundlichen Almbäuerin. Dann geht es am Serpentinenweg die letzten knapp 300 Höhenmeter hinauf zum Gipfel. Am weiten Gipfelplateau begrüßen uns grasende Schafe. Das Ausseerland im Osten und das Innere Salzkammergut im Westen liegen uns zu Füßen. Und im Süden die immer mehr schwindenden Gletscher des Dachsteinmassivs. Eine unglaubliche Szenerie, an der man sich kaum sattsehen kann! Der Dachstein bleibt am weiteren Weg im Fokus, er führt zunächst etwa 200 Höhenmeter bergab und dann auf flachen Wegen weiter über das langgestreckte Plateau Richtung Obertraun. Vorbei an den Resten von Steinmauern, vielleicht ehemalige Viehunterstände, erreicht man, noch bevor man wieder in Hochwald eintaucht, die Sarsteinhütte. Das Jausenplatzerl davor mit Tisch und Bänken könnte nicht schöner platziert sein. Tief unten das Koppental und darüber zum Greifen nahe Dachstein und Krippenstein mit dem sich dazwischen erstreckenden Plateau. Dann geht es endgültig bergab. Durch den steilen Bergwald schlängelt sich der gut angelegte Weg abwärts. Es sind mehr als 1100 Höhenmeter, die für manche Knie eine Herausforderung bedeuten. Stöcke sind ein gutes Hilfsmittel, um die Körperlast abzufedern.

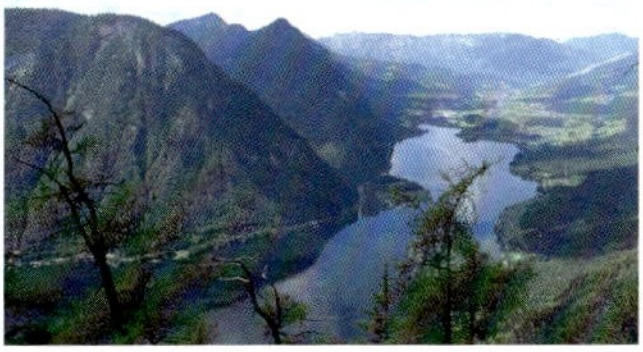

Der Ausblick nach Bad Goisern und weiter unten nach Hallstatt verleitet zu kurzen Pausen. Beim Bahnhof in Obertraun hat man dann das Ziel endgültig erreicht.

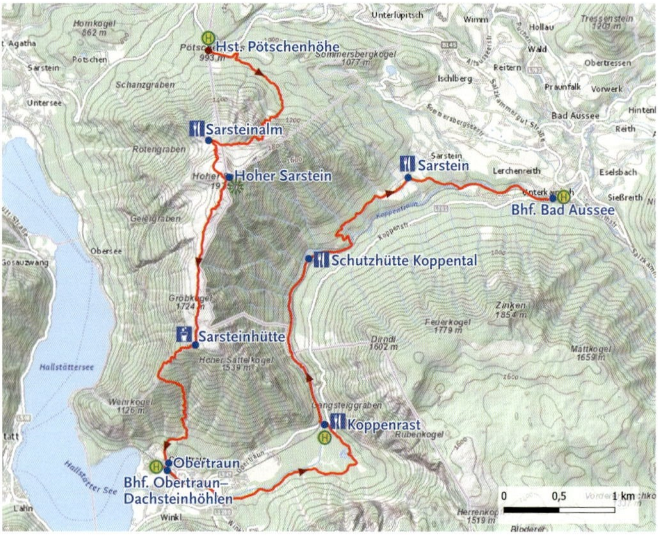

SARSTEIN-ÜBERSCHREITUNG

Gehzeit: 6–7 Stunden
Distanz: 13,5 km
Höhenmeter: 1030 auf, 1450 ab; Pötschenhöhe (992 m) – Goiserer Sarsteinalm (1695 m) – Hoher Sarstein (1975 m) – Sarsteinhütte (1650 m) – Obertraun (513 m)

ENTLANG DER KOPPENTRAUN

Gehzeit: 4 Stunden
Distanz: 15 km
Höhenmeter: 230; Obertraun (513 m) – Koppenrast (531 m) – Schutzhütte Koppental (593 m) – Ortschaft Sarstein (707 m) – Bhf. Bad Aussee (625 m)
Internet: dachstein.salzkammergut.at

Gut zu wissen ...

Ausgangspunkt

Mit dem Bus, der vom Bahnhof Bad Goisern-Jodschwefelbad abfährt, erreicht man die Hst. Pötschenpass Passhöhe. Vom Bahnhof Obertraun-Dachsteinhöhlen gibt es regelmäßig Züge zurück. Die alternative Wanderung durch das Koppental beginnt am Bhf. in Obertraun und endet am Bhf. in Bad Aussee.

Charakteristik

Lange Bergwanderung, Ausdauer und Trittsicherheit nötig. Aussichtsreiche Steige, zunächst flach, dann bisweilen steil (auch Seilsicherungen). Durchgehend gut beschildert und markiert. Der breite Weg durch das Koppental ist durchgehend beschildert und weist keine Schwierigkeiten auf.

Alternative: Durch das Koppental nach Bad Aussee

Einfacher, aber landschaftlich nicht weniger reizvoll ist eine Wanderung am Fuße des Sarsteins von Obertraun durch das Koppental nach Bad Aussee. Die wilde Koppentraun begleitet den breiten Weg, der sich unter den steilen Abbrüchen des Sarsteinmassivs entlangschlängelt. Auch nette Einkehrstationen liegen an der Strecke – die Koppenrast, die Schutzhütte Koppental und eine Mostschenke in der Ortschaft Sarstein. Ab dem Bahnhof Obertraun folgt man dieser beschilderten Route bis zum Bahnhof in Bad Aussee.

Einkehr und Übernachtung

Eine erste einfache, aber empfehlenswerte Einkehrstation ist die herrlich gelegene **Goiserer Sarsteinalm**, wo man auf Anfrage auch übernachten kann. Geöffnet von Juni bis Ende September (Tel. 0660-1447223). Die kleine **Sarsteinhütte** der Naturfreunde mit exklusivem Dachsteinblick ist eine Selbstversorgerhütte mit 14 Übernachtungsplätzen, die an schönen Wochenenden bewirtschaftet ist. Getränke stehen zur Entnahme für durstige Bergwanderer gegen Bezahlung bereit (sarsteinhuette.naturfreunde.at).

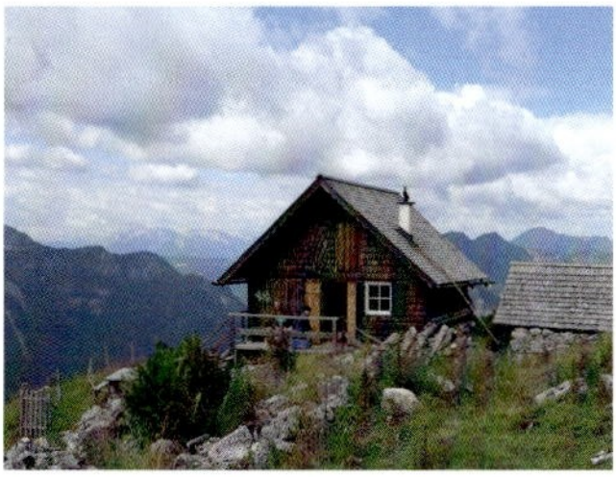

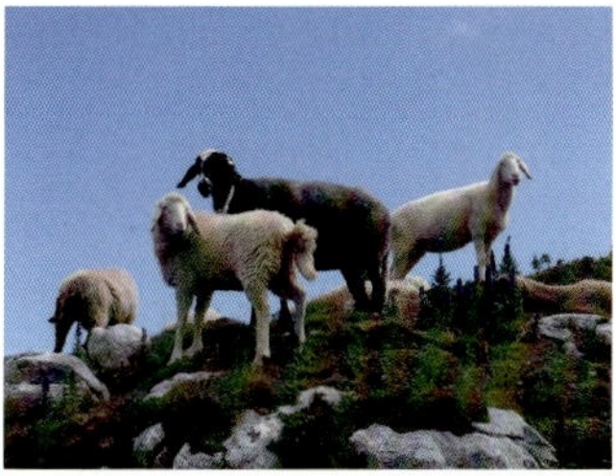

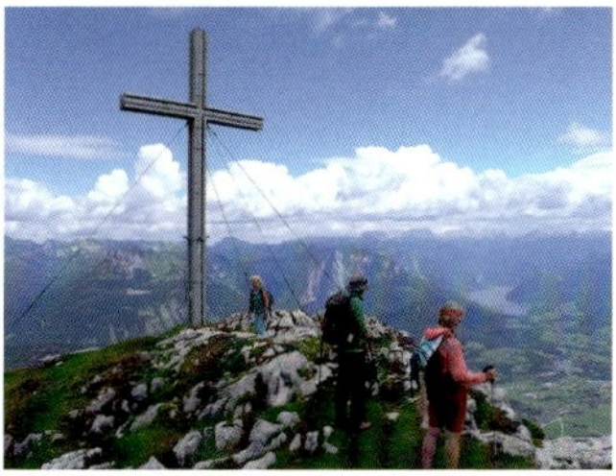

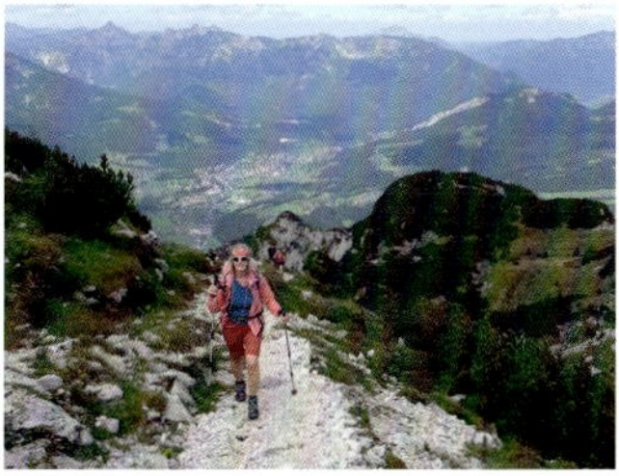

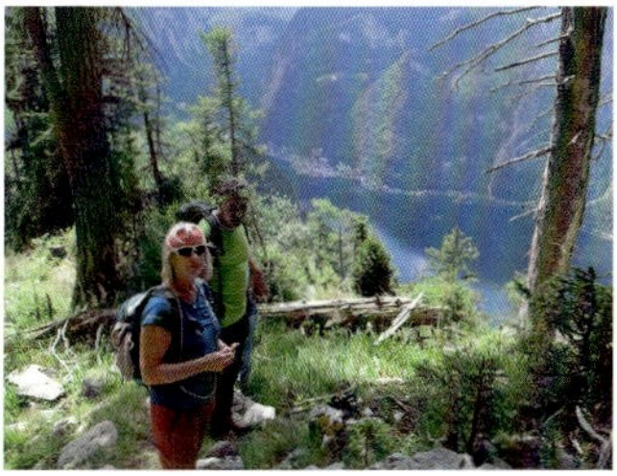

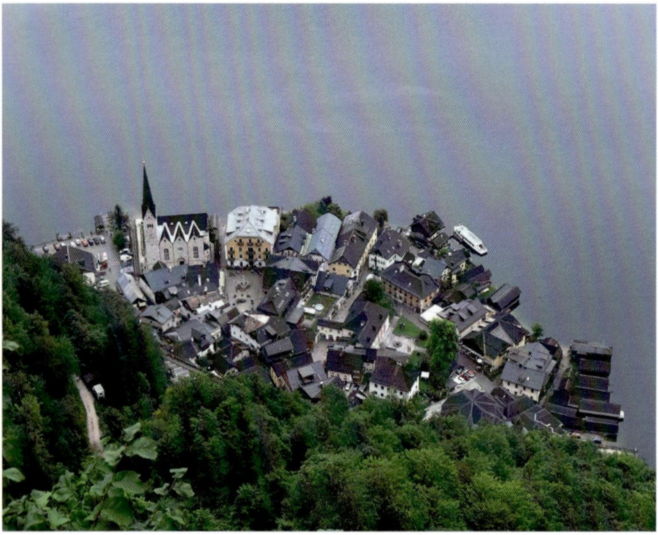

HALLSTATT – ECHERNTAL

35

Über den Hallstätter Salzberg ins Echerntal

Weltkulturerbe Hallstatt-Dachstein: Wir folgen den historischen Spuren des Salzabbaus im Hochtal um den Salzberg. Über den Gangsteig steigen wir ab ins Echerntal zum eindrucksvollen Waldbachstrub-Wasserfall.

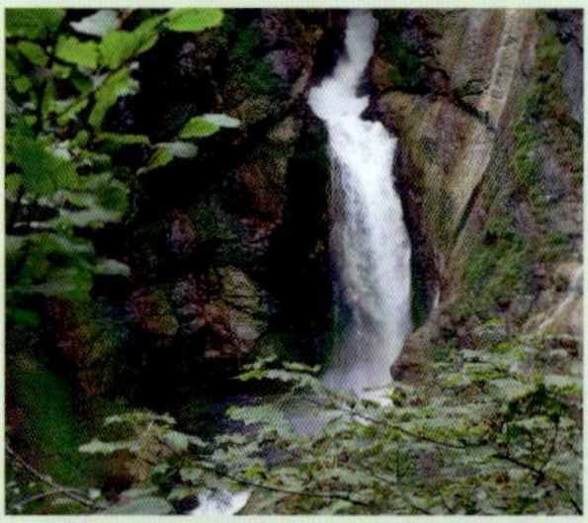

Es ist immer sehr viel los in Hallstatt, aber bei dieser Wanderung über den Salzberg sind auch einsame Passagen dabei, die von den Touristen kaum begangen werden. Trotzdem ist ein Wochentag außerhalb der Hochsaison zu empfehlen, da kann man diese abwechslungsreiche Tour umso mehr genießen. Aus dem Zentrum von Hallstatt entkommt man beim Anstieg auf den Salzberg bald dem hektischen Getriebe des Welterbeortes. Über die Müllerstiege erreicht man den Salzbergweg, der über lange Serpentinen hinaufgeht. Ein erster Abstecher führt zum Wasserfall beim Mühlbach, weiter oben passiert man eine Kaiser Maximilian I. gewidmete Gedenktafel und den Franz-Josef-Stollen.

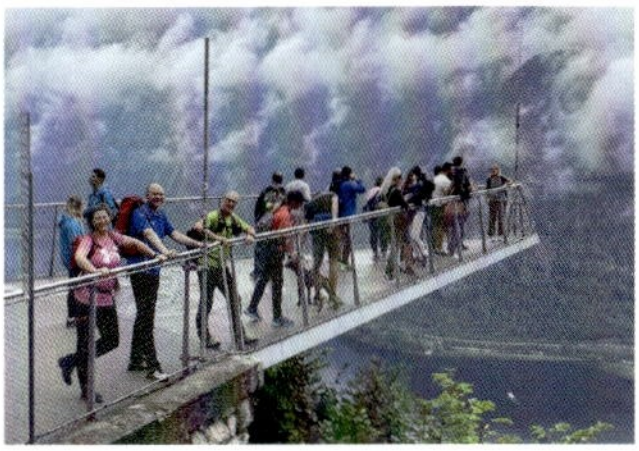

Nahe der Bergstation der Salzbergbahn endet der Anstieg beim Rudolfsturm mit der etwas darunter liegenden Aussichtsplattform. Hier taucht man wieder in den Touristenstrom ein. Über eine Brücke kommt man dann auf einen asphaltierten Weg. Dieser steuert am Schaugrab am Gräberfeld aus der Hallstattzeit vorbei und an informativen Tafeln auf verspiegelten Quadern durch dieses Hochtal das Schaubergwerk der Salzwelten an. Ab hier wird es wieder beschaulicher, nur wenige wandern weiter und auf der steilen, schweißtreibenden Straße kommt man bei einem Stadel zur Abzweigung mit einigen Wegweisern. Hier folgt man der Forststraße, die links wegführt, einige Höhenmeter sind noch zu bewältigen, dann geht es ab der nächsten Kreuzung endgültig Richtung Hallstatt bergab und über einige Serpentinen erreicht man durch Hochwald die Abzweigung zum Gangsteig. „Nur für Geübte" steht auf der Tafel.

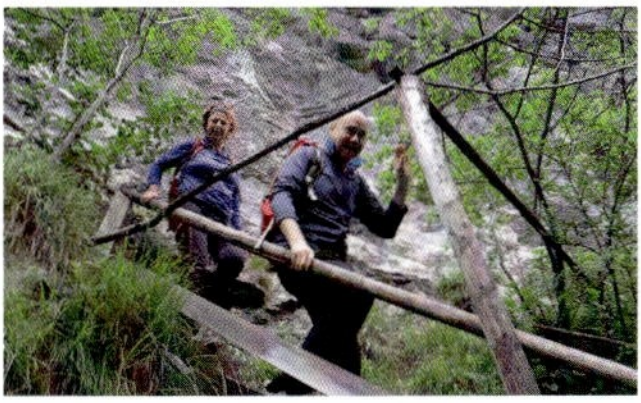

Bei trockenen Wegen ist der durch die fast senkrechten Abbrüche angelegte Felsweg aber gut zu gehen. Mit Seilen und Geländern gut gesichert sollte es für trittsichere Bergwanderer kein Problem geben. Tief unten mündet der Steig in den rechts aufwärts führenden Weg ein, der zu einem einzigartigen Schauspiel leitet: Der Waldbach hat sich hier durch Fels seinen Weg gebahnt und mit dem Waldbachstrub einen imposanten Wasserfall geschaffen. Begrenzt von steilen Felswänden, aus denen der Schleierfall herabrieselt und der hoch oben liegenden Brücke der Forststraße bietet sich ein eindrucksvolles Naturschauspiel. Wir sind im Echerntal angekommen und folgen dem Waldbach erst am linken, dann nach einer Brücke am rechten Ufer auf dem beschilderten Themenweg „Maler, Literaten und Naturwunder". Am mächtigen Runenstein vorbei erreicht man einen Holzpavillon, ▶

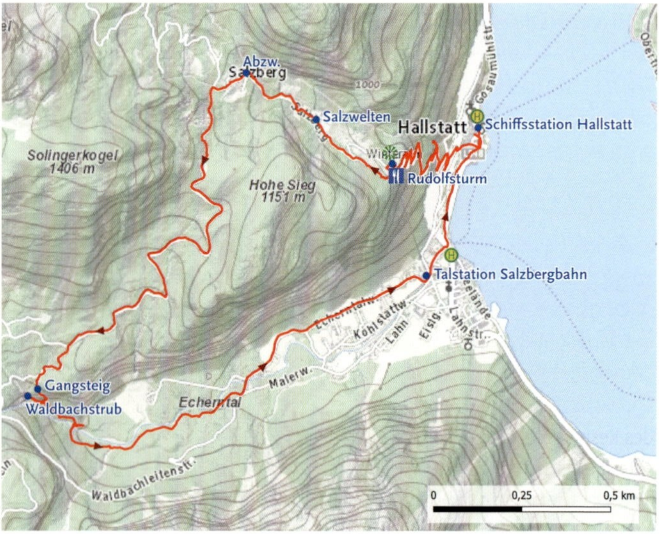

Gehzeit:	4 Stunden
Distanz:	12 km
Höhenmeter:	600; Hallstatt (530 m) – Rudolfsturm (855 m) – Abzw. Echerntal (1095 m) – Waldbachstrub (700 m) – Echerntal (540 m)
Internet:	dachstein.salzkammergut.at, hallstatt.net

Gut zu wissen ...

Ausgangspunkt

Den Ausgangspunkt in Hallstatt erreicht man bequem mit dem Zug (Bahnhst. Hallstatt) und von dort mit dem regelmäßig verkehrenden Schiff in den Weltkulturerbeort.

Charakteristik

Kurzweilige Wanderung auf breiten Wegen bis zum Gangsteig. Trittsicherheit ist am durchgehend mit Seilen und Geländern abgesicherten Felssteig durch die Wände hinab zum Waldbach notwendig. Besondere Vorsicht bei Nässe! Der Gangsteig kann über die Forststraße umgangen werden.

▶ überquert noch einmal den Waldbach und wandert vorbei an den ersten Häusern des Tales hinaus zur Talstation der Salzbergbahn und weiter bis zur Schiffsstation im Ortszentrum von Hallstatt.

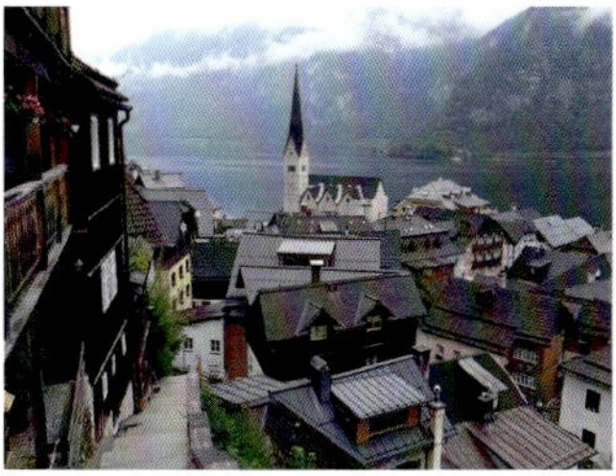

Einkehr

Der auf einen mittelalterlichen Wehrturm aus dem 13. Jh. zurückgehende Bau des **Rudolfsturmes** war bis 1954 die Wohnung des Bergbaubetriebsleiters. Herrlich ist Blick von der Terrasse des Restaurants mit traditioneller österreichischer Küche über den tief unten liegenden See zum Sarstein. Geöffnet täglich während der Betriebszeiten der Salzbergbahn. Davor liegt die über den Abgrund hinausragende Aussichtsplattform mit dem Welterbeblick, direkt über dem Zentrum von Hallstatt.

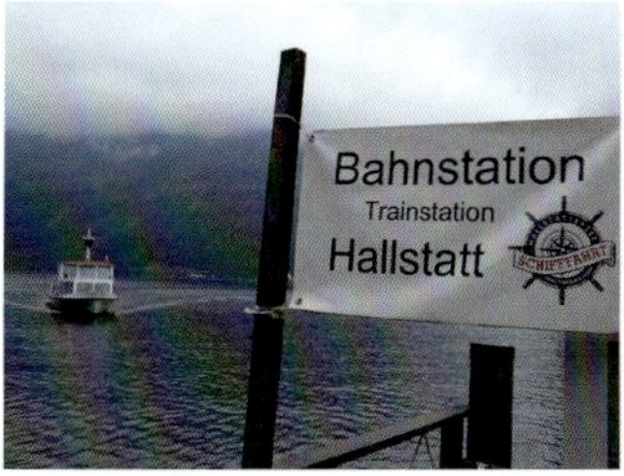

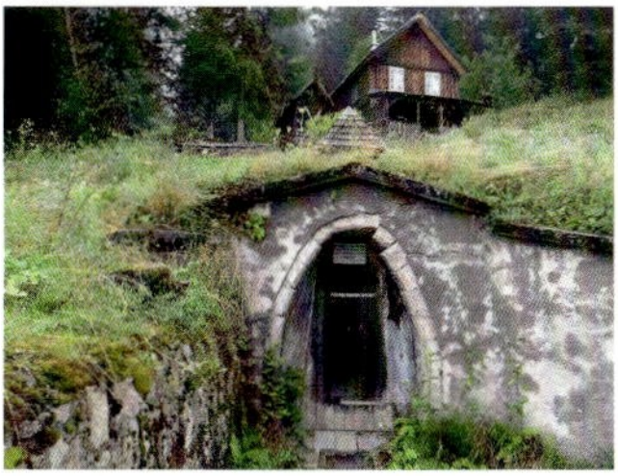

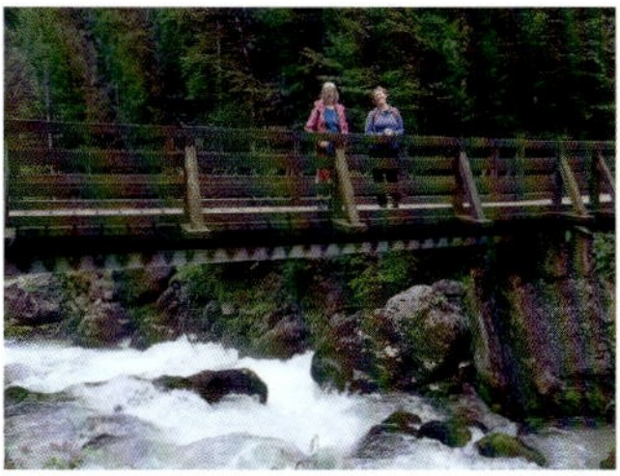

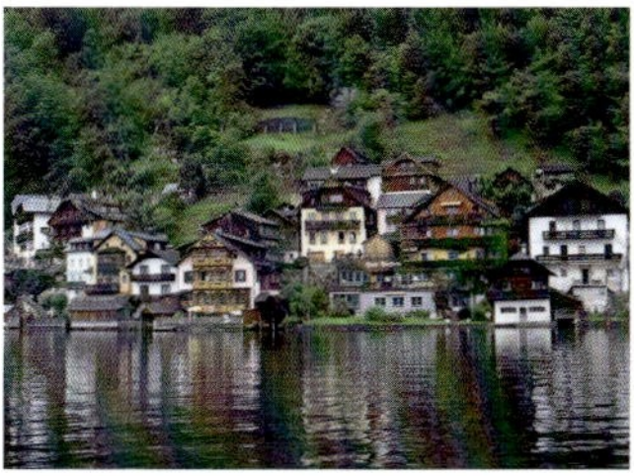

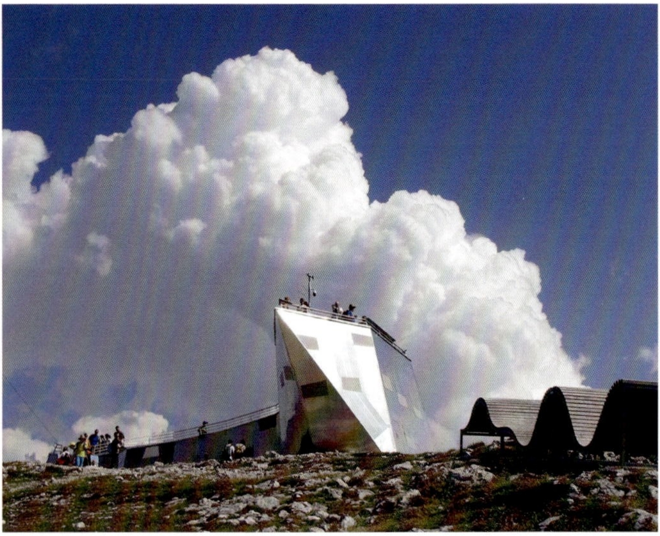

OBERTRAUN – KARSTWEGE KRIPPENSTEIN 36

Karstwege um den Krippenstein

Hoch über dem Hallstättersee dominiert der Krippenstein die Szenerie. Wir sind dem Berg von der Schönbergalm her entgegengestiegen und haben eine einsame Runde über den Hirzkarsee zum Heilbronner Kreuz gemacht.

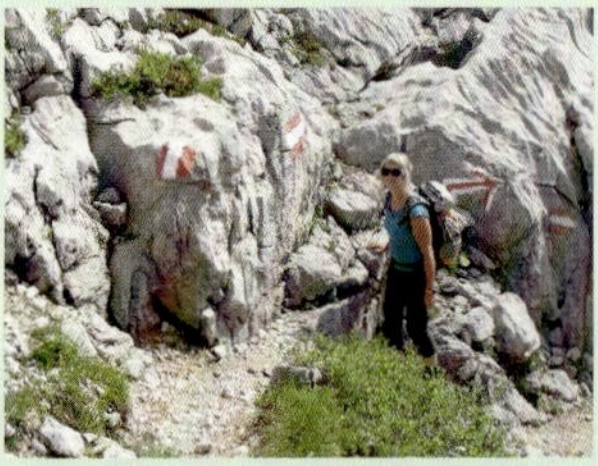

Die Hotspots am Krippenstein sind weltbekannt und entsprechend gut besucht. Aber es gibt auch einsamere Regionen. Am Weg von der Schönbergalm hinauf zum Däumelkogel und auf einer Runde um das Heilbronner Kreuz ist man meist alleine unterwegs.

Karstrunde Hirzkarsee und Däumelsee
Von der Bergstation Krippenstein folgt man zunächst dem Karstwanderweg. Man passiert die kleine Krippenstein-Eishöhle und bald zweigt rechts der Weg Nr. 662 Richtung Hirzkarsee ab. In stetem Auf und Ab steigt man über kompakte Felsen mit den typischen Karstklüften und kommt dann hinab zur grünen Oase des Hirzkarsees.

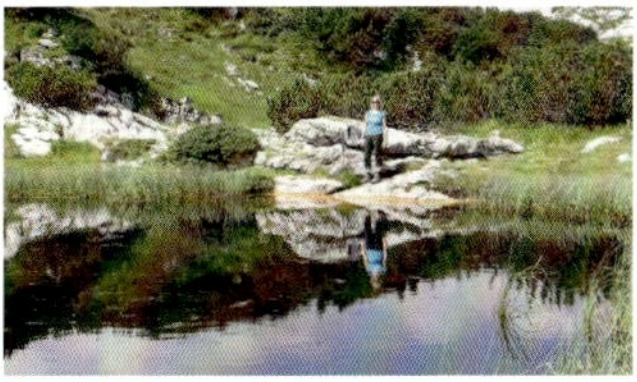

Schilfgras am Ufer und Bergmolche im Wasser, das von Libellen umschwirrt wird – ein schöner Platz für eine Rast. Bald darauf erreicht man eine der Unterstandshütten am Karstwanderweg. „Gjaidalm 30 Minuten“ steht da, wir nehmen die andere Richtung und folgen dem Weg hinauf zum Heilbronner Kreuz. Ab dem Kreuz gibt der Weg Nr. 664 zunächst abwärts und weiter durch ein breites Hochtal in Richtung Däumelkogel die Richtung vor. Der Däumelkogel wird links passiert oder – noch besser – bestiegen. Ab einem Sattel geht es noch kurz abwärts bis zum Weg Nr. 662, der von der Schönbergalm heraufführt. Hier nach links hinauf zu einer Unterstandshütte und wenig später ist der versteckt in einer Mulde liegende Däumelsee erreicht. Ein kurzer steiler Anstieg bringt uns zurück zum Karstwanderweg und weiter zur Bergstation auf den Krippenstein.

Schönbergalm – Däumelkogel – Heilbronner Kreuz – Gjaidalm
Der Ausgangspunkt dieser Bergtour ist die erste Station der Seilbahn auf der Schönbergalm.

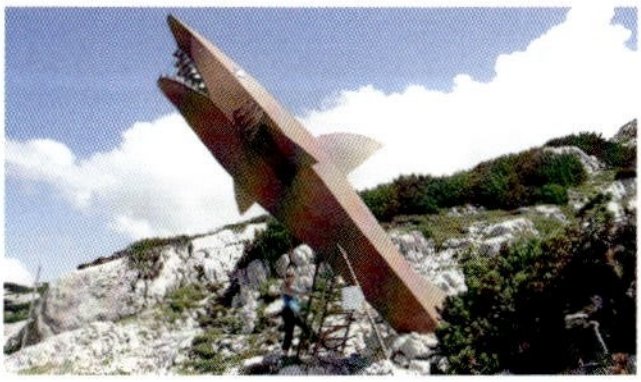

Durch den Erlebnispark kommt man bald zur Beschilderung des Weges Nr. 662. „Däumelkogel 2 h“ steht auf der Tafel, die das erste Ziel vorgibt. Erst durch lichten Bergwald, weiter oben dann mehr und mehr im freien Gelände schlängelt sich der durch Karstgestein eher ruppige Weg nach oben. Erste Blicke zum Hallstättersee und den umliegenden Bergen werden frei. Bei einer Wegkreuzung folgt man dann links dem Weg Nr. 664 in Richtung Heilbronner Kreuz. Den bald abzweigenden kurzen Weg auf den Gipfel des Däumelkogels sollte man sich nicht entgehen lassen. Der Blick schweift dort über das weite Karstplateau zum Dachstein und weiter zum Krippenstein. Zurück am Weg folgt man diesem in ständigem Auf und Ab, bis überraschend das Heilbronner Kreuz auftaucht. Es sind fast 3,5 Stunden, die uns dieser herrlich ▶

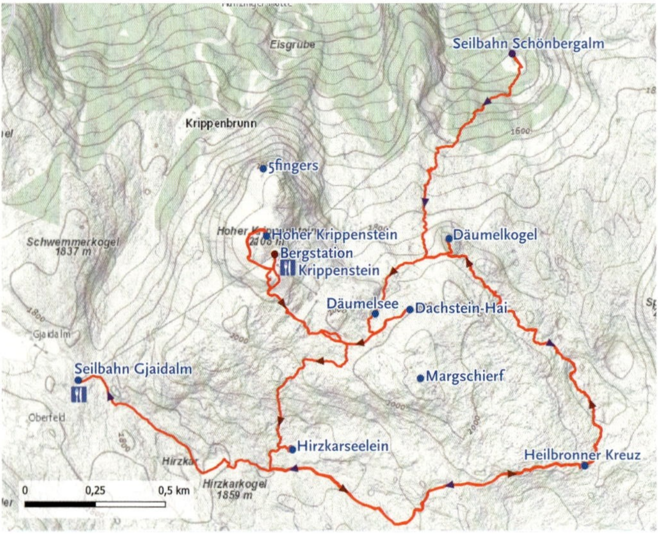

KRIPPENSTEIN – HIRZKARSEE – DÄUMELSEE

Gehzeit: 4 Stunden plus ca. 1 Stunde für 5fingers und Welterbespirale
Distanz: 12 km
Höhenmeter: 500; Bergstation Krippenstein (2060 m) – Hirzkarsee (1820 m) – Heilbronner Kreuz (1959 m) – Däumelsee (1940 m) – Welterbespirale am Gipfel (2108 m) – 5fingers (2034 m)
Internet: dachstein-salzkammergut.com

SCHÖNBERGALM – GJAIDALM

Gehzeit: 4–5 Stunden
Distanz: 10 km
Höhenmeter: 850 auf, 400 ab; Schönbergalm (1338 m) – Däumelkogel (2001 m) – Heilbronner Kreuz (1959 m) – Station Gjaidalm (1788 m)

Gut zu wissen ...

Ausgangspunkt

Die Bahnhöfe Obertraun-Dachsteinhöhlen und Steeg-Gosau sind regelmäßig und bequem mit den Zügen der ÖBB zu erreichen. Von dort fahren periodisch Busse zur Talstation der Seilbahn.

Charakteristik

Durchgehend markierte und beschilderte Wege. Erfahrung auf Steigen im felsigen und karstigen Gelände ist bei beiden Touren notwendig. Gutes Schuhwerk und stabiles Wetter sind wichtig.

▶ einsame Weg abverlangt. Das Kreuz erinnert an eine Bergtragödie im Jahr 1954. Ab hier folgt man dem breiten Karstwanderweg hinab bis zur Gjaidalm. Man kann von hier über Krippenbrunn zur Talstation hinabwandern oder auch nach Obertraun. Bequemer ist sicher die Fahrt mit der Seilbahn hinauf zum Krippenstein. Dort kann man auch noch den Weg zu den 5fingers und zur Welterbespirale am höchsten Punkt unter die Sohlen nehmen. Dann schwebt man mit der Seilbahn zurück ins Tal.

Einkehr

Am Ende der Tour 1 lockt die **Gjaidalm** unterhalb der Seilbahnstation zur Einkehr (gjaid.at). Bei der Bergstation Krippenstein findet man das **Bergrestaurant** (Tel. 05014012603) und die **Lodge** mit Terrasse und Dachstein-Traumblick. In der Lodge kann man auch übernachten (www.lodge.at).

Einfach zu gehende Alternative

Für eine Wanderung mit Kindern bestens geeignet ist der breite Karstwanderweg vom Krippenstein, vorbei an den Eishöhlen und dem Dachstein-Hai, zum Heilbronner Kreuz und weiter zur Gjaidalm. Gehzeit: 3 Stunden

Welterbespirale und 5fingers

Die Welterbespirale (Aussichtsplattform mit 360-Grad-Panoramablick auf den Dachstein und ins Salzkammergut) liegt wie eine ferne Raumstation am Gipfel des Krippensteins. Nicht weit davon behauptet die kleine Krippenstein-Kapelle seit jeher ihren Platz. Die Hauptattraktion ist aber nach wie vor die weit über den Abgrund hinausragende spektakuläre Plattform der fünf Finger. Auf fünf unterschiedlichen Stegen, einer davon mit Glasboden, kann man seine Schwindelfreiheit unter Beweis stellen.

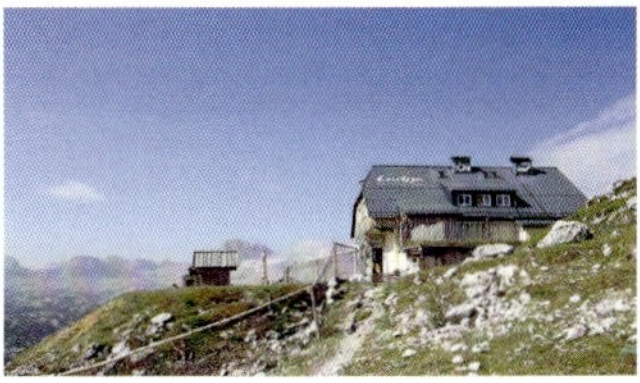

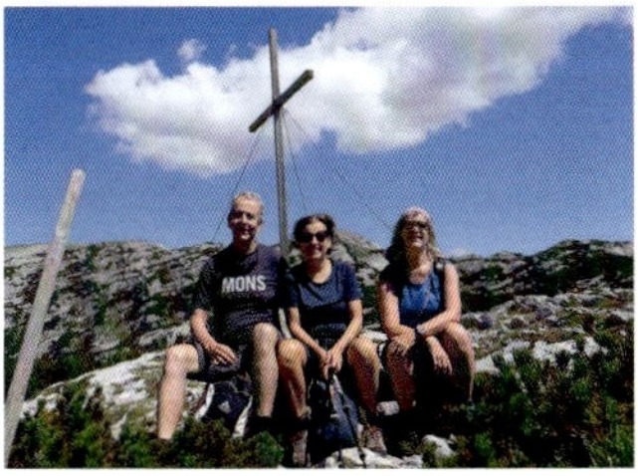

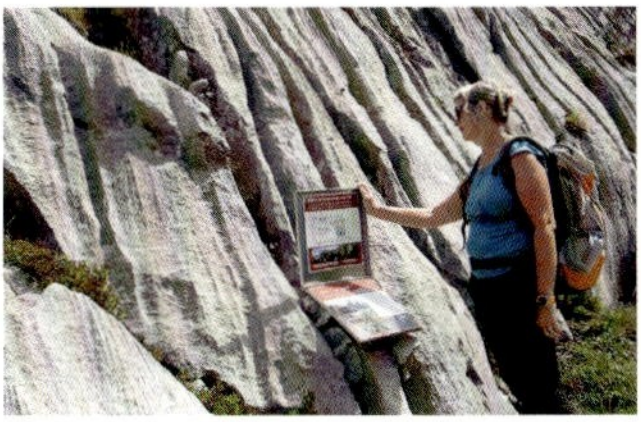

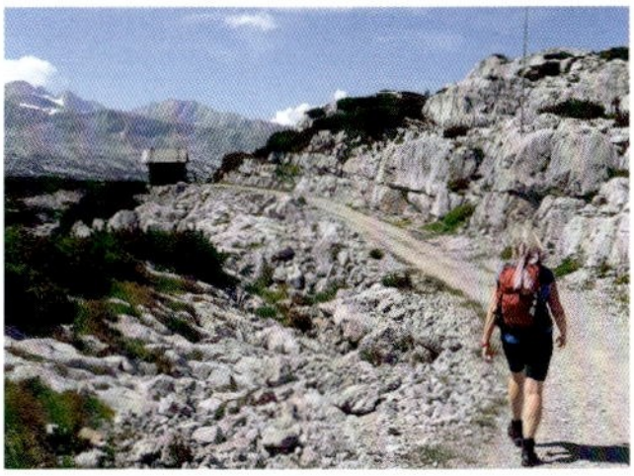

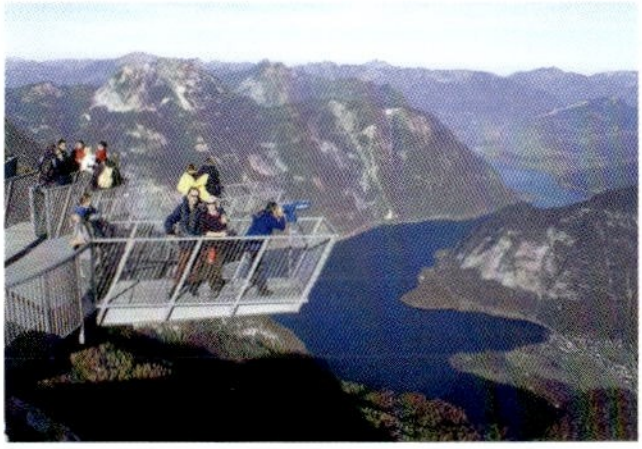

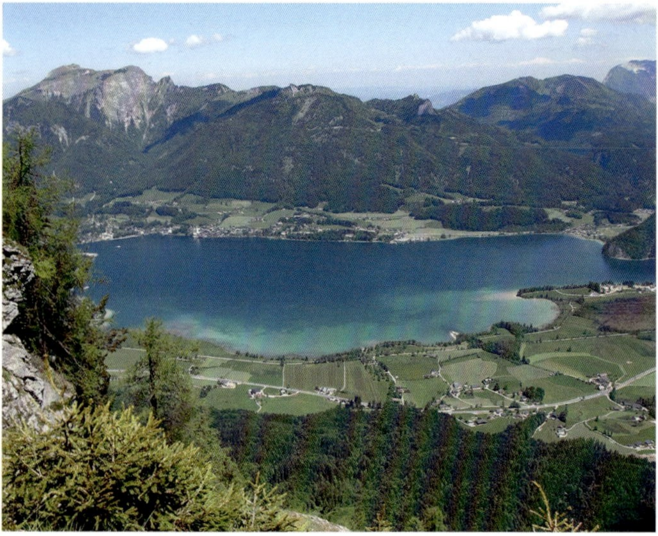

STROBL – BLECKWAND

37

Wolfgangseeblick von der Bleckwand

Aussichtsreich ist die Bergtour, die von Nordosten auf den Gipfel der Bleckwand führt. Eine bewirtschaftete Hütte, der fotogene Felsdurchblick und ein knackiger Abstieg sind die Höhepunkte der Rundtour.

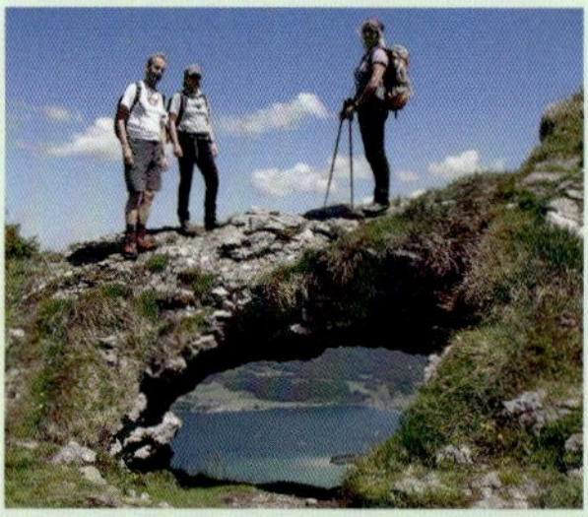

Es gibt mehrere Möglichkeiten, den Gipfel der Bleckwand zu besteigen. Am einfachsten ist die Auffahrt auf der Mautstraße zur Niedergadenalm und von dort am Märchenweg über die Bleckwandhütte auf den Gipfel. Eine Runde, die auch Kindern Spaß machen wird. Wir aber nehmen für den Anstieg den Weg Nr. 34 von der Bushaltestelle an der Bundesstraße über das Gasthaus Mahdhäusl. Von dort geht es bald in den Wald hinein, bei einer Abzweigung nach rechts und auf einer Forststraße weiter. Man sollte die Abzweigung des Weges nach links nicht übersehen. Auf einem steiler werdenden Steig geht es höher, man quert eine steilere Waldflanke und erreicht das Gebiet der Bleckwandalm und weiter ansteigend bald die Bleckwandhütte. Die Einkehr mit Terrassenblick lohnt sich, ehe man weiter aufsteigt und bald den breiten Gipfelkamm erreicht. Ein Felsfenster gibt den perfekten Fotorahmen für den Wolfgangsee ab.

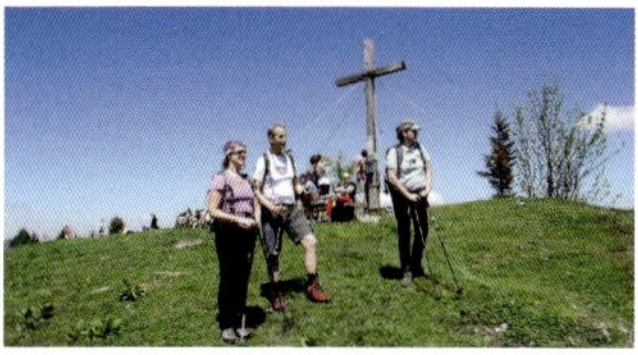

Kurz darauf ist das Gipfelkreuz erreicht. Dieses steht nicht am höchsten Punkt, dafür am schönsten Aussichtsplatz. Der höchste Punkt liegt weiter östlich. Prachtvoll ist der Ausblick zum Wolfgangsee mit dem Schafberg, eindrucksvoll präsentiert sich der Doppelfelsen des Sparber. Meist ist man hier nicht alleine, der Märchenweg ist auch für Familien eine Motivation zu einer Bergwanderung. Für den Abstieg kann man dem gemütlicheren und weniger steilen Weg hinab zur Niedergadenalm folgen. Dieser zweigt etwa 100 Meter nach dem Gipfelkreuz vom Kamm rechts ab. Unten angekommen folgt man weiter der Beschilderung zur Schartenalm. Diese Route führt aber am aussichtsreichen und nach Nordosten steil abfallenden Kamm bis zum höchsten Punkt weiter und folgt dann dem Weg Nr. 876 in südlicher Richtung abwärts.

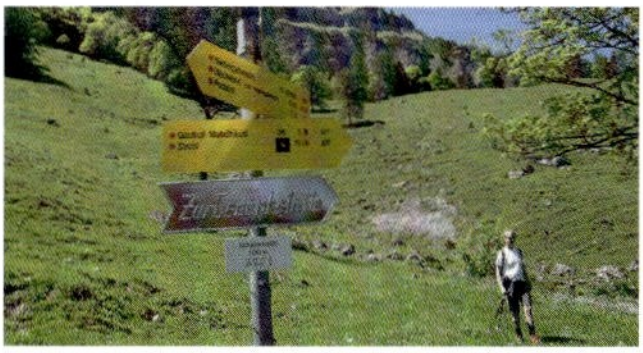

Hier wird es felsiger und bald wendet sich der Weg nach Nordosten und auf steilen Serpentinen geht es hinab Richtung Schartenalm. Stöcke sind hier hilfreich, der Weg ist teilweise wegen des Laubes schlecht zu gehen und bei Nässe sehr rutschig. Imposant sind immer wieder die Blicke auf die Steilabbrüche unter dem Gipfelkamm. Bald sind die unangenehmen Passagen geschafft und man erreicht die ausgedehnten Almwiesen der Schartenalm. Hier kann man sich nach dem steilen Waldabstieg, der Konzentration erfordert, entspannen und die Almidylle genießen. Eine bunte Blütenpracht empfängt uns und beim Blick hinauf ist der ganze Kammverlauf zu sehen. Kurz nach der Almhütte kommt man zu einer Gedenkstätte. Über Almwiesen geht es mit Blick zum nahen Sparbergipfel hinab zur Almstraße, von der bald der Weg wieder in den Wald abzweigt. ▶

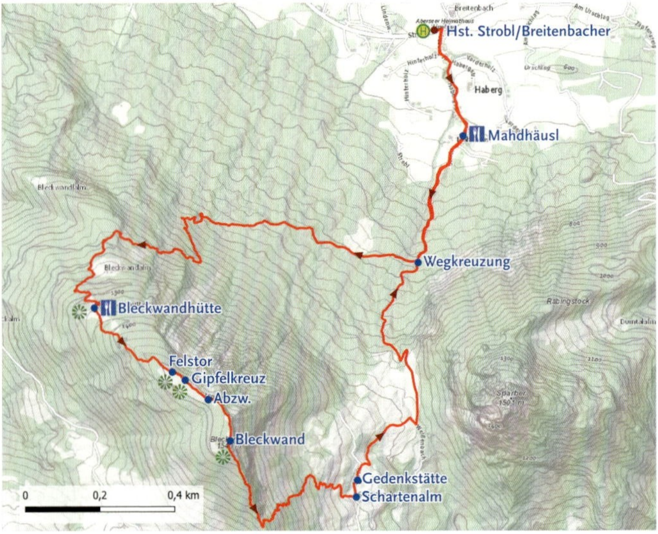

Gehzeit: 4–5 Stunden
Distanz: 11 km
Höhenmeter: 1050; Hst. Strobl/Breitenbacher (555 m) – Gasthof Mahdhäusl (610 m) – Bleckwandhütte (1329 m) – Bleckwandgipfel (1541 m) – Schartenalm (1051 m)
Internet: wolfgangsee.salzkammergut.at

Gut zu wissen ...

Ausgangspunkt

Die Bushaltestelle Strobl/Breitenbacher liegt an der B 158 nahe der Zufahrtsstraße zum Gasthof Mahdhäusl. Ein Schild an der Straße weist auf den Gasthof hin.

Charakteristik

Anregende, abschnittsweise steile Bergtour auf markierten, beschilderten Wegen. Keine ausgesetzten Stellen. Nur bei trockenen Wegen zu empfehlen, da der Abstieg über den Südostrücken und im anschließenden Wald steil und mit Laub bedeckt ist.

▶ Weiter unten kommt man zur Kreuzung, wo sich die Runde wieder schließt. Es ist nicht mehr weit bis zum Gasthof Mahdhäusl. Von hier folgt man wieder der Zufahrtsstraße hinab zur Bushaltestelle.

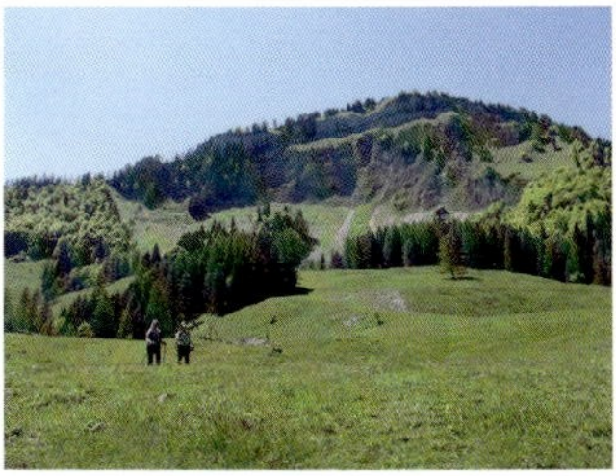

Einkehr

Die **Bleckwandhütte** der Naturfreunde Bad Ischl hat eine traumhafte Terrasse mit Wolfgangseeblick. Für Übernachtungen sollte man reservieren (bleckwandhuette.naturfreunde.at). Der Gasthof **Mahdhäusl** bietet sich als Einkehrstation nach der Tour an. Man sitzt im Garten oder auf der Terrasse neben Tiergehegen. Wildgerichte, Lamm und Schmankerl aus eigener Produktion werden serviert (mahdhaeusl.com).

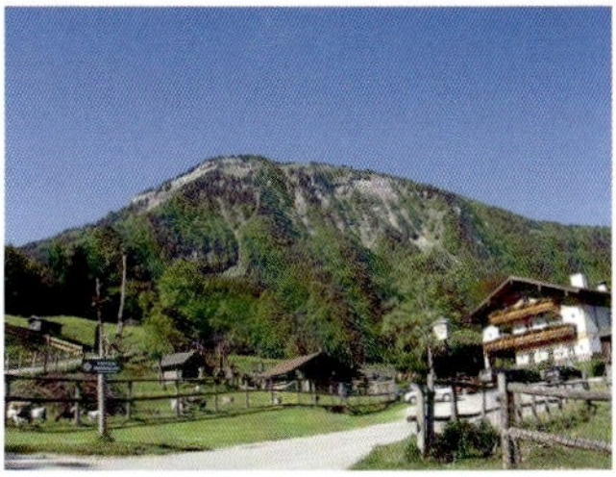

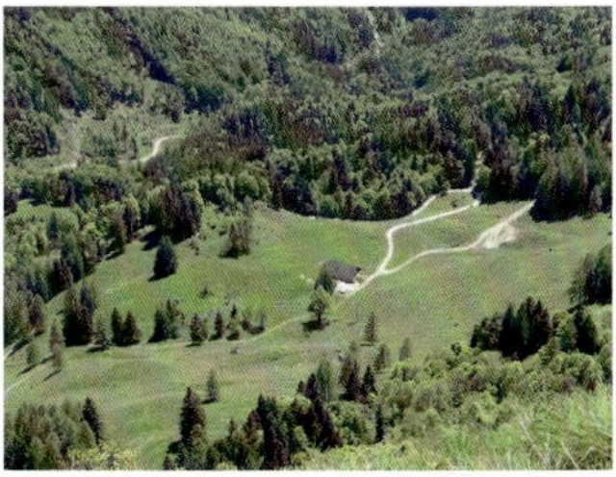

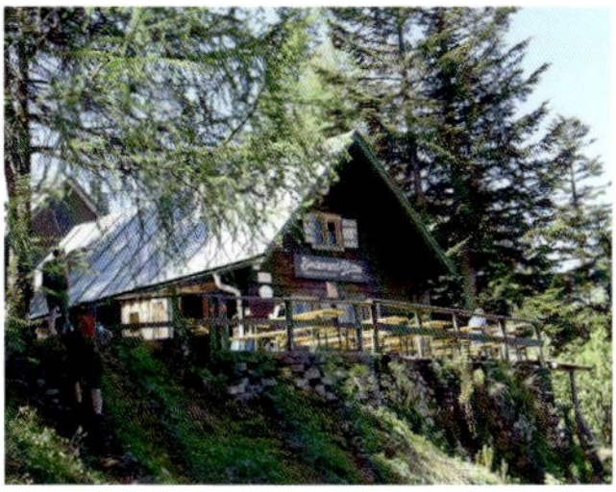

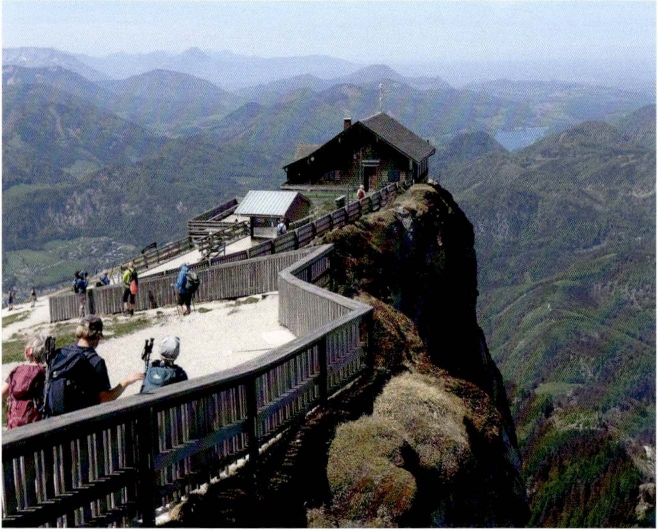

ST. WOLFGANG – SCHAFBERG

38

360°-Panoramablick vom Schafberg

Von allen Seiten führen Wege aus der Seenlandschaft des Salzkammergutes hinauf auf den Schafberg. Von der Talstation der Schafbergbahn in St. Wolfgang startet man zu einer tagesfüllenden Rundtour.

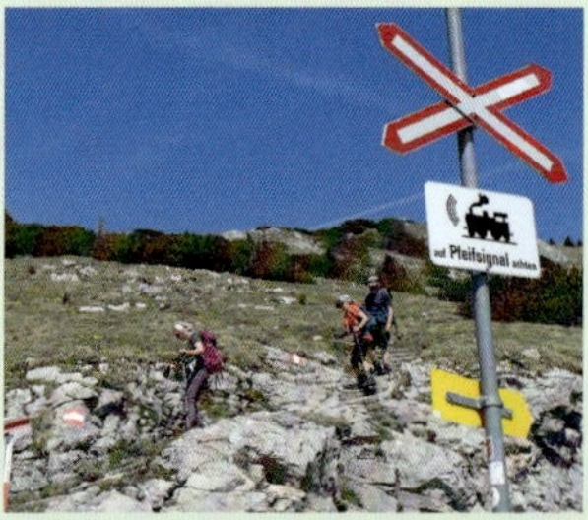

Um den Schafberg zu besteigen haben wir den Auerriesenweg für den Anstieg gewählt, den Purtschellersteig Richtung Gipfel und den Schafbergweg für den Abstieg ins Tal. Von der Talstation der Schafbergbahn folgt man zuerst der Beschilderung auf einer steiler werdenden Straße höher. Bald taucht man in Waldregionen ein und hoch über dem Graben des Ditlbaches erreicht man zuerst auf einer Forststraße, dann weiter auf einem gut angelegten Steig die Wegkreuzung beim Mönichsee. Nach rechts führt der Weg zur Vormaueralm, geradeaus am See vorbei geht es weiter nördlich, am Mittersee und am Suissensee vorbei und schließlich über die Himmelspforte Richtung Gipfel. Wir aber folgen nach einer kurzen Rast nach links dem Purtschellersteig, der durch immer freier werdende Hänge zu einer Felsbarriere hinüberquert. Der etwa 20 Meter hohe Steilaufschwung wird mithilfe eines Seiles und in den Fels geschlagener Stufen problemlos überwunden. Damit hat man den weitläufigen Gipfelaufbau erreicht.

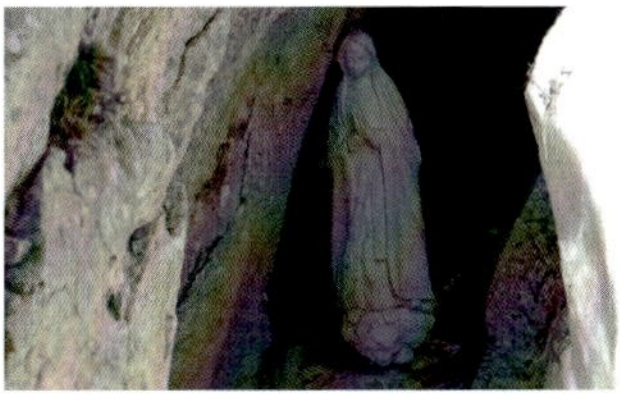

Der Weg quert mit herrlichen Blicken hinab zum Wolfgangsee einen Rücken, man erreicht das noch teilweise schneegefüllte Wetterloch mit Madonnenstatue und bald darauf zweigt der Weg nach rechts Richtung Gipfel hinauf ab. Weiter oben wird die Bahntrasse überquert und von hier ist es nicht mehr weit zum Hotel Schafbergspitze. Die Blicke vom Rand des mit Holzgeländern gesicherten Abbruches zieht es unweigerlich hinab in die nach Norden hin senkrechten Abbrüche und weiter über die zahlreichen Seen, die von hier zu entdecken sind.

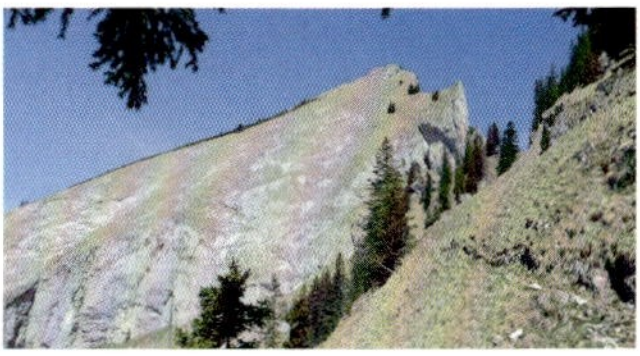

Großartig präsentiert sich der Dachstein und die Blicke wandern über das Tennengebirge und den Hochkönig bis zum Watzmann. Auf der Terrasse der Himmelspforthütte genießt man Jause, Sonne und Panoramablicke.

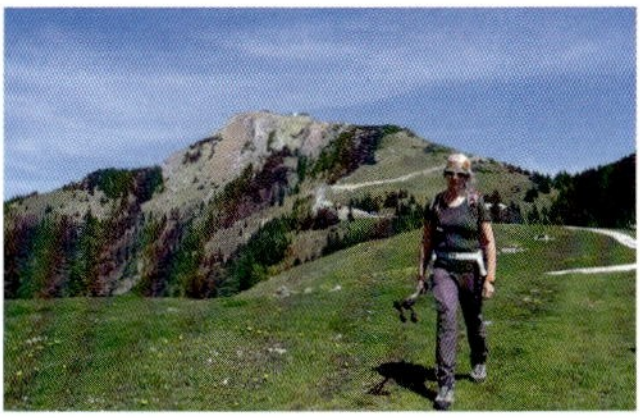

Für den Abstieg folgt man dem Weg, der zur Schafbergalm hinabführt und von dort weiter am Schafbergweg Richtung Tal. Nach dem schönen Almgelände taucht man wieder ein in die Wälder und quert in Richtung Trasse der Schafbergbahn, die man aber nicht erreicht. Der untere Abschnitt führt ein Stück über steilere Forstwege mit teilweise losem Schotter. Da kommt die Jausenstation Aschinger für die abschließende Einkehr wie gerufen. Von hier führt der Weg über die asphaltierte Straße weiter abwärts und durch Siedlungen erreicht man wieder den Ausgangspunkt bei der Talstation.

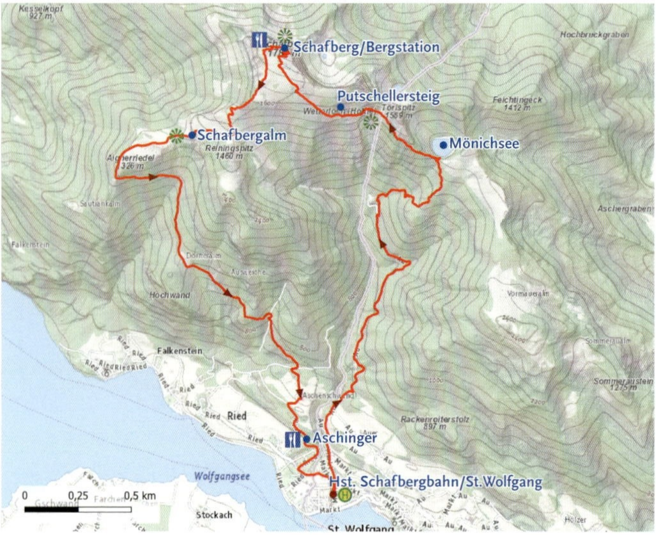

Gehzeit: 5–6 Stunden
Distanz: 15 km
Höhenmeter: 1250; Hst. Schafbergbahn (541 m) – Mönichsee (1300 m) – Schafberg (1782 m) – Schafbergalm (1304 m)
Internet: wolfgangsee.salzkammergut.at, schafbergbahn.at

Gut zu wissen ...

Ausgangspunkt

Die Bushaltestelle liegt direkt bei der Talstation der Schafbergbahn in St. Wolfgang. Hier rechter Hand der Bahngleise beginnt der Anstieg entlang einer Straße und weiter folgt man den Schildern Auerriesensteig–Mönichsee–Schafberg.

Charakteristik

Anregende, längere Bergtour auf markierten Wegen mit einigen steileren Abschnitten im Bereich des Purtschellersteiges. Die Stelle unterm Törlspitz hat in den Stein geschlagene Stufen und ist seilgesichert. Trittsicherheit und trockene Wege sind wichtig. Als Alternative kann man einen Teil der Strecke auch mit der Schafbergbahn fahren.

Einkehr

Am Gipfel stehen das **Hotel Schafbergspitze** (schafberg.net) und die **Himmelspforthütte** mit schönen Ausblickterrassen zur Einkehr bereit. Fast schon wieder im Tal lädt die schön gelegene **Jausenstation Aschinger** zu einer abschließenden genussvollen Rast.

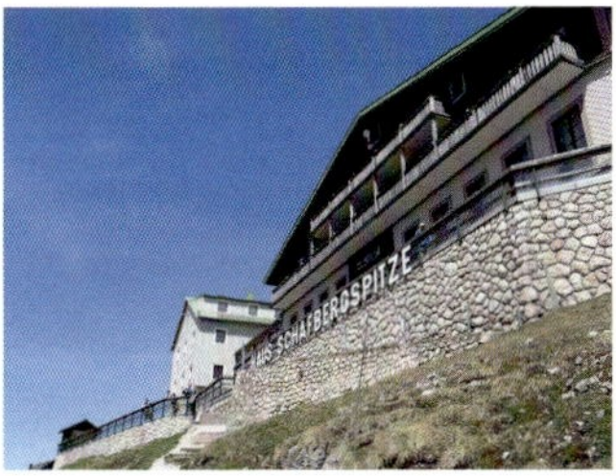

Schafbergbahn

Im Frühling 1892 begannen die Bauarbeiten für die Zahnradbahn auf den Schafberg. Auch hier wurden, wie in vielen Gebirgsregionen, auf Wegebau spezialisierte italienische Arbeiter für die schwierigen und mühsamen Bauarbeiten eingesetzt. Maultiere brachten in mehr als 6000 Einsätzen Material und Verpflegung nach oben. So konnte am 1. August 1893 die Schafbergbahn eröffnet werden. Die Bahn wird mit Dampflokomotiven betrieben und überwindet 1190 Höhenmeter mit einer maximalen Steigung von 25,5 %. In der neuen lichtdurchfluteten Talstation, dem Erlebnisquartier, findet man neben dem Ticketschalter auch eine Museumszone und ein Restaurant (schafbergbahn.at).

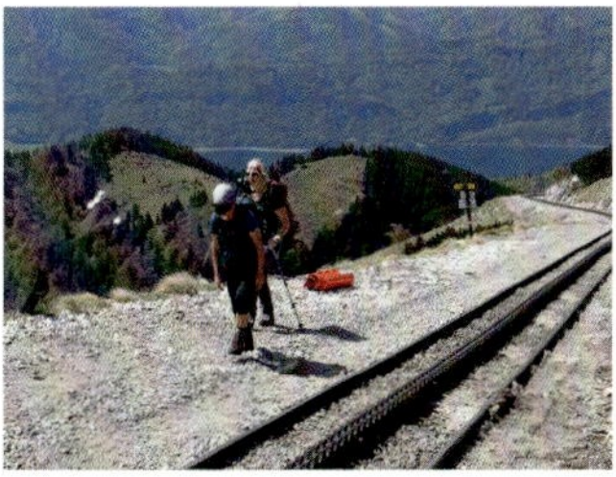

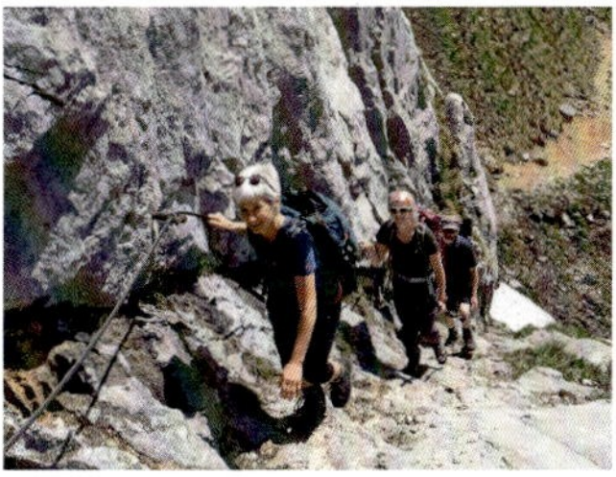

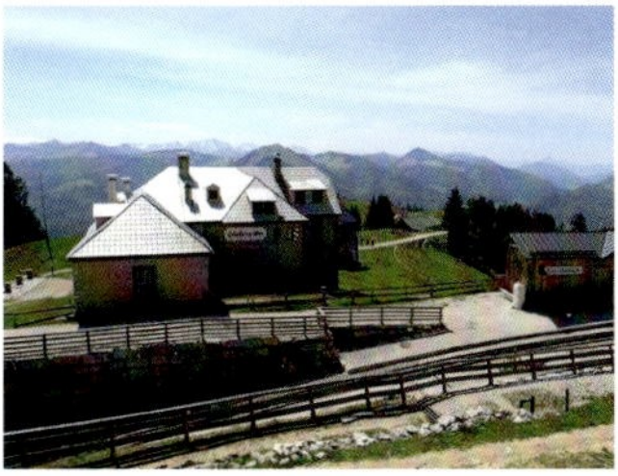

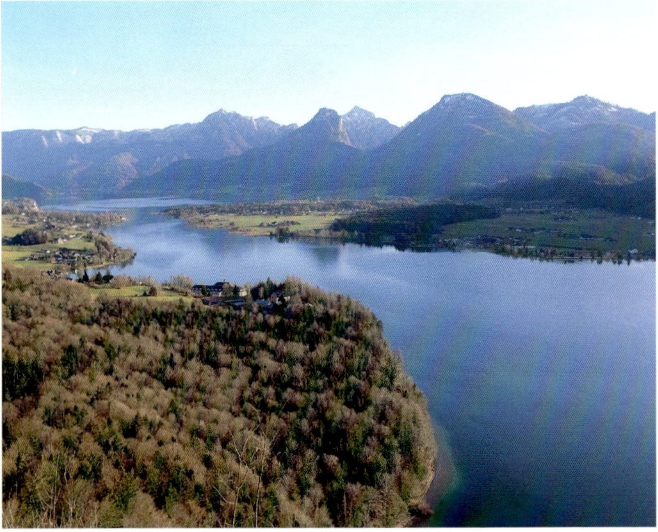

ST. GILGEN – SCHAFBERGALM – FALKENSTEIN 39

Über die Schafbergalm zum Falkenstein

Von Aich bei St. Gilgen führt der Schafbergsteig hinauf zur Schafbergalm. Vorbei an der Sautränkalm steigt man ab zum Falkenstein. Dort locken Aussichtspunkte mit einem grandiosen Blick über den Wolfgangsee.

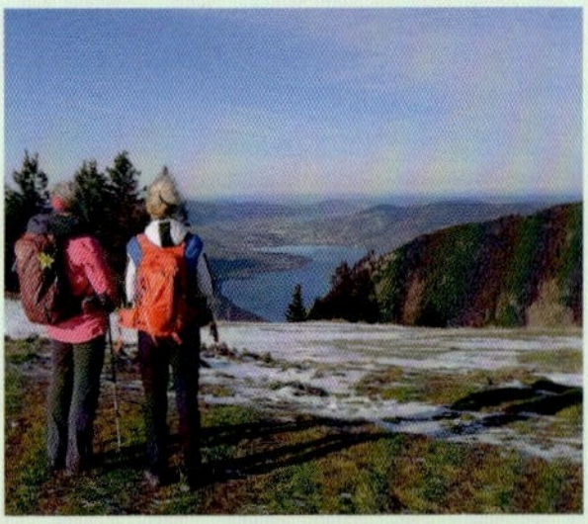

Wenn sich der Schnee in höhere Regionen zurückgezogen hat und durch die wärmenden Sonnenstrahlen erste Frühlingsgefühle aufkommen, dann steht einer aussichtsreichen und mit vielen Eindrücken aufwartenden Wanderung nichts mehr im Wege. Start dieser Rundtour ist beim Europakloster Gut Aich nahe St. Gilgen am Wolfgangsee. Von dort wandert man zuerst durch die Ortschaft Aich und immer dem Wegweiser „Schafbergalm" folgend in Waldregionen hinein. Gut angelegt führt der ausgeprägte Weg höher, man überquert eine Forststraße und zuletzt erreicht man über Serpentinen nach einem Ausblick auf Krotensee und Mondsee über die Almstraße die Hütten auf der Schafbergalm.

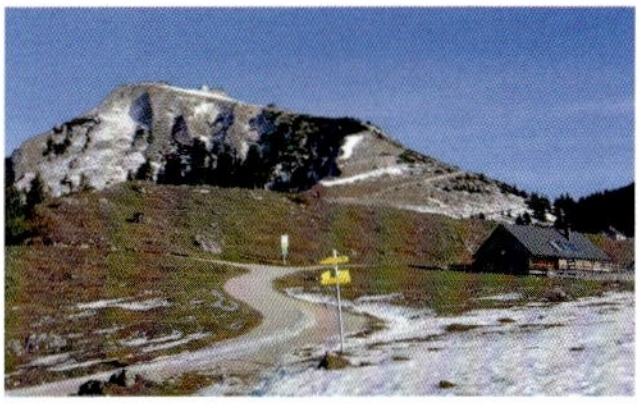

Ein sonniger Rastplatz mit Blick zu den Bergen des Salzkammergutes und hinauf zum Schafberggipfel wartet hier nach etwa 2 Stunden Anstieg. Nach einem kurzen Abstecher zur Station Schafberg-Alpe der Zahnradbahn geht es zurück zu den Almen und man folgt dem Schafbergweg Richtung St. Wolfgang. Achtung: Nach etwa 350 Metern zweigt in einer markanten Linkskurve der wenig ausgeprägte Steig ab. Es ist der bald gut erkennbare Weg hinab zur einsam auf einer Lichtung liegenden Sautränkalm. Von hier geht es im Wald weiter abwärts bis zur Einmündung in den Falkensteinweg.

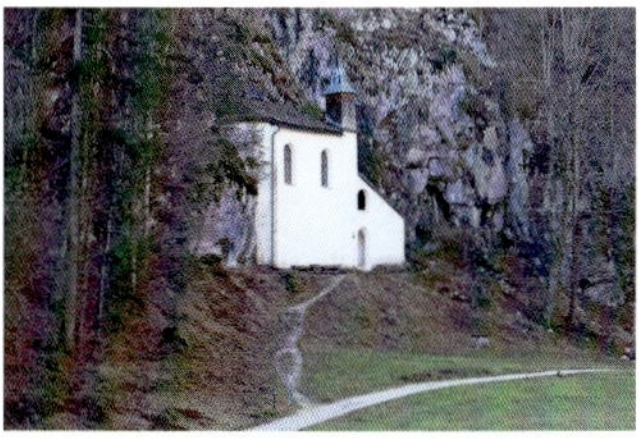

Man folgt diesem breiten Pilgerweg dann nach rechts und an Stationen vorbei kommt man auf einer weiten Waldlichtung zur Falkensteinkirche. Ein Durchkriechstein zum Abstreifen von Schmerzen und Übel und eine Glocke, die, wenn sie nach einem Zug am Seil dreimal läutet, angeblich Wünsche erfüllt, warten auf die Besucher. Wie auch immer, ein schöner Platz mit Geschichte und Geschichten. Von hier geht es weiter zu zwei großartigen Aussichtspunkten. Der nicht allzu lange Anstieg zum Aberseeblick und weiter zum Scheffelblick wird mit einem eindrucksvollen Ausblick auf den Wolfgangsee belohnt. Holzliegen verleiten zum längeren Verweilen. Von hier bricht die Falkensteinwand, eine beliebte Kletterwand, senkrecht zum See hin ab. Ein Boot zieht unter der Wand am Weg von Fürberg bei St. Gilgen nach Ried bei St. Wolfgang vorbei. Der Steig leitet uns wieder hinab und mündet in den Pilgerweg ein. Auf diesem geht es vorbei an Kreuzwegstationen hinab nach Fürberg. Ein kurzer Anstieg führt von dort hinauf zum bald erreichten Ortsrand von Aich. Am Ende der Wanderung kann man noch dem gut sortierten Klosterhofladen des Europaklosters einen Besuch abstatten.

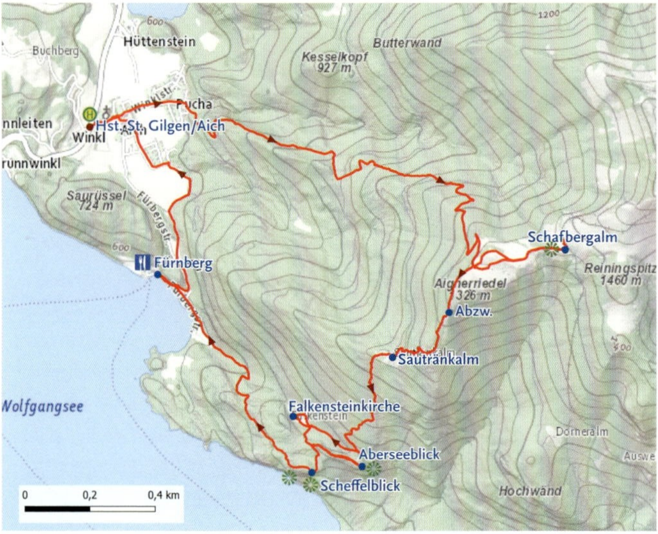

Gehzeit:	4–5 Stunden
Distanz:	13 km
Höhenmeter:	900; Hst. Aich (580 m) – Schafbergalm (1304 m) – Abzw. Sautränkalm (1240 m) – Sautränkalm (1055 m) – Falkenstein (720 m) – Aberseeblick (795 m) – Scheffelblick (728 m) – Fürberg (540 m)
Internet:	wolfgangsee.salzkammergut.at, europakloster.com

Gut zu wissen ...

Ausgangspunkt

Die Bushaltestelle St. Gilgen/Aich liegt nicht weit vom Kloster Gut Aich an der B 154 von St. Gilgen nach Mondsee. Man kann am Rückweg ab Fürberg auch das Zentrum von St. Gilgen ansteuern und dort die Rückreise antreten.

Charakteristik

Abwechslungsreiche Wanderung auf teils markierten Wegen (Schafbergsteig zur Schafbergalm). Von der Alm bis zur Abzweigung, dann dem Schafbergweg Richtung St. Wolfgang folgen. In einer markanten Linkskurve beginnt der unmarkierte Steig zur Sautränkalm. Ab der Einmündung in den breiten Falkensteinweg folgt man wieder der Beschilderung.

Einkehr
Der **Gasthof Fürberg** gegen Ende der Tour bietet sich für eine Einkehr perfekt an (fuerberg.com).

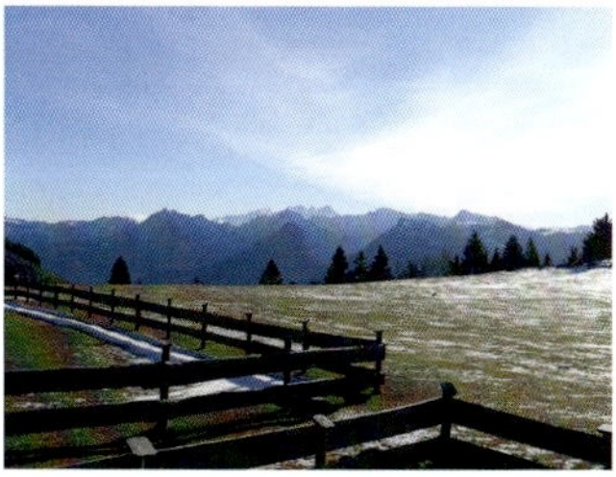

Weg der Wallfahrer
4 Kilometer – eine olympische Goldmedaille wäre ihm beim Hammerwerfen sicher gewesen – soll der Legende nach der Hl. Wolfgang seinerzeit seine Hacke geworfen und damit den Bauplatz der Pfarrkirche von St. Wolfgang bestimmt haben. Diese entwickelte sich zu einem bedeutenden Wallfahrerziel in Europa. Vom Kloster Mondsee kamen einst die Pilger über den Falkenstein nach St. Wolfgang. 24 beschilderte Erlebnispunkte findet man entlang des Weges, der von St. Gilgen über Fürberg auf den Falkenstein und hinab nach Ried bei St. Wolfgang führt. Man erfährt Wissenswertes von den Kultstätten der Urzeit über die christliche Missionierung bis zum Beginn des modernen Tourismus. In einer kleinen Einsiedelei auf einer Waldlichtung lebte einst der Hl. Wolfgang.

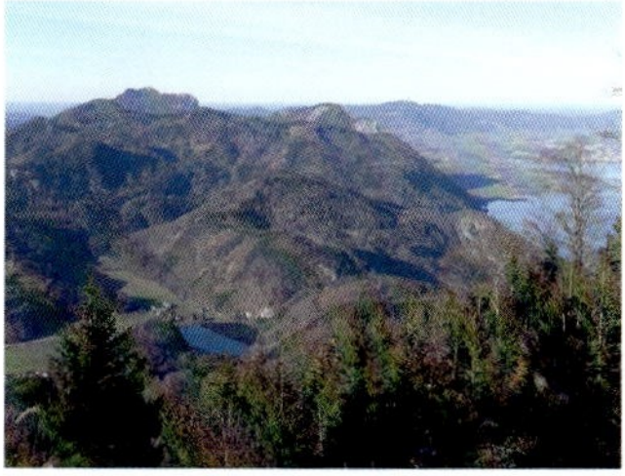

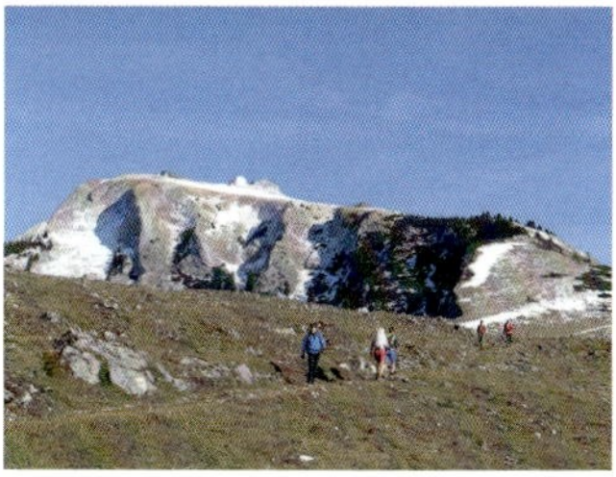

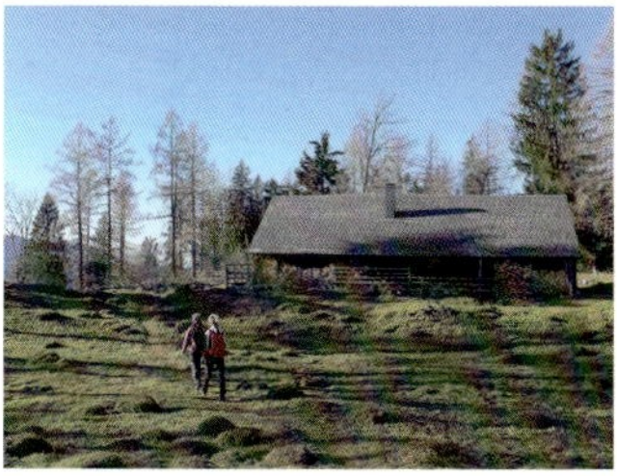

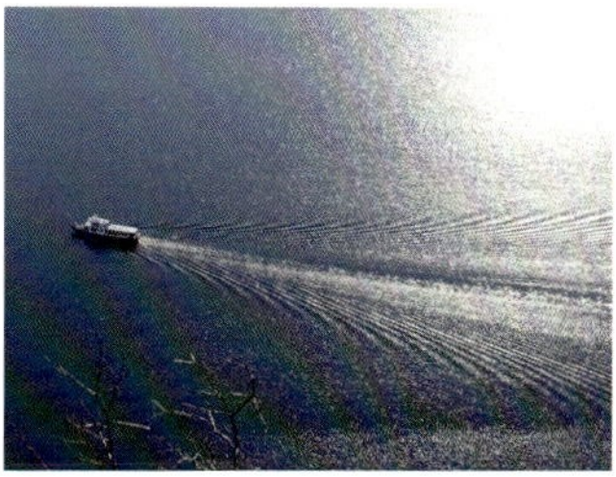

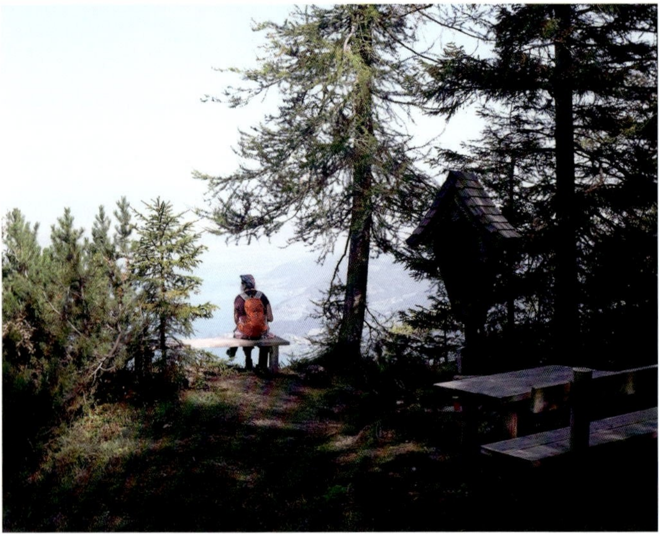

WEISSENBACH – MEISTEREBENALM

40

Versteck in den Bergen

Heute sind die Berge nicht selten ein Rückzugsort für Ruhesuchende. Es gab jedoch Zeiten, da waren sie rettende Zuflucht für Verfolgte. Die Meisterebenalm bei Weißenbach am Attersee war im 2. Weltkrieg ein solches Versteck.

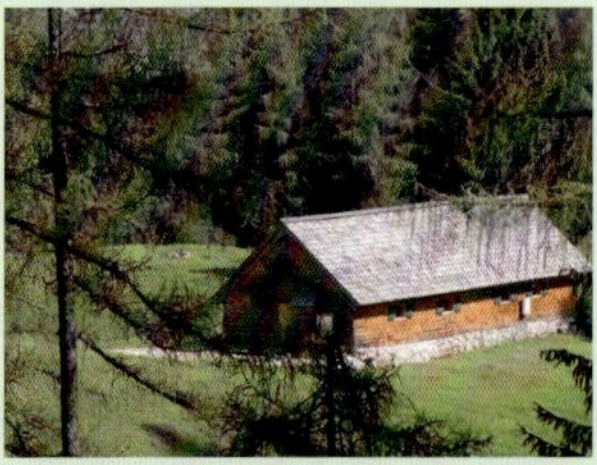

Diese Tour führt uns auf eine Wanderung in die Zeitgeschichte. Während der Zeit der nationalsozialistischen Terrorherrschaft gab es viele Menschen, die verfolgt wurden und daher in die Berge flüchteten. So auch Leopold Engleitner, der als Zeuge Jehovas von 1934 bis 1943 mehrfach inhaftiert war. Er überlebte drei Konzentrationslager und harte Zwangsarbeit. Als er 1945 gegen Ende des Krieges den Einberufungsbefehl an die Front erhielt, flüchtete er auf die Meisterebenalm und überlebte dort und in einer Höhle unter schwierigsten Bedingungen. Wir waren auf seinen Spuren unterwegs.

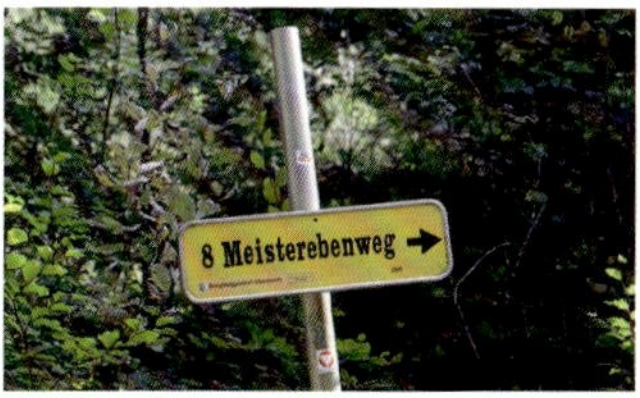

Von der Bushaltestelle Weißenbach/Attersee Wanderparkplatz wandert man in Richtung Weißenbachtal bis zu einem Parkplatz, bei dem die Beschilderung zur Meisterebenalm beginnt. Über Serpentinen kommt man in bald steilerem Gelände schnell höher. Nach ersten Blicken hinab zum See erreicht man eine Abzweigung. Auf einer Forststraße geht es nach rechts bergab, man überquert einen Bach, hält sich links und zweigt nach rechts auf den Weiterweg ab. Durch Wald, dann unter Felswänden querend erreicht man eine Jagdhütte, weiter oben dann eine Forststraße, von der bald wieder der Weg zur Alm abzweigt. Schön liegt die Almhütte am Rand einer Wiese über einem Bach. Hier fand der Verfolgte einst Unterschlupf. Ein Schild weist den letzten Anstieg von der Forststraße hinauf. Der höchste Punkt ist eine Kapelle, die auf einem Wiesenrücken über der Meisterebenalm steht. Nicht weit davon liegt der schönste Aussichtsplatz der Rundtour mit Tisch, Bank und Marterl und einem Blick weit über den Attersee. Wieder zurück folgt man der Straße, die in Richtung Haleswiessee hinabführt. Kurz vor der Pichleralm erreicht man den Fachbergweg Nr. 811, in den man nach links einbiegt. Dieser sehr schön angelegte Almweg führt etwa 100 Höhenmeter über den von Almen umgebenen See Richtung Fachbergalm.

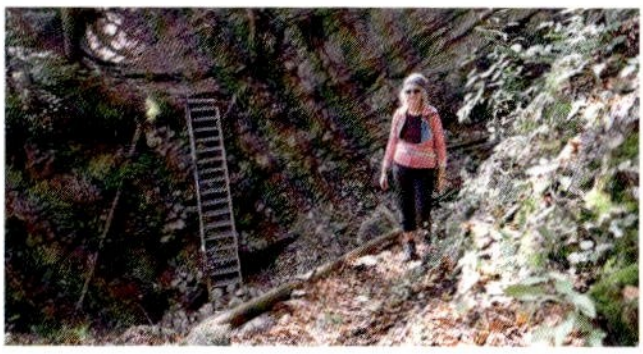

Eine kleine Schlucht überwindet man mithilfe einer Leiter. Der Weg mündet in eine Forststraße, zweigt aber bald darauf wieder rechts ab. Aus dem Wald heraus erreicht man dann die Almwiesen der Fachbergalm, die man westlich passiert. Man kann von der Abzweigung zum Fachbergweg auch an der Pichleralm vorbei weiter zum Haleswiessee hinab wandern, diesen sehr idyllisch gelegenen Moorsee umrunden und von der Vorderen Haleswiesalm wandert man auf einer Forststraße aufwärts wieder dem Fachbergweg entgegen. Mit dem Erreichen der Kreuzung, die wir schon vom Anstieg kennen, schließt sich der Kreis. Über den Serpentinenweg geht es wieder dem Ausgangspunkt entgegen.

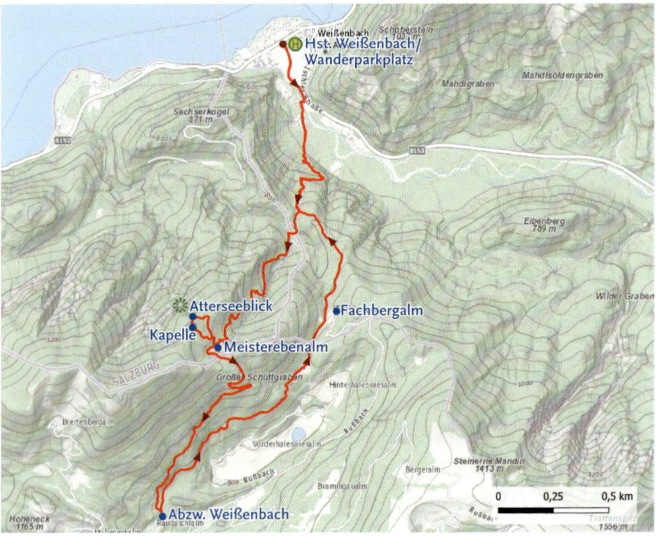

Gehzeit:	4–5 Stunden
Distanz:	13,5 km
Höhenmeter:	820; Weißenbach (475 m) – Abzw. Meisterebenalm (720 m) – Meisterebenalm (1120 m) – Kapelle/Aussicht (1209 m) – Abzw. Weißenbach (875 m) – Fachbergalm (900 m)
Internet:	mondsee.salzkammergut.at

Gut zu wissen ...

Ausgangspunkt

Von der Hst. Weißenbach/Attersee Wanderparkplatz folgt man 200 Meter der Straße ins Weißenbachtal und zweigt dann auf einer Brücke über den Weißenbach zum Parkplatz ab. Nach einigen Häusern findet man die ersten Schilder zum Meisterebenweg und den Anstieg in Richtung Leonsberg/Zimnitz.

Charakteristik

Durchgehend beschilderte Route auf schönen Waldwegen. Im oberen Abschnitt steilere Passagen mit einer kurzen Seilsicherung. Achtung auf die Abzweigung von der Forststraße auf den Weg zurück Richtung Weißenbach. Eine kurze Leiter hilft bei der Überwindung eines Grabens.

Einkehr

Es gibt entlang der Strecke keine Einkehrmöglichkeit. Gefüllte Trinkflasche und Proviant nicht vergessen!

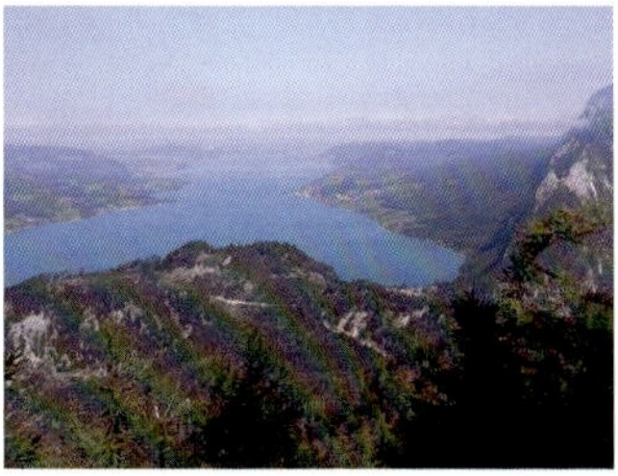

Berge als Zufluchtsort

Während des Zweiten Weltkrieges boten die Berge vielen Menschen in Österreich Zuflucht vor den Grausamkeiten des Krieges. Tausende flüchteten in abgelegene Bergregionen, um der Verfolgung zu entgehen, darunter Widerstandskämpfer und politisch oder religiös Verfolgte. Sich in den Bergen zu verstecken bedeutete, extreme Wetterbedingungen zu überleben, eine Unterkunft finden zu müssen, sich tagsüber zu verbergen, keine Spuren zu hinterlassen, rationierte Lebensmittel aufzuspüren und vielen weiteren Gefahren zu entgehen. Viele Sachbücher und belletristische Werke beschreiben solche Erlebnisse und Schicksale.

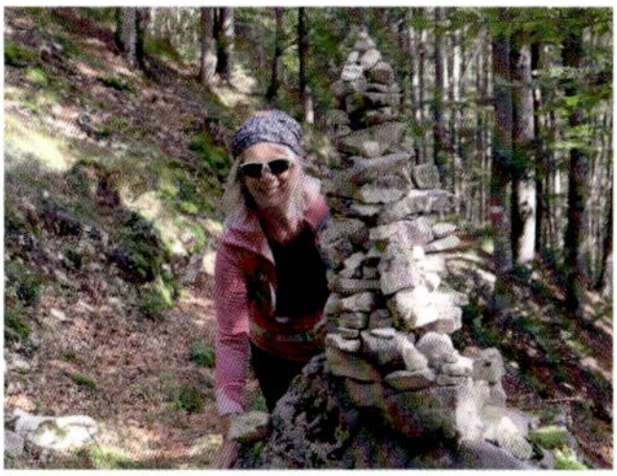

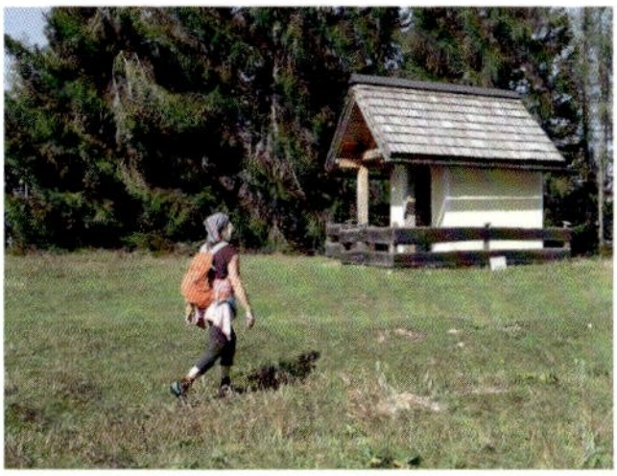

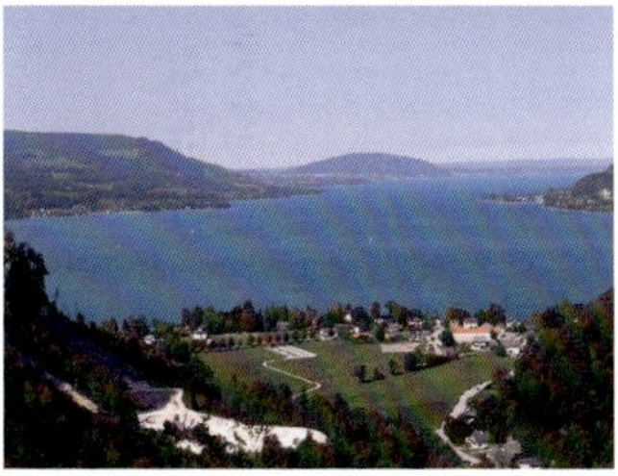

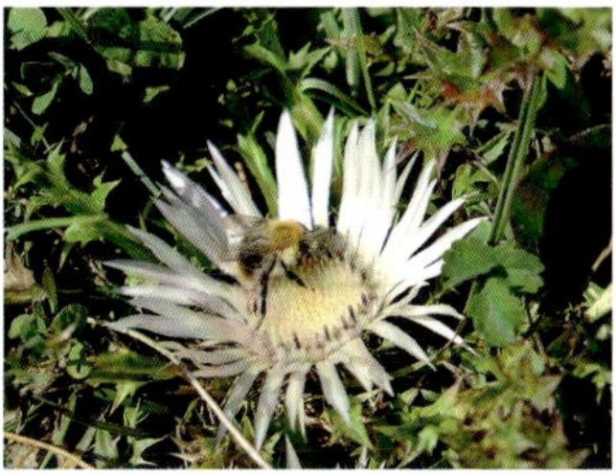

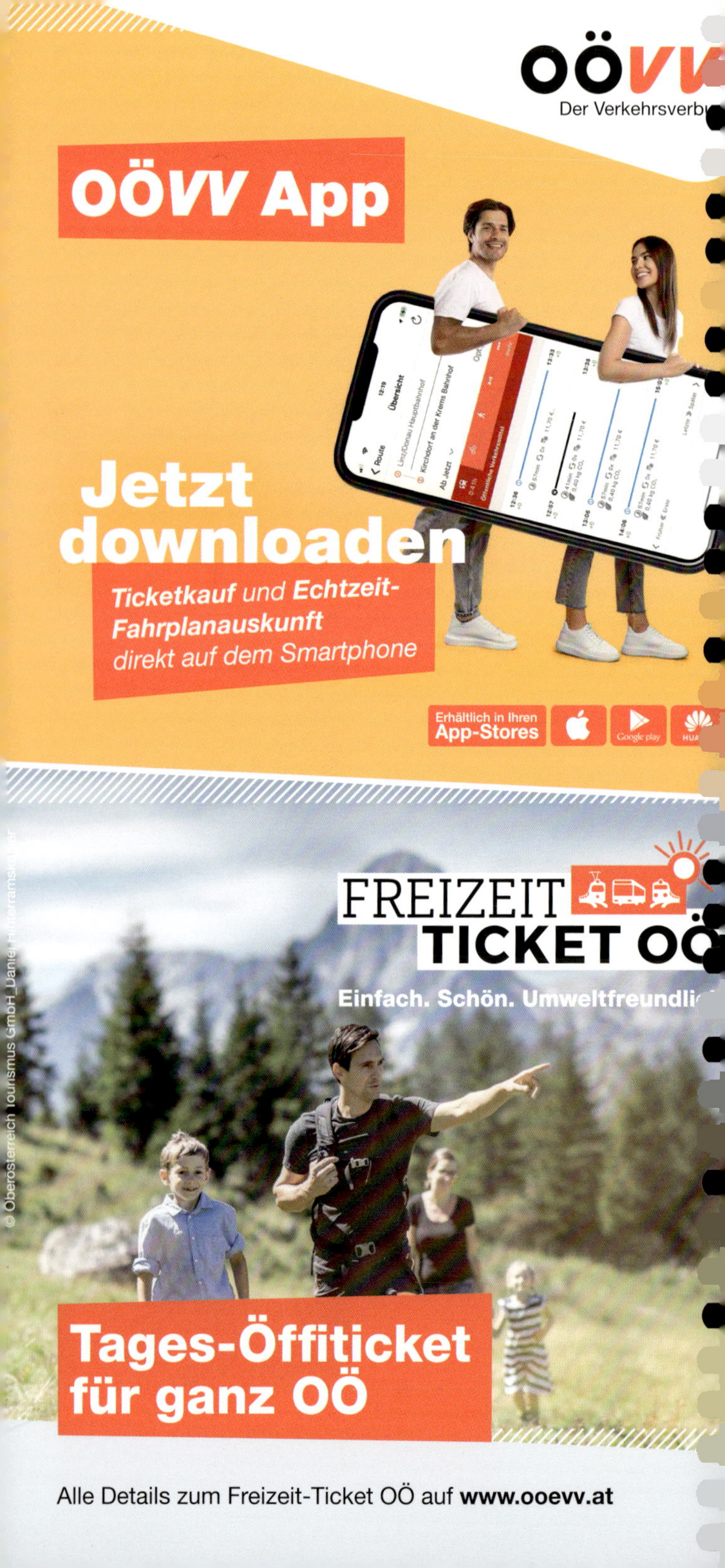

OÖVV App
Jetzt downloaden
Ticketkauf und Echtzeit-Fahrplanauskunft direkt auf dem Smartphone
Erhältlich in Ihren App-Stores
Google play
FREIZEIT
TICKET
Tages-Öffiticket für ganz OÖ
Alle Details zum Freizeit-Ticket OÖ auf www.ooevv.at
© Oberösterreich Tourismus GmbH_Daniel Hinterramskogler